Die 40 schönsten Touren für die Kleinsten

Wanderungen mit dem Kinderwagen

Bayerische Hausberge

J. BERG

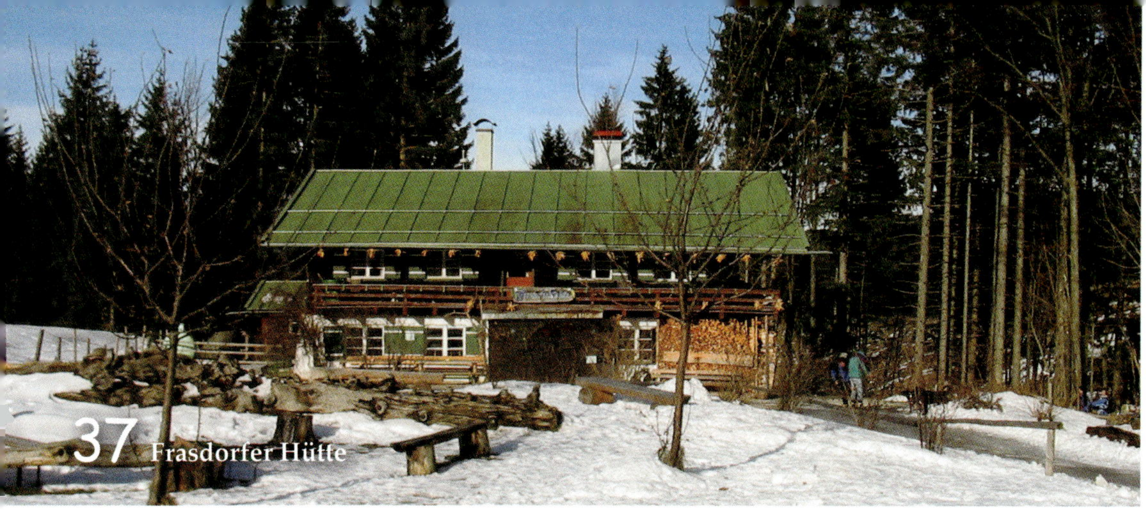

Inhalt

Tegernseer Berge 45

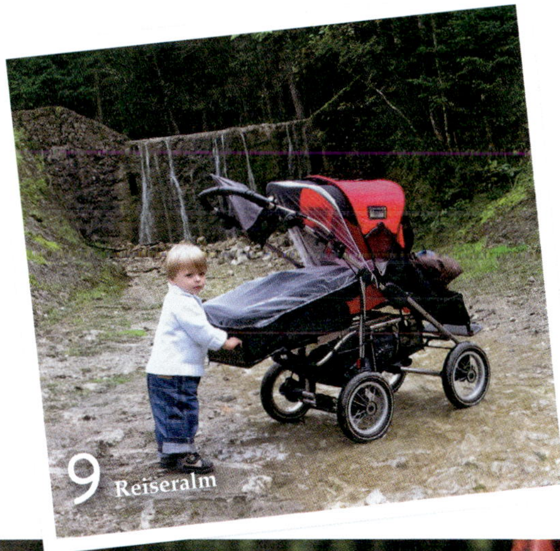
9 Reiseralm

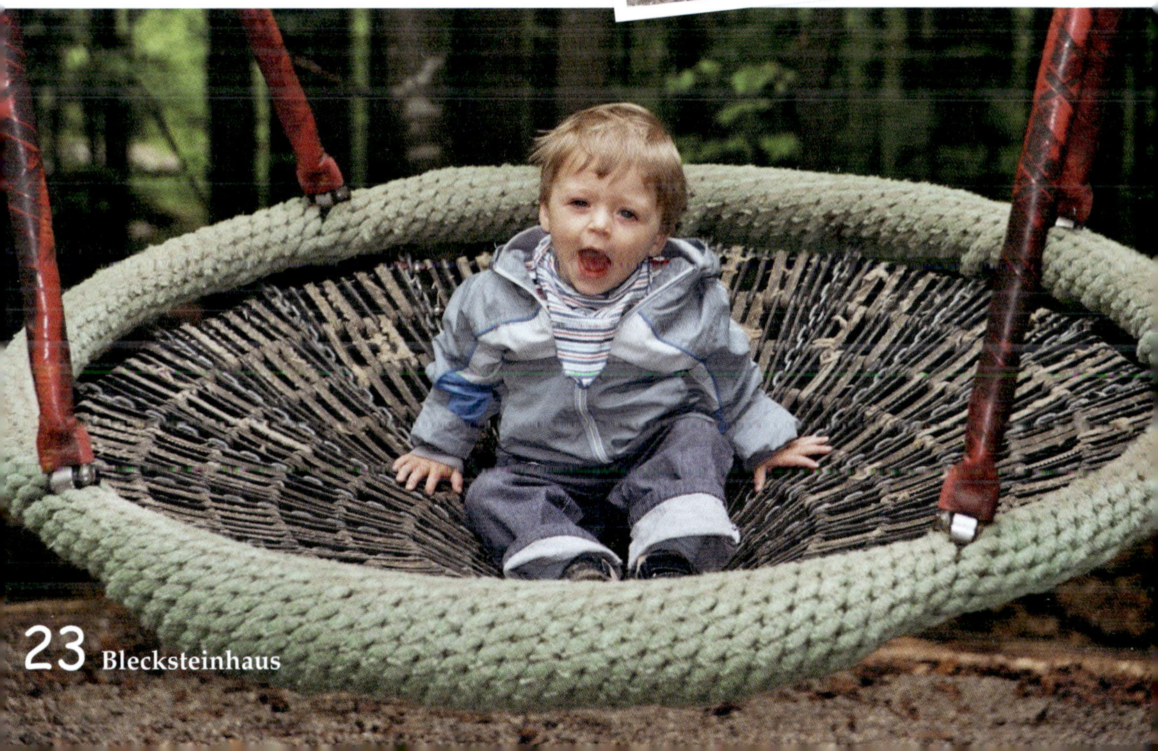
23 Blecksteinhaus

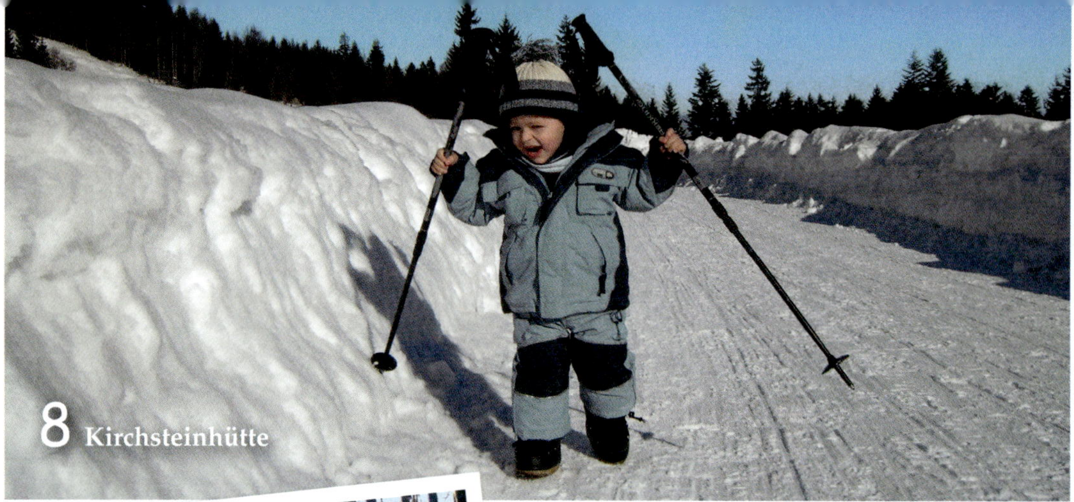

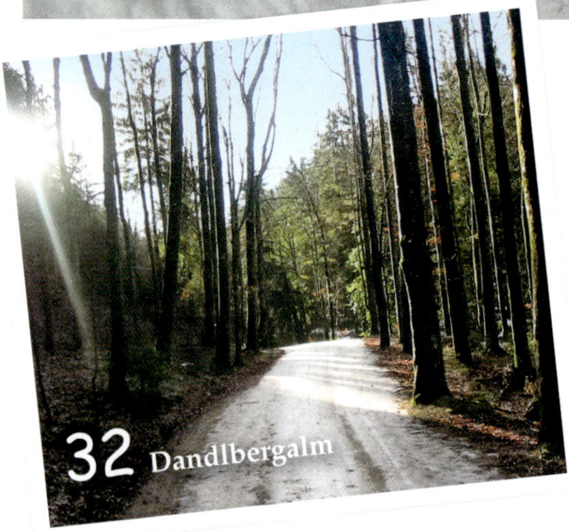

Schlierseer Berge 75

Wendelstein 87

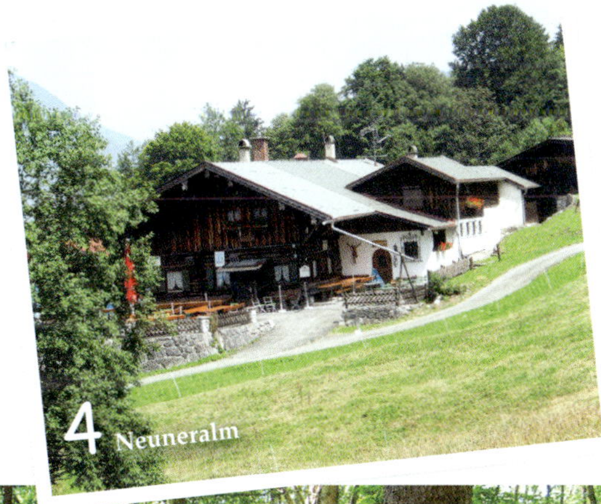

4 Neuneralm

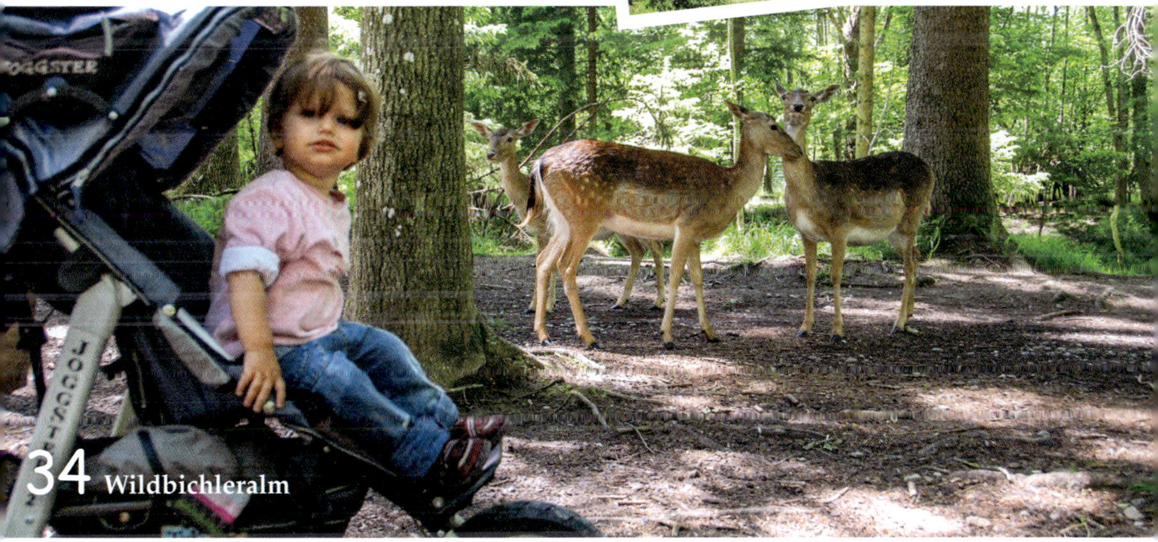

34 Wildbichleralm

Tourenüberblick

Tour			km								
1	●	Hörnle-Hütte	8,9 km	470 Hm	250 Min.	●			●	●	
2	●	Romanshöhe	5,1 km	90 Hm	90 Min.	●			●		●
3	●	Kolbenalm	5,5 km	160 Hm	140 Min.	●			●	●	
4	●	Neuneralm	5,6 km	190 Hm	160 Min.	●					●
5	●	Elmauer Alm	5,3 km	200 Hm	150 Min.	●					
6	●	Partnachalm	8,4 km	300 Hm	170 Min.	●	●				
7	●	Maxhütte	2,3 km	100 Hm	40 Min.	●			●		
8	●	Kirchsteinhütte	7,6 km	310 Hm	130 Min.	●				●	
9	●	Reiseralm	2,9 km	210 Hm	75 Min.	●	●	●		●	
10	●	Denkalm	5,4 km	350 Hm	170 (90) Min.	●		●		●	
11	●	Aueralm	11/10 km	510 Hm	290 Min.	●			●	●	
12	●	Schwarzentennalm	7,7 km	210 Hm	120 Min.	●				●	
13	●	Siebenhüttenalm	4,0 km	65 Hm	170 Min.	●					
14	●	Bauer in der Au	4,7 km	170 Hm	80 Min.					●	
15	●	Galaunalm	3,6 km	280 Hm	85 Min.	●			●	●	
16	●	Lukas-Alm	8,4 km	300 Hm	170 Min.	●		●			
17	●	Forsthaus Valepp	1 »plus x«	0 Hm	20 Min.	●					
18	●	Taubenberg	1,2 km	55 Hm	30 Min.	●	●	●	●		
19	●	Maxlmühle	2,2 km	40 Hm	40 Min.	●					
20	●	Stadlberg	4,1 km	150 Hm	80 Min.	●	●	●	●		

Tour		km								
21	Bodenschneidhaus	9,7 km	510 Hm	260 Min.	●				●	
22	Obere Firstalm	5,2 km	230 Hm	110 Min.	●	●			●	
23	Blecksteinhaus	5,0 km	90 Hm	90 Min.	●	●				
24	Kesselalm	6,1 km	430 Hm	140 Min.	●				●	
25	Tregleralm	6,0 km	180 Hm	95 Min.	●				●	
26	Wirtsalm	1,8 km	50 Hm	40 Min.	●					
27	Gschwendtner-Alm	1,8 km	70 Hm	40 Min.	●					
28	Sillberghaus	2,5 km	210 Hm	70 Min.	●				●	
29	Schlipfgrubalm	2,4 km	180 Hm	65 Min.	●	●				
30	Breitenberghaus	6,6 km	380 Hm	120 Min.	●	●				
31	Berggasthaus Petersberg	5,2 km	340 Hm	110 Min.	●			●	●	
32	Dandlbergalm	2,6 km	100 Hm	60 Min.	●			●		
33	Spitzsteinhaus	1,3 km	90 Hm	30 Min.	●			●		
34	Wildbichleralm	5,6 km	290 Hm	110 Min.	●			●	●	
35	Ottenalm mit Riederalm	4,9 km	250 Hm	100 Min.	●	●	●		●	●
36	Daffnerwaldalmen	4,3 km	220 Hm	80 Min.	●			●	●	
37	Doaglalm	5,0 km	200 Hm	85 Min.	●	●	●		●	
38	Frasdorfer Hütte	8,5 km	350 Hm	180 Min.	●	●			●	
39	Feldlahnalm	5,4 km	280 Hm	100 Min.	●	●	●			
40	Branderalm	6,8 km	390 Hm	130 Min.	●					●

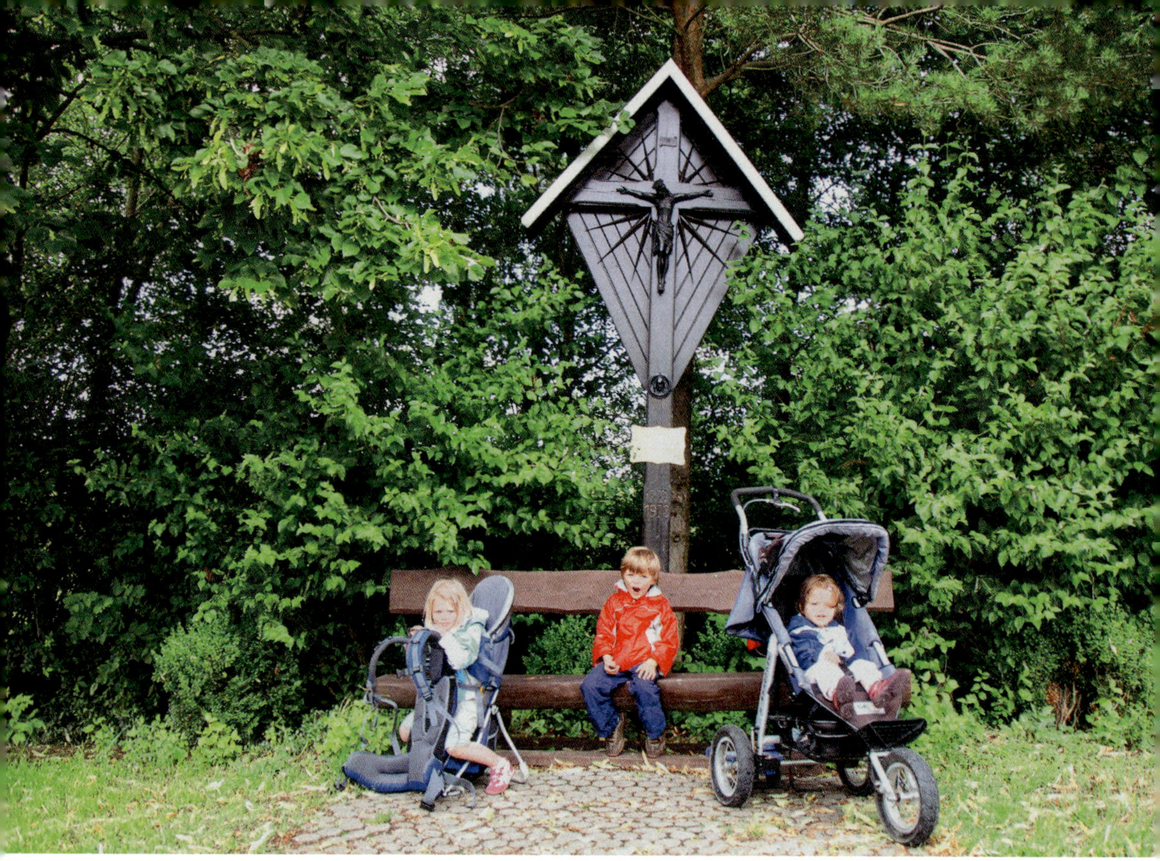

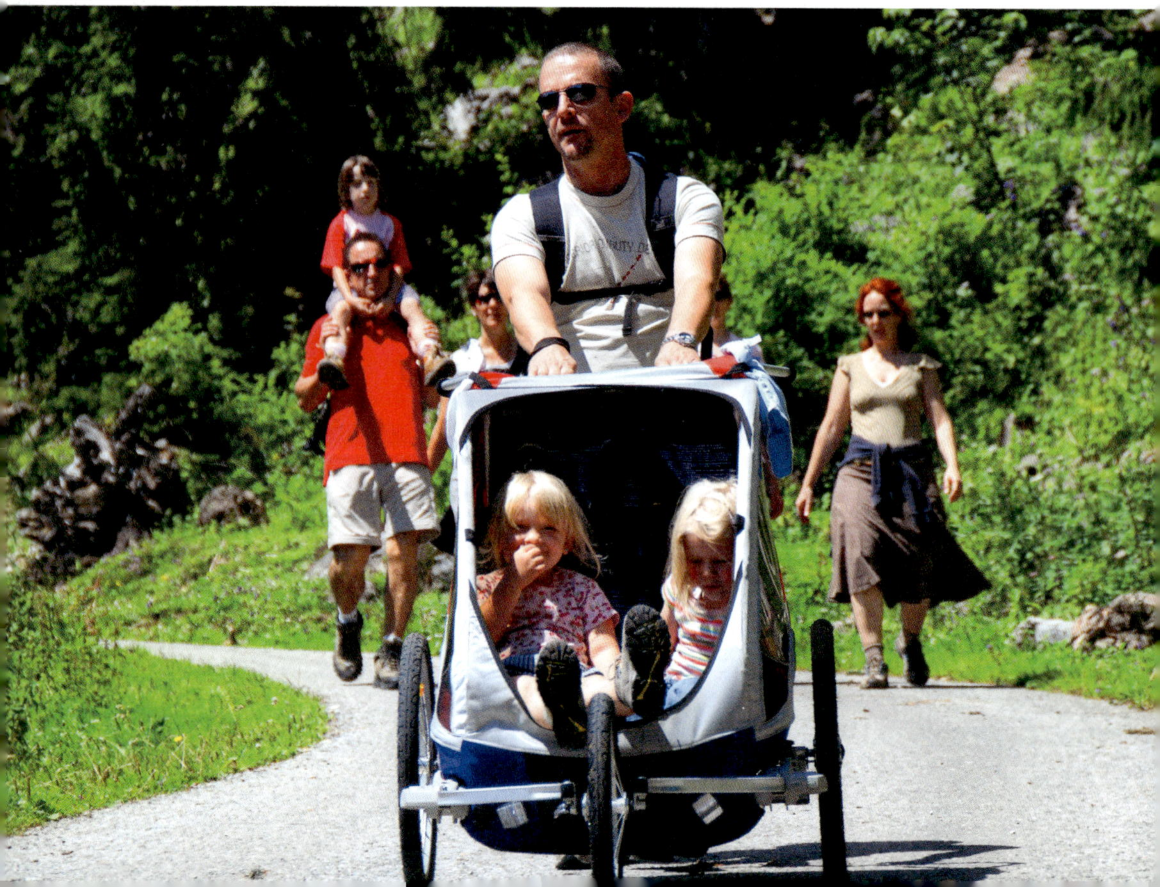

Vorwort

Linke Seite oben: Egal ob in der Kraxe, zu Fuß, im Kinderwagen …
Unten: … oder im Fahrradanhänger – ab in die Berge!

Kaum ist der Nachwuchs geboren, ertappt man sich beim monotonen Kinderwagenschieben rund um Häuserblocks oder stadtnahe, langweilig rechtwinklig angelegte Waldparzellen. Das Maximum an Natur ist dann der seit bereits 99 Touren bekannte Spaziergang um den Acker vom Bauer Waldbichler oder entlang der in ein enges Korsett gepferchten Isar, wobei der Name des Bauers oder Flusses beliebig durch andere Münchner und Oberländer Namen derselben ausgetauscht werden kann.

Dieser Monotonie muss das Kinderwagenschieben aber nicht unterworfen werden! Sicherlich kann man dem Alltag nicht jeden Tag in die Berge entfliehen; selbst wenn man Bus und Bahn verwendet und man den ökologischen Fußabdruck dadurch minimiert. Das eine oder andere Wochenende eignet sich jedoch bestes für einen gemeinsamen Ausflug mit der ganzen Familie. Ob frischgebacken oder nicht, Oma und Opa sind bei den aufgrund des Kinderwagens leichten Touren dieses Buches sicherlich auch nicht überfordert.

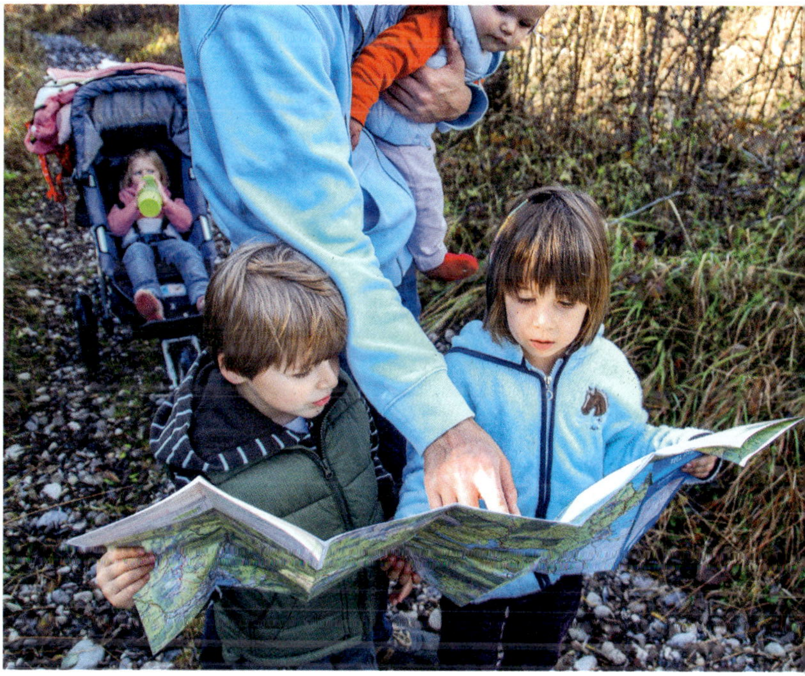

Trotz Smartphones darf die Karte nicht fehlen.

Meine Frau Claudia und ich haben mittlerweile drei Kinder zu allen möglichen Almen, Spielplätzen, Wasserfällen, Barfußpfaden, Klammwegen und vor allem Hütten geschoben und uns so die Freude an der Natur erhalten und vor allem auch den Kindern fast wortwörtlich in die Wiege (mit Rädern) gelegt.

Ihr Robert Theml

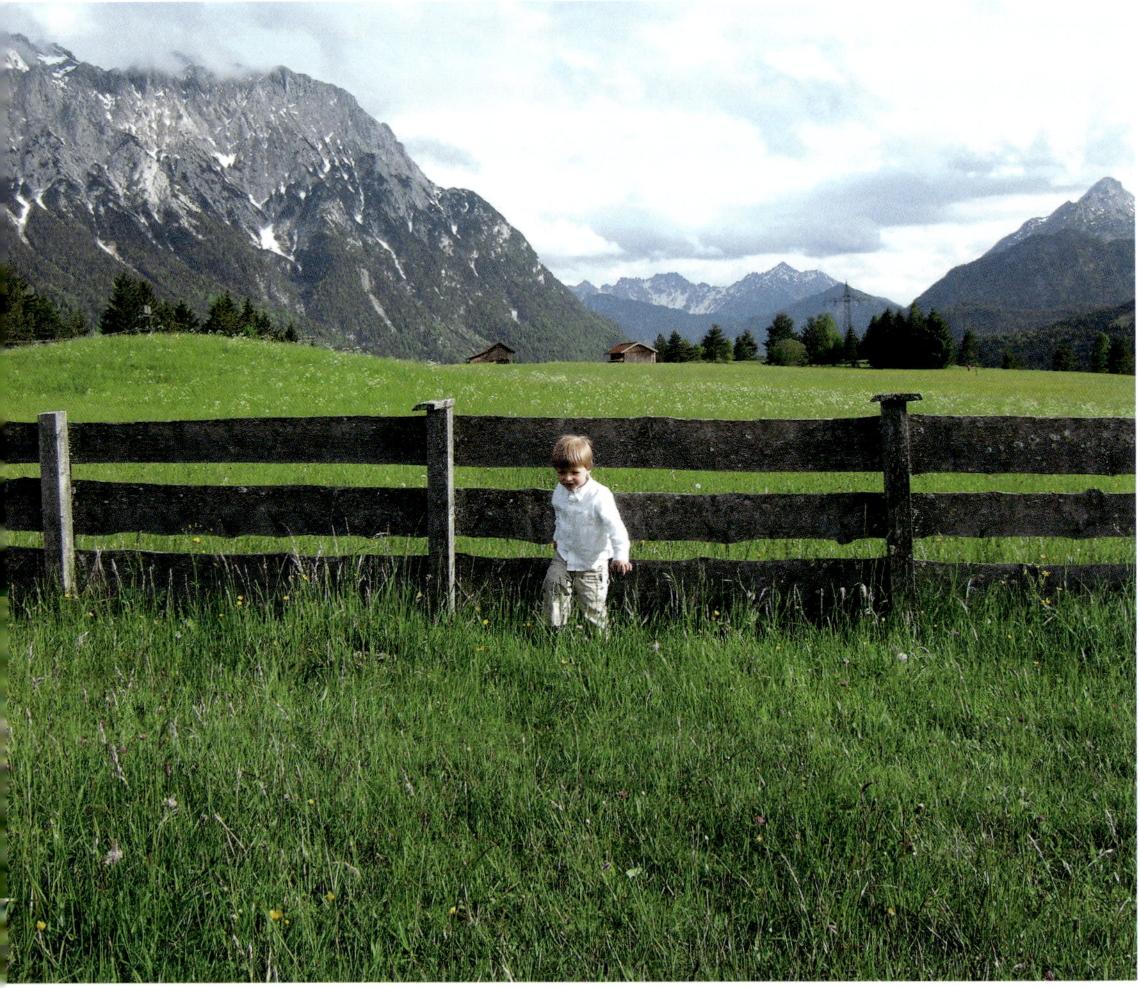

Karwendelblick über Mittenwald

Wandern mit Kindern

Wandern – Die Touren in diesem Buch sind nicht alles Spaziergänge, da es durchaus einige Höhenmeter zu überwinden gilt und die Wege teilweise recht steil sind. Dafür sind aber die Ausblicke schöner, die Natur einsamer – und das Erfolgserlebnis ist für alle Beteiligten größer als bei einem Spaziergang in der Ebene. Man muss kein Bergsteiger oder Klettersteigprofi sein, um die hier vorgestellten Hütten zu erreichen. Alle Wege sind ungefährlich und auch für Ungeübte zu schaffen. Und eines zeichnet alle Touren aus: Sie sind kinderwagengeeignet!

mit – Die Touren machen nur Sinn und vor allem Spaß, wenn man alles mit den Kindern macht. Angefangen bei der Planung über die Auswahl der Ausrüstung und die Geschwindigkeit beim Gehen bis hin zu den Aktivitäten am Berg.
Die Auswahl der Tragehilfen sowie der Wanderausrüstung sollte mit größter Sorgfalt vorgenommen werden. Wenn die Gummistiefel auf felsigem Untergrund rutschen, die Jacke den Regen nicht abhält oder die Sonne das Kind im Kinderwagen blendet, steht die Tour schnell unter einem schlechten Stern.

Kindern – Unsere damals nur zwei Wochen alte Tochter hat ihre erste Tour ebenso unbeschadet überstanden wie ihr Bruder im Kleinkindalter. Ein Baby kann zwar unkomplizierter im Kinderwagen geschoben werden, erfordert aber ein Mehr an Mitdenken, wenn es um die Kältecreme, das Wickeln und die Stillpausen geht. Die Größeren müssen zwar meist mehr im Zaum gehalten werden und erfordern mehr Aufmerksamkeit, können aber dafür selbst gehen und wissen genau, wann sie Hunger oder Durst haben oder eine Pause brauchen.

Welche Tour sollte man wählen?

Für den Einstieg und für Ungeübte (insbesondere mit Kinderwagen) empfiehlt sich zunächst eine Tour mit wenigen Höhenmetern, die bei den Anforderungen in der Infobox als »leicht« beschrieben ist. Alle Touren sind mit Kinderwagen und Rucksacktrage im Sommer wie im Winter getestet. Es wurden nur diejenigen aufgenommen, die auch wirklich für die ganze Familie geeignet sind. Eine gewisse körperliche Fitness wird natürlich vorausgesetzt.

Mit Kindern unterwegs

Ist man mit kleinen Kindern unterwegs, kommen nur einfache, kurze Wegstrecken in Betracht. Aus diesem Grund sind hier nur Touren aufgeführt, bei denen das Ziel in etwa einer Stunde zu erreichen ist. Rechtzeitige Pausen mit Brotzeit und Trinken sind ein Muss. Die Gehzeit bei Ausflügen mit Kindern ist um ein Vielfaches höher als die am Berg angegebenen Zeiten. Schon das Packen und das Fertigmachen am Ausgangspunkt dauern mit Kindern länger. Die in der Infobox bei den Touren angegebenen Gehzeiten beziehen sich auf die gesamte Gehzeit, also Hin- und Rückweg zusammen.

Tragehilfen und Kinderwagen

»Wie kommt man hoch?« Bei dem Schwierigkeitsgrad der in diesem Buch vorgestellten Touren ist dies eher nicht das Problem, die Frage muss vielmehr lauten: »Wie bekommt man den Nachwuchs hoch?«

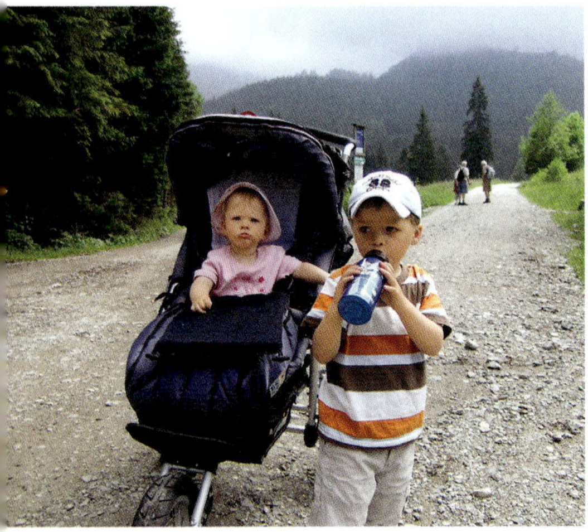

Durstlöscher – auch zum Nachfüllen – nicht vergessen

Kinderwagen

Der Vorteil eines Kinderwagens ist, dass das Kind schlafen oder sitzen, sich warm in Decken kuscheln oder sich unter dem Sonnenschutz vor der Sonne verstecken kann. Vor allem für die noch empfindlicheren Säuglinge unter einem halben Jahr ist der Kinderwagen daher ideal. Auf unebenen Wegen steht der Wagen stabil und selbst im tiefsten Winter kommt man gut über Eis und Schnee, wenn der Weg geräumt wurde. Bei steileren und unebeneren Wegen kommt man mit dem Kinderwagen eher schlecht voran. Daher sollte man für das erste Mal auf jeden Fall eine leichte Tour wählen. Der Kinderwagen sollte vorne keine flexiblen Räder haben, die sich bei jedem Stein oder Schneehügel quer stellen.

Buggy

Der Buggy ist nur für reine Asphalt- oder Kurztouren geeignet. Er ist zwar in der Regel leichter und wendiger als der Kinderwagen, zugleich aber auch wackeliger, der Reifendurchmesser ist kleiner (man taucht in alle Mulden ein) und die Reifen sind meist aus unflexiblem Hartplastik.

Rucksacktrage

Eine Rucksacktrage ist für das Transportieren von Kindern, die schon sitzen können, in den Bergen ideal. Die Kinder sitzen gerne auf dem Rücken von Mama oder Papa und haben beste Sicht. Auch Schlafen ist kein Problem. Der Träger der Rucksacktrage kommt auch über steiles und unwegsameres Gelände. Dank des stabilen Rahmens kann man die Kleinen jederzeit zum Pausemachen abstellen – aber unbedingt immer festhalten! Meist bieten die Rucksacktragen auch Stauraum für Windeln, Ersatzkleidung, Brotzeit etc. Ein weiterer Vorteil gegenüber dem Tragetuch ist der trockene Rücken durch das Rückennetz. Bitte unbedingt darauf achten, dass die Kleinen komplett vor Sonne geschützt sind und im Winter die Füße und Hände warm bleiben. Bei Temperaturen unter –2° C besteht angesichts der geringen Durchblutung beim Sitzen Erfrierungsgefahr, vor allem an den Füßen.

Tragetuch

Im Tragetuch sitzen vor allem kleine Kinder, die noch nicht selbstständig sitzen können, besser. Der Rücken wird (bei richtigem Binden) optimal gestützt. Die Spreizhockhaltung unterstützt die richtige Entwicklung der Hüften. Allerdings liegt das Tragetuch schweißtreibend am Körper an, man kann das Kind nicht schnell und unkompliziert abstellen und das Binden des Tuches erfordert Übung und ist aufgrund der Länge der Tücher oft unkomfortabel. Ebenso fehlt zusätzlicher Stauraum. Es gibt allerdings mittlerweile leichte Tragesysteme aus Stoff, die alle

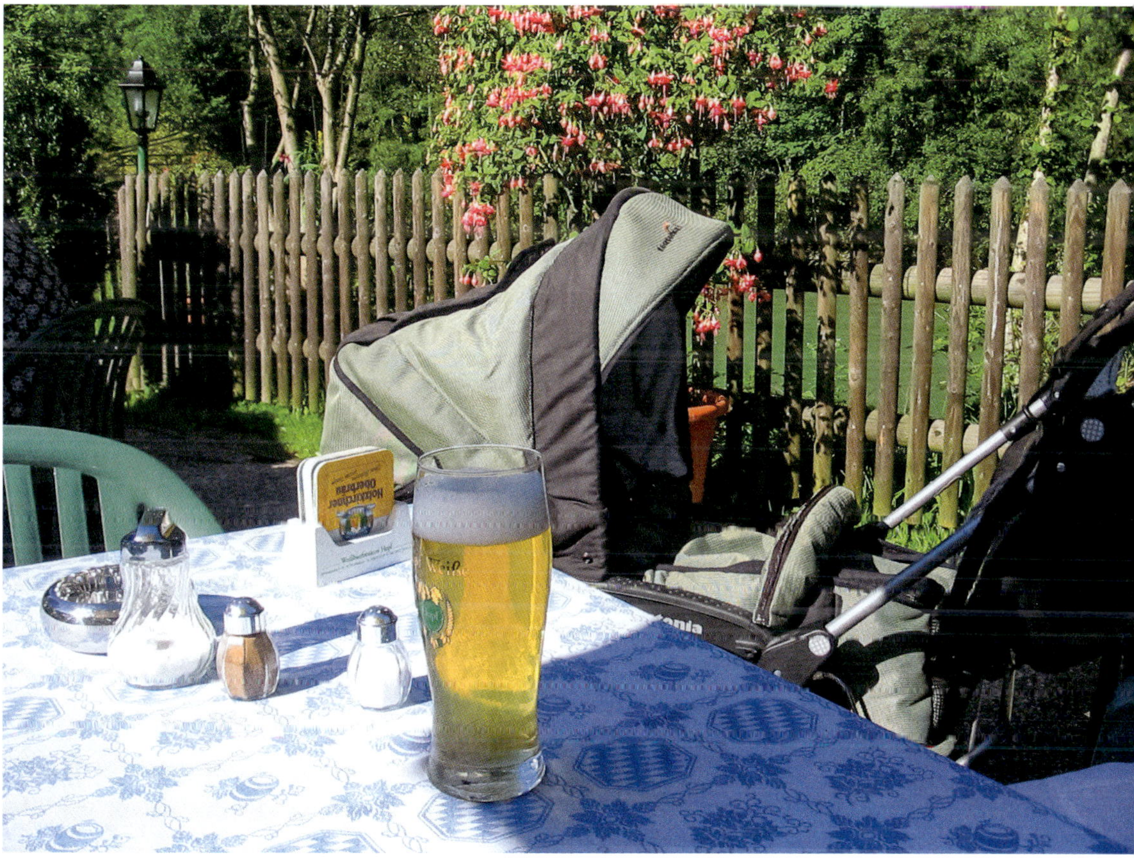

Auch für die Eltern winkt ein Durstlöscher am Ziel.

Vorteile des Tragetuches haben, aber viel leichter anzulegen sind. Die beste Informationsquelle ist hier im Moment noch das Internet.

Schlitten

Über den Einsatz eines Schlittens nachzudenken, lohnt nur, wenn wirklich viel Schnee liegt, und zwar auch auf dem Wanderweg selbst. Ein Zweisitzer für Kleinkinder und Babys mit anmontierter Lehne macht den Rückweg nach der Einkehr für alle lustiger und schneller. Ein kleines Glöckchen am Schlitten warnt Wanderer auf dem Weg. Beim Ziehen auf Eis wird es jedoch schnell wackelig und bei viel Schnee bleibt man leicht hängen und der Schlitten samt »Fracht« kippt um. Auch im Winter muss an Sonnenschutz für die Kleinen auf dem Schlitten gedacht werden. Alle Touren sind mit einem Rodelhinweis in der Randspalte versehen.

Ausrüstung und Gepäck

Sinnvolle Ausrüstung und Gepäck hinsichtlich Qualität und Quantität ist neben der Wahl der richtigen Tragehilfe das A und O beim Wandern mit Kindern.

Rucksack

Ein guter Rucksack gehört zur Grundausstattung in den Bergen. Wichtig sind vor allem eine ausreichende Luftzirkulation am Rücken, ein wasserdichtes Außengewebe und genügend Packvolumen. Nicht nur der Proviant muss Platz finden, sondern auch der Regenschutz, eventuell Wickelzeug und Spielsachen sowie Karte oder Fernglas.

Campinghocker

Gerade bei flachen, leichten Wegen, insbesondere an Flüssen entlang oder um Seen herum, wo es für die Kleinen viele Spielmöglichkeiten gibt, ist diese klappbare, leichte Sitzgelegenheit ein echtes Plus.

Gamaschen

Gamaschen können praktisch sein, um Schnee oder auch Matsch aus den Schuhen und von den Hosenbeinen fernzuhalten. Auch gegen im Gras lauernde Zecken bieten sie einen gewissen Schutz.

Wanderstöcke

Wanderstöcke können Auf- und Abstieg sehr erleichtern, insbesondere beim Tragen der Kinder geben die Stöcke guten Halt und entlasten spürbar Knie und Rücken. Die meist dreiteiligen, ineinanderschiebbaren Stöcke sind zudem auch in der Ebene leicht am oder im Rucksack verstaubar.

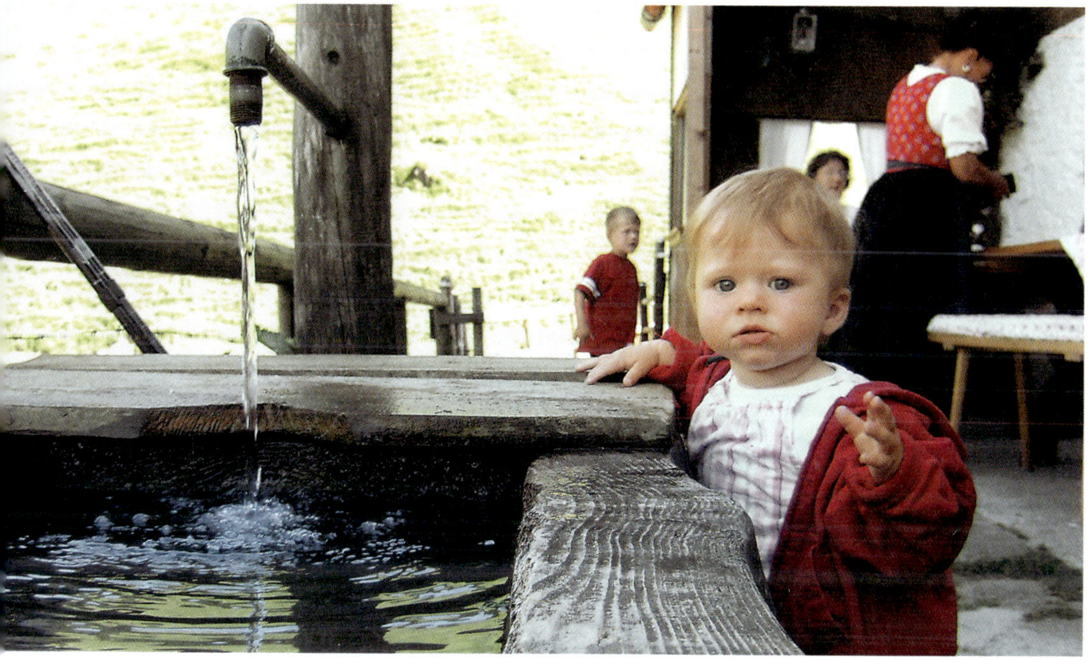

Die urige Gschwendtner-Alm mit Viehtränke

Kleidung

Bei der Kleidung von kleinen Kindern, die geschoben oder getragen werden, sollte unbedingt bedacht werden, dass diese sich nicht bewegen. Sie brauchen also vor allem im Winter mindestens eine Schicht mehr Kleidung als die Wanderer. Besonders die Füße und Finger sollten zwischendurch immer wieder kontrolliert werden, um einer Unterkühlung oder gar einer Erfrierung vorzubeugen. In Frühjahr, Sommer und Herbst empfiehlt es sich, immer Regenkleidung mitzunehmen. Bei Sonnenschein sollten die Kinder stets komplett bedeckt sein, um einen Sonnenbrand zu vermeiden, ein Kopfschutz schützt vor Sonnenstich. Im Kinderwagen spendet ein Sonnenschirm oder ein Tuch den Kleinsten zusätzlichen Schatten von Kopf bis Fuß.

Essen und Trinken

Wie für Erwachsene ist auch für Kinder ausreichendes Trinken beim Wandern sehr wichtig und sollte in keinem Rucksack fehlen. Mit Broten, Obst und vielleicht sogar ein paar Gummibärchen oder Keksen kann man nicht nur den kleinen Hunger zwischendurch stillen, sondern auch quengelige Kinder ablenken.

Grödel

Wenn man im Winter unterwegs ist, kommt man um die Anschaffung eines Paares Grödel fast nicht herum. Mit Grödel hat man mit Kind am Rücken oder im Wagen auch auf vereister Strecke einen sicheren Halt. Die meist vierzackigen Grödel sind leicht an jedes Schuhwerk zu schnallen und haben beim Tragen im Rucksack ein geringes Gewicht.

Steigeisen

Steigeisen sind der große Bruder der Grödel mit sieben bis zwölf Zacken und können genauso wie Grödel verwendet werden. Bei einer Neuanschaffung sind Grödel jedoch günstiger und am

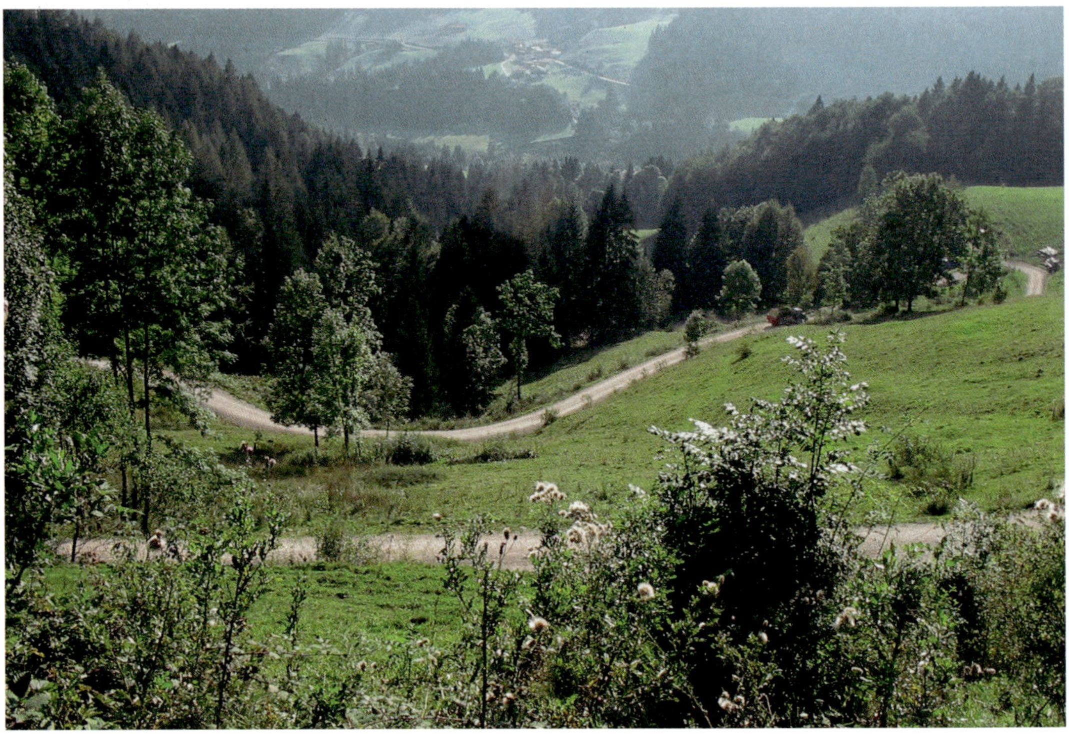

Sanft steigt der Weg zur Wildbichleralm an.

Berg leichter zu transportieren. Zudem benötigt man für Steigeisen steigeisenfestes Schuhwerk, um einen guten Sitz zu gewährleisten.

Unterhaltung für die Kleinen: Spiele und Ablenkung am Wegesrand

Die Natur liefert auf der Tour zahlreiche Spielideen. Es kann sich allerdings auszahlen, wenn man bereits beim Packen des Rucksacks an »Forscherutensilien« wie z.B. einen Becher zum Wasserschöpfen, ein Fernglas oder ein Taschenmesser gedacht hat.
Wasser zieht Kinder magisch an und man kann Stunden, wenn nicht Tage damit überbrücken. Vom Baden in Fluss oder See über den eigenen Staudamm im Bach bis hin zu Ast- und Laubbooten unter Brücken sind hier der Fantasie keine Grenzen gesetzt.
Auch mit Steinen lassen sich prima Türme, Staudämme oder Bodenmarkierungen bauen. Als Andenken bietet es sich an, einen besonders schönen Stein mit nach Hause zu nehmen und dort mit einem kleinen Klebestreifen zu beschriften, so kann man auch nach 20 Jahren noch die Erinnerung an den Fundort auffrischen.
Laub eignet sich, besonders im Herbst, hervorragend zum Sammeln. Die herbstlich bunt leuchtenden Blätter, die auch im Rucksack nicht ins Gewicht fallen, eignen sich gut geputzt an verregneten Wochenenden ideal zum Basteln.
Mit Ästen und kleinen Stämmen (nicht absägen) kann man tolle Unterschlupfhöhlen zimmern, Naturmikado spielen oder in den größten Erdlöchern herumstochern. Ein provisorischer Wanderstock macht allen Kindern Spaß.
Fast immer hilft einem auch die Natur selbst, die Tour spannend zu gestalten: eine Klamm mit einem tosenden Bergbach, ein Wasserfall, der in die Tiefe stürzt, eine saftige Wiese mit zu bestimmenden Blumen oder gar ein Höhleneingang, der mit der Taschenlampe erforscht wird.
Die Kunst, Vögel am Gesang zu erkennen, beherrschen vermutlich nur noch die Wenigsten. Tiere in der freien Natur zu beobachten und zu bestimmen, ist ebenso eine spannende Ablenkung.

Brotzeit auf der Doaglalm

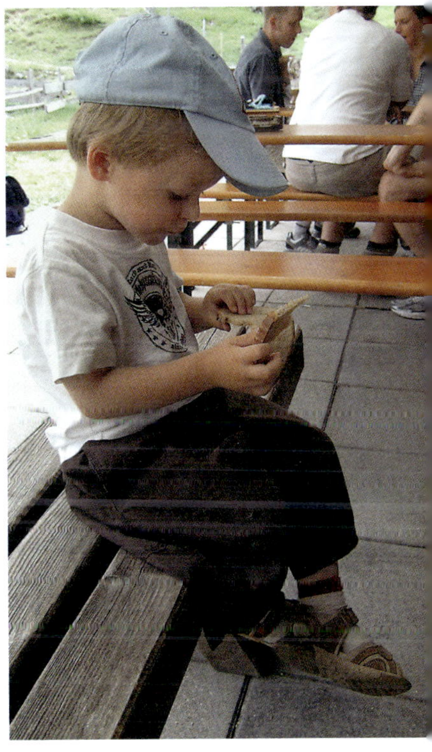

Und nun viel Spaß beim Wandern!

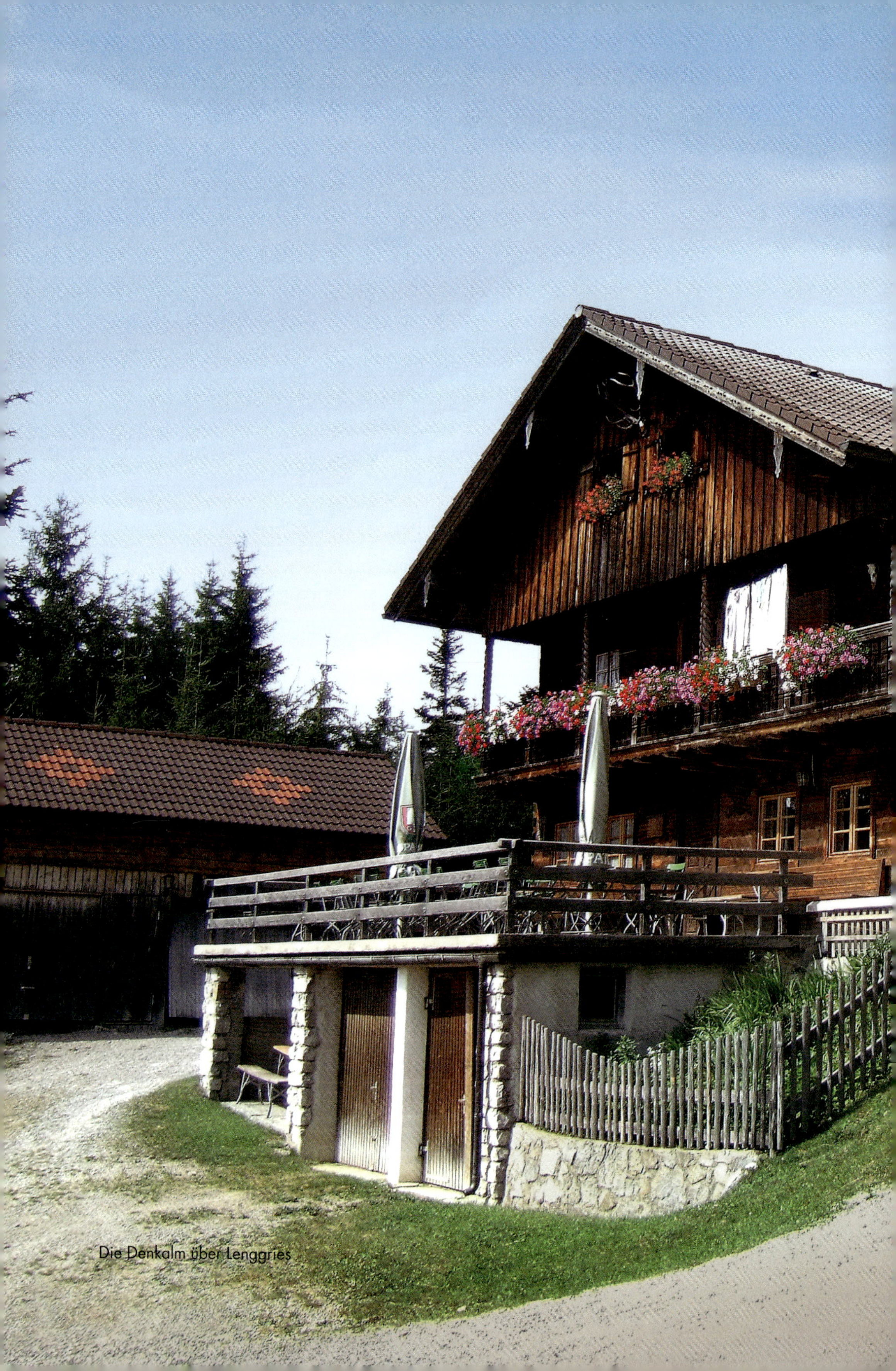

Die Denkalm über Lenggries

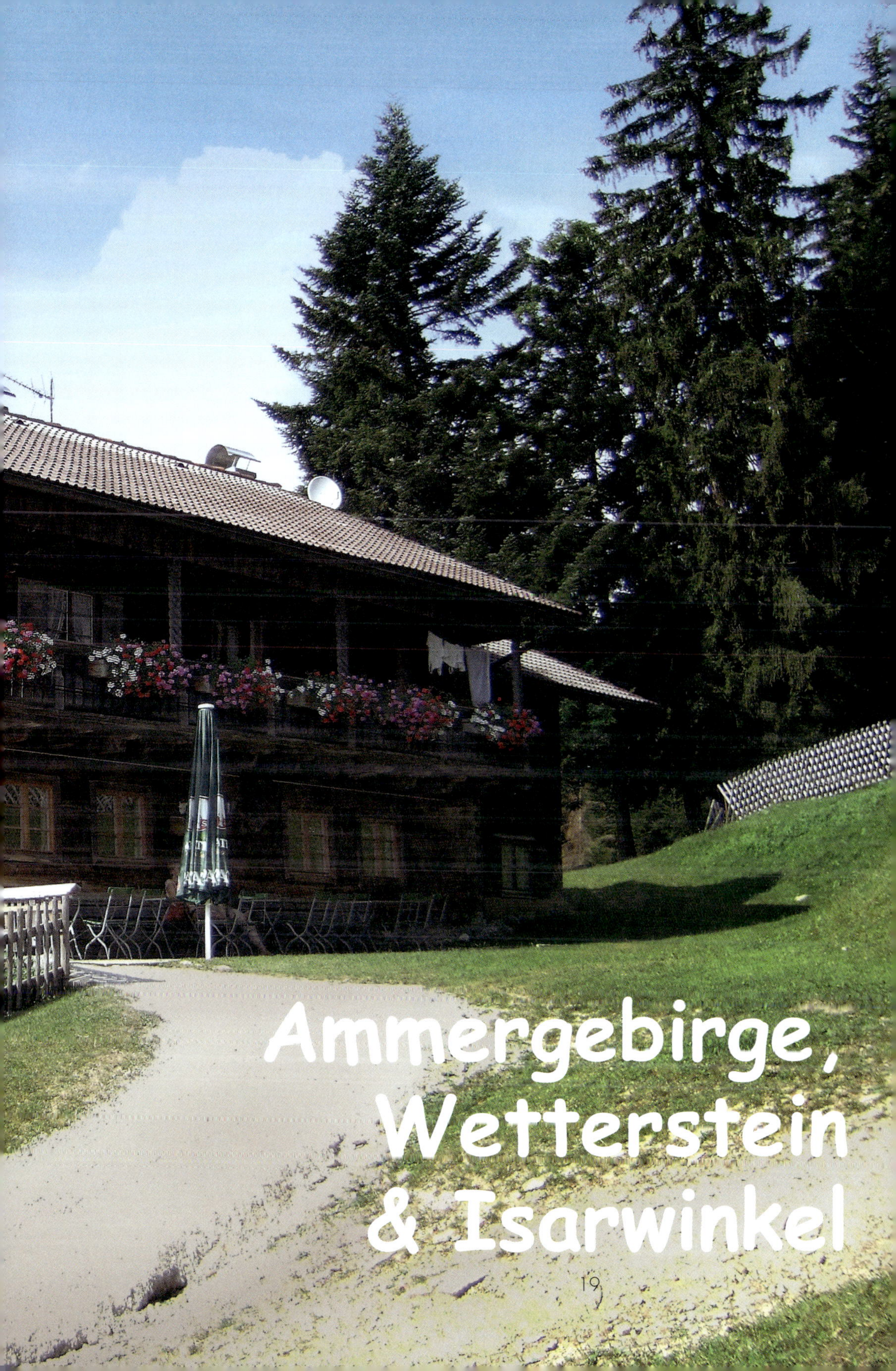

Ammergebirge, Wetterstein & Isarwinkel

1 Hörnle-Hütte

Anstrengende Tour zum Gipfel über Bad Kohlgrub

mittel	8,9 km	470 Hm	250 Min.

Anfahrt
Autobahn München–Garmisch (A 95) bis Ausfahrt Murnau. Weiter durch Murnau und stets den Wegweisern nach Oberammergau, Bad Kohlgrub folgen. In Bad Kohlgrub kurz vor dem Ortsende nach links in die Badstraße und weiter durch die Fallerstraße der Beschilderung zum gebührenpflichtigen Parkplatz an der Hörnle-Bahn folgen

Anforderungen
Anstrengende, weil lange Tour auf guter Forststraße

Rolli
Nicht geeignet

Rodel
4,5 km Rodelbahn im Winter

Einkehr
Hörnle-Hütte, Betriebsurlaub im Nov., Tel. 08845/229

Karte
Topografische Karte 1:50 000, Blatt Werdenfelser Land (BLVA)

Informationen
Kur- und Tourist-Info Bad Kohlgrub, 82433 Bad Kohlgrub, Tel. 08845/74 22-0, www.bad-kohlgrub.de

Die Hörnle-Hütte wurde 1911 von der DAV-Sektion Starnberg auf der Nordwestseite des Hörnles erbaut. Sie gehört zu den wenigen Alpenvereinshütten, die – bis auf November – ganzjährig bewirtschaftet sind.

Links an der Talstation der Hörnlebahn vorbei geht es zunächst auf den zweiten Parkplatz, auf den man am Wochenende aufgrund der vielen Gäste ohnehin ausweichen muss. Beim Skilift gehen wir dann nach Westen durch den Wald, bis wir auf der freien Fläche an einen Weg stoßen, dem wir nach links leicht

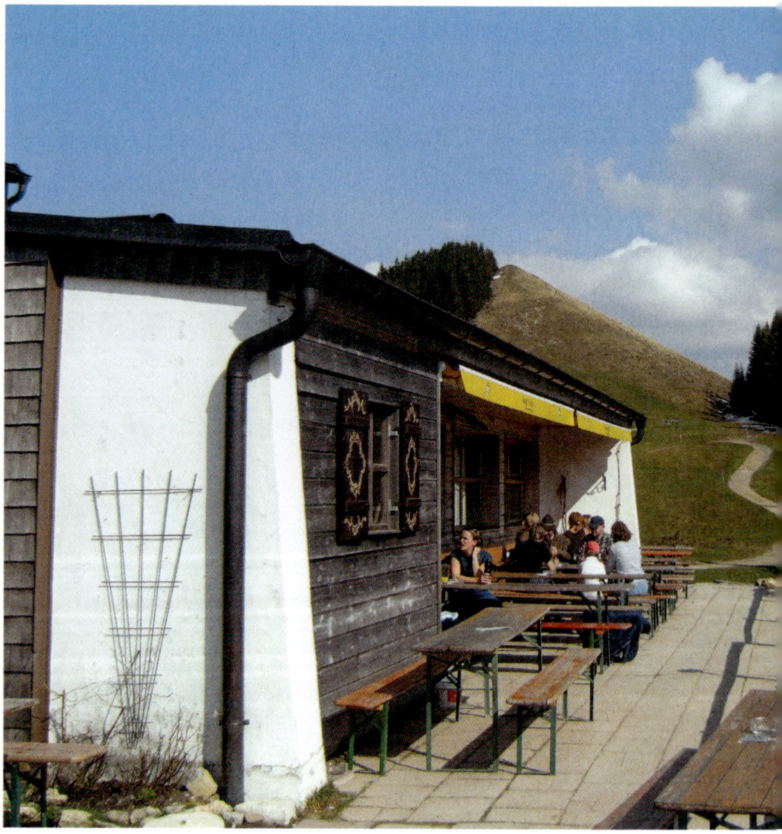

Blick von der Hörnle-Hütte auf das Vordere Hörnle (1484 m)

bergan folgen. Es geht nun abermals unter der Hörnlebahn hindurch. Wir ignorieren den Abzweig zum Gipfel nach rechts und folgen stets der breiten Forststraße. Tapfer stemmen wir den Kinderwagen bergauf. Nach über einer Stunde zweigen wir auf einem sehr steilen Wegstück nach rechts zur Hörnle-Hütte ab. Zwischen Vorderem Hörnle und Hörnle-Hütte erreichen wir den höchsten Punkt unserer Tour. Nach einer weiteren Minute sind wir an unserem Ziel angelangt. Da man dieses auch – etwas leichter – mit der Seilbahn erreichen kann, ist man hier zwar nicht ganz allein, aber dafür hat man die bewundernden Blicke für die vollbrachte Leistung auf seiner Seite. Auf der Hörnle-Hütte nutzen wir nach dem langen, schweißtreibenden Anstieg unseren Alpenvereinsrabatt voll aus und bestellen zur Regulierung des Flüssigkeitshaushaltes gleich mehrere Bergsteigergetränke. Ein kurzer Abstecher zum Gipfelkreuz zwischen Hütte und Bergstation des Sesselliftes ist nach der Rast natürlich auch noch angesagt. Hier können wir die Aussicht genießen, die an guten Tagen bis zum Ammersee und Starnberger See reicht.

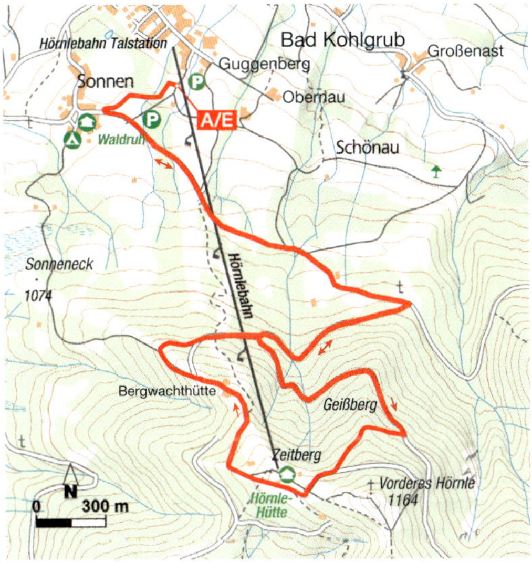

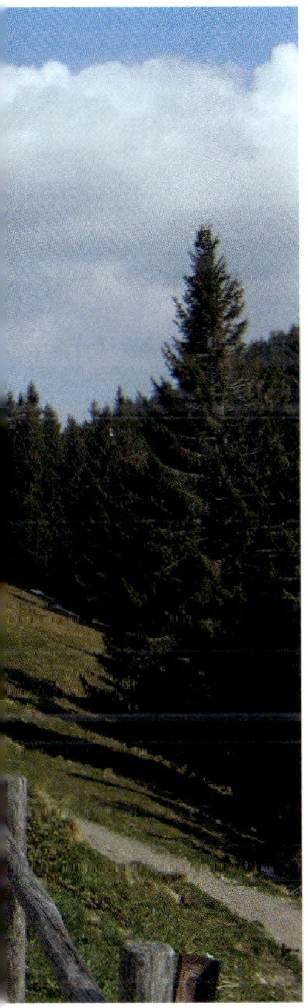

Zum Abstieg folgen wir unserem Weg weiter. Südlich an der Hütte Richtung Westen vorbei geht es zunächst über die Skipisten leicht bergab. Danach gehen wir nicht auf dem Winterweg weiter nach Westen, sondern auf der Forststraße nach rechts zurück zu unserem Anstiegsweg. Schon bald stoßen wir wieder auf diesen und wandern so zurück ins Tal zu unserem Parkplatz.

Kindertipp

In Bad Kohlgrub wartet auf etwas größere Kinder, die nicht mehr im Kinderwagen sitzen, der Walderlebnispfad.

2 Romanshöhe

Wandern fast ohne Höhenmeter

leicht	5,1 km	90 Hm	90 Min.

Anfahrt
Autobahn München–Garmisch (A 95) bis zum Autobahnende in Eschenlohe und weiter über die Bundesstraße Richtung Garmisch. In Oberau rechts nach Oberammergau. Am Ortsanfang rechts zum Freibad Wellenberg.

Anforderungen
Höhenwanderweg mit anschließendem Freibad

Einkehr
Romanshöhe, ganzjährig bis auf Nov. geöffnet, Mo Ruhetag,
Tel. 08822/94445,
Romanshoehe@yahoo.de

Karte
Topografische Karte 1:50000, Blatt Werdenfelser Land (BLVA)

Informationen
Oberammergau Tourismus,
Eugen-Papst-Str. 9a,
82487 Oberammergau,
Tel. 08822/9231-0,
www.oberammergau.de

Die 1977 über dem Ammertal mit Ober- und Unterammergau erbaute Berggaststätte Romanshöhe geizt nicht mit Ausblicken. Mit bestem Blick auf Laberberg und Notkarspitze sowie viele weitere Gipfel der Ammergauer Alpen genießt man im Sommer wie Winter die leicht zu erreichende Sonnenterrasse.

Direkt am Parkplatz oberhalb des Freizeitzentrums Wellenberg (Freibad!) bei der Talstation der Laberbergbahn starten wir die Tour, auch wenn man an heißen Sommertagen vielleicht lieber gleich ins Freibad eintauchen würde. Der »Altherrenweg« zur Romanshöhe startet nicht am unteren Ende des Parkplatzes, sondern links der Bergbahn etwa mittig der Parkplätze. Auf einem Teerweg geht es in den Wald, aber nach wenigen Metern erreicht man schon den vor einem Gatter nach links führenden schmaleren, gekiesten Höhenweg. Gleich zu Beginn fällt die erste Ruhebank auf, die auch gleich angetestet wird. Nicht umsonst heißt dieser leichte Weg am Fuße des Aufackers »Altherrenweg« – kaum Steigungen, beste Aussicht und ausreichend Bänke und Unterstände ermöglichen nicht nur Klein sondern auch Groß bzw. Alt, das Ziel zu erreichen. Hat man den Einstieg in den »Altherrenweg« gefunden, kann eigentlich schon nichts mehr schiefgehen. Stets geradeaus folgen wir nun immer der Beschilderung »Altherrenweg, Romanshöhe« nordwestlich in Richtung Unterammergau. Abwechslungsreich überquert man so manchen Bach und hält sich stets Richtung Unterammergau.

Tipp

Das Erlebnisbad Wellenberg mit Riesenrutsche und Kleinkindbecken am Ausgangspunkt der Tour garantiert Spaß für alle Altersgruppen. www.wellenberg-oberammergau.de

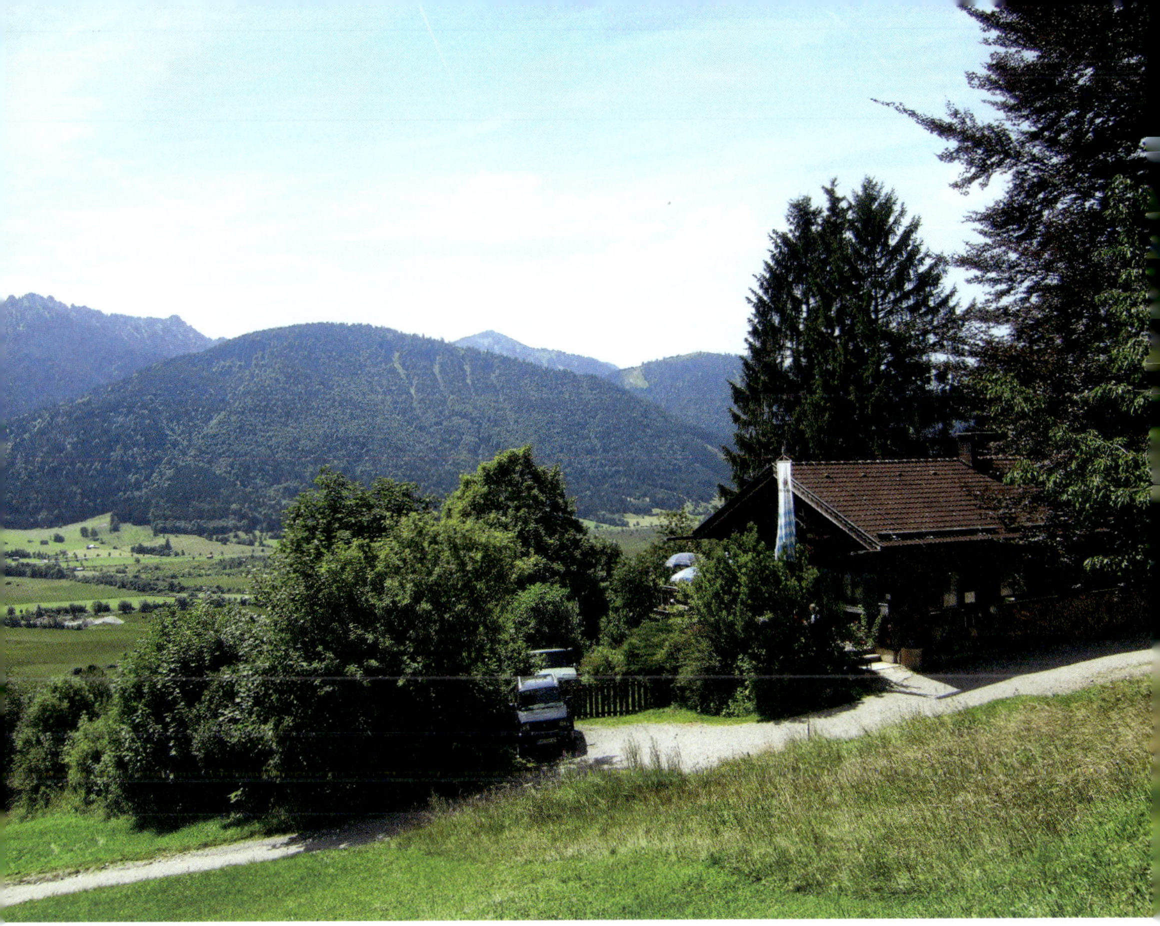

Blick nach Süden auf den Steckenberg

Ist die steile Teerstraße, die direkt aus Oberammergau zur Romanshöhe führt (man könnte hier auch alternativ am Bahnhof starten), erreicht, geht es nach rechts über die Stufen neben der Straße bergauf. Fast alle Höhenmeter der Tour treffen nun geballt auf die langen und kurzen Beine, aber schon bald geht es wieder flach dahin und nach der nächsten Lichtung ist die Berggaststätte auch schon erreicht.

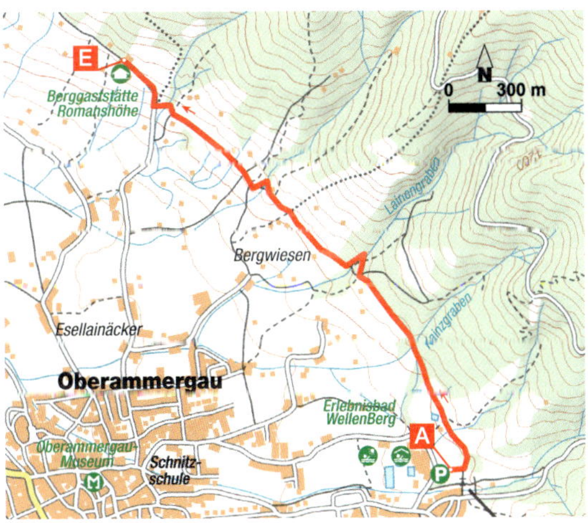

Die schöne, an der Hauswand und in der überdachten Laube im Sommer angenehm kühle Sonnenterrasse erreicht man auch mit dem Kinderwagen gut, wenn man durch das Haus schiebt statt zu versuchen, sich durch die Tische und Bänke zu quetschen.

Nach der Rast geht es auf dem gleichen Weg wieder zurück oder alternativ geradeaus weiter zum Weiher beziehungsweise zum Bahnhof in Unterammergau.

3 Kolbenalm

Variable Hüttenwanderung über Oberammergau

leicht | 5,5 km | 160 Hm | 140 Min.

Anfahrt
Autobahn München–Garmisch (A 95) bis zum Autobahnende in Eschenlohe, weiter über die Bundesstraße Richtung Garmisch. In Oberau rechts nach Oberammergau. In Oberammergau zum Bahnhof und 150 m nordwestlich auf dem Kolbenlift-Parkplatz P6 parken

Anforderungen
Leichte Tour auf guter Asphalt- und Schotterstraße

Rolli
Geeignet

Rodel
Gut geeignet

Einkehr
Kolbenalm, ganzjährig geöffnet, Tel. 08822/636, www.kolbenalm.de

Karte
Topografische Karte 1:50 000, Blatt Werdenfelser Land (BLVA)

Informationen
Oberammergau Tourismus, Eugen-Papst-Str. 9a, 82487 Oberammergau, Tel. 08822/9231-0, www.oberammergau.de

Seit 1993 bewirtschaftet Familie Gröbmüller nun schon die Kolbenalm unter der Felswand des Brunnberg (1529 m). Für die Tour von Oberammergau kann man entweder in kurzen 40 Minuten oder ausgedehnten 100 Minuten aufsteigen.

Vom Parkplatz läuft man zurück zur Hauptstraße und nach rechts zum Bahnhof. Kurz nach dem Bahnhof an der Ammer geht es vor der Brücke nach rechts und stets am Uferweg flussaufwärts. Vorbei an einem »Tierpark« mit Gänsen und Ziegen erreicht man einen kleinen Spielplatz, der zu einer Spielpause zwingt.

Kurze Variante Gleich nach dem Spielplatz führt die König-Ludwig-Straße von links über die Ammerbrücke. Für eine kürzere Tour folgt man dieser nach rechts und bald leicht anstei-

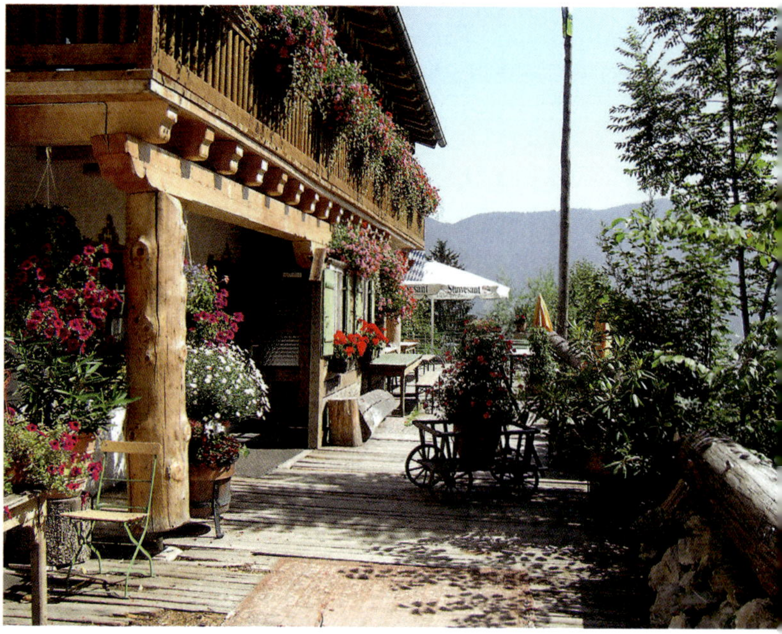

Auf der urigen Terrasse gibt es allerhand zu entdecken.

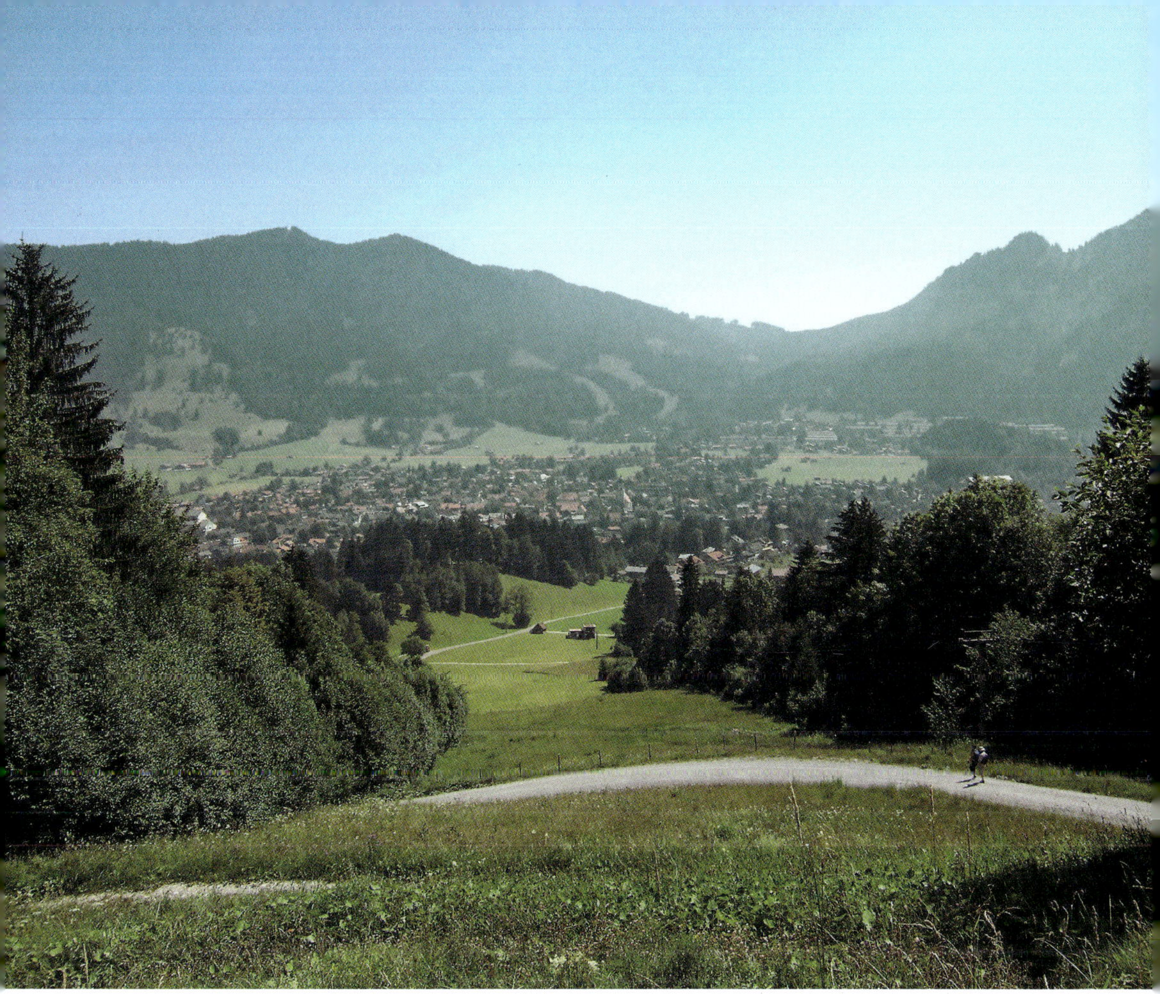

Blick von der Kolbenalm nach Oberammergau

gend abermals nach rechts. Kurz vor deren Ende biegt man links in den Kofelauweg und folgt diesem gleich wieder nach rechts. Nun geht es erträglich auf Asphalt immer gerade bergan, die Alm ist schon über den Wiesen zu sehen. Im Wald wird der Weg zu einer Schotterstraße und nach zwei weiteren Kehren ist die Kolbenalm auch schon erreicht.

Lange Variante Wer etwas mehr Zeit mitbringt und sich nicht nur auf Wegen über zwei Metern Breite aufhalten will, folgt dem Uferweg, bis dieser unter der B23 hindurchführt. Weiter geht's nach rechts Richtung »Kofel, Grottenweg« und über den Parkplatz, an dessen Ende links bergauf der schmälere Grottenweg startet. Nach ein paar Metern Anstieg mündet von links ein schmales Weglein von Ettal in den Weg dieser

Kindertipp

Wenn die Kids mal größer und wanderbegeistert sind, kann man den Kofel, der im oberen Teil einen leichten Klettersteig (Sicherungsausrüstung!) zu bieten hat, besteigen.

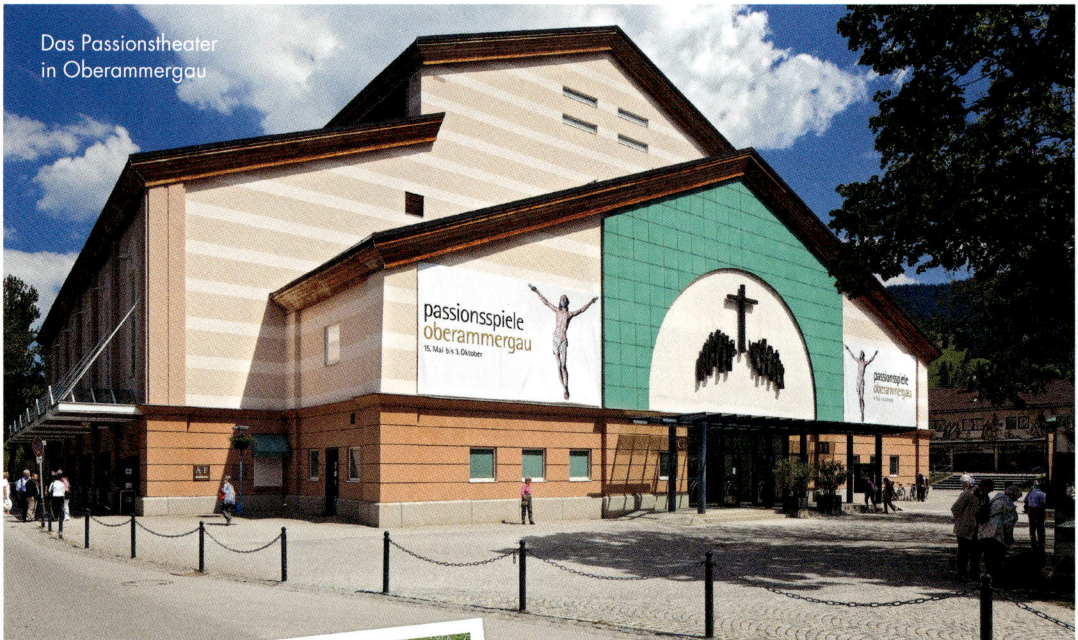

Das Passionstheater in Oberammergau

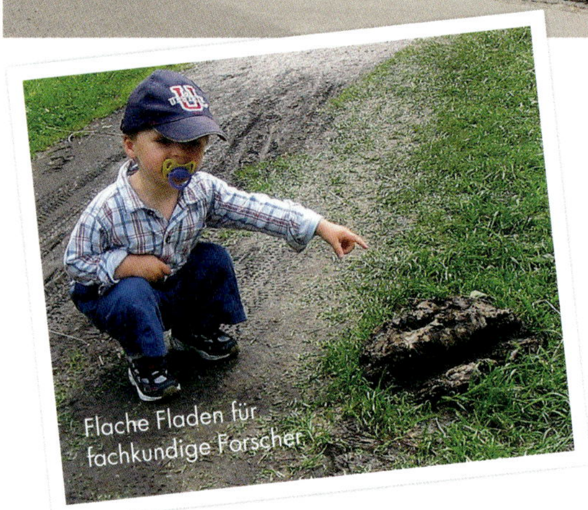
Flache Fladen für fachkundige Forscher

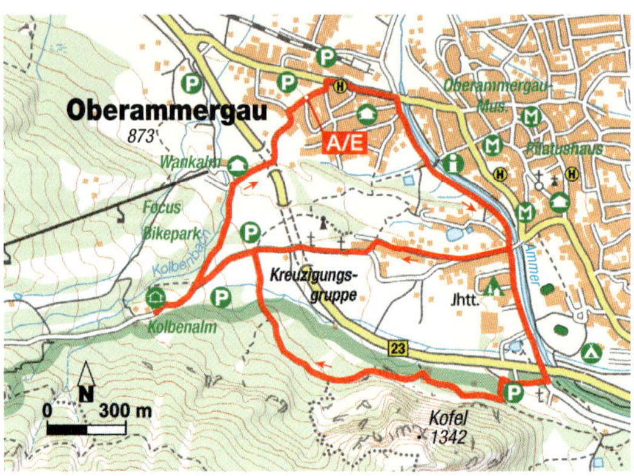

Tour. Diesem bestens gewarteten Pfad folgend geht es bis zu einer querenden Asphaltstraße. Weiter folgt man der Straße links bergauf in den Wald, der Weg wird zur Schotterstraße und nach zwei weiteren Kehren ist die Kolbenalm schon erreicht.

Nach der Einkehr, bei der die Kleinen sicherlich die reich dekorierte Alm genauer inspizieren, geht es zunächst wieder auf der bekannten Schotterstraße zurück. Beim Austritt aus dem Wald und sobald die Straße wieder mit einer Asphaltschicht bedeckt ist, geht es beim Wegweiser nach links zur »Talstation Kolbenlift«.

Der Weg entlang des Kolbenbachs bis zur Talstation des Lifts ist romantisch und lädt zum Spielen ein. Die Engstelle kurz vor Ende dieses Weges beim Kolbenlift kann man rechts über die Wiesen umgehen. Über die Asphaltstraße bergab erreicht man schließlich wieder den Ausgangspunkt am Parkplatz.

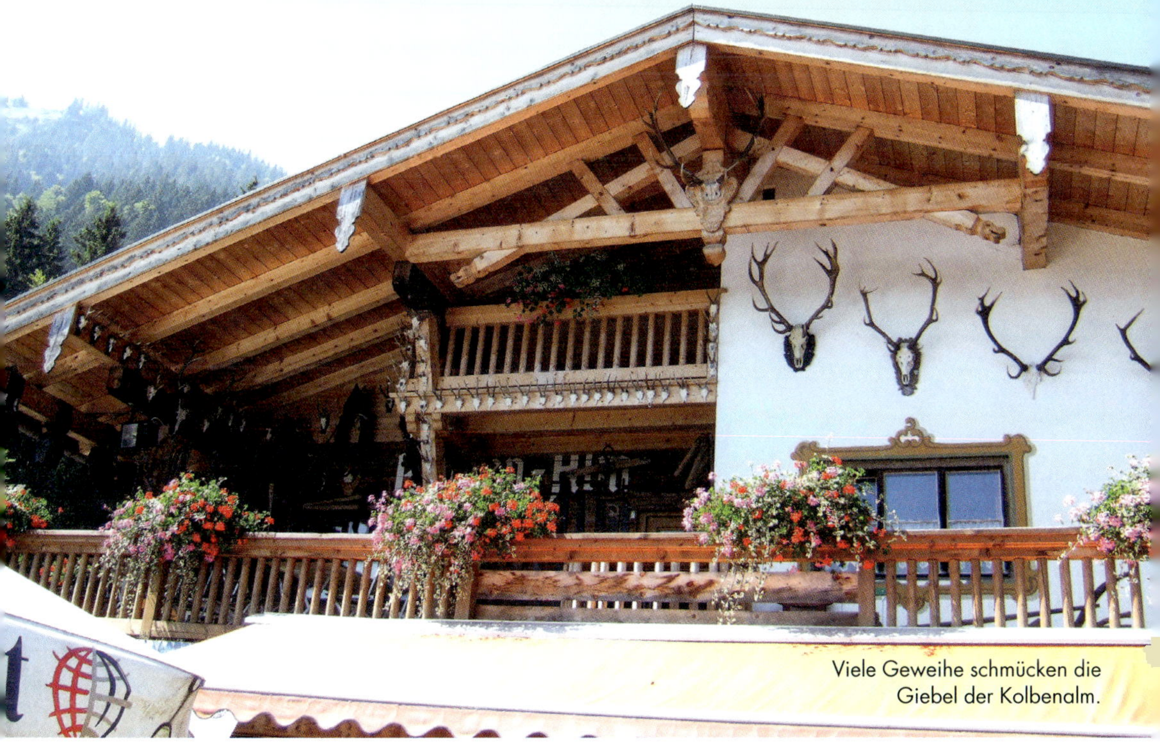

Viele Geweihe schmücken die Giebel der Kolbenalm.

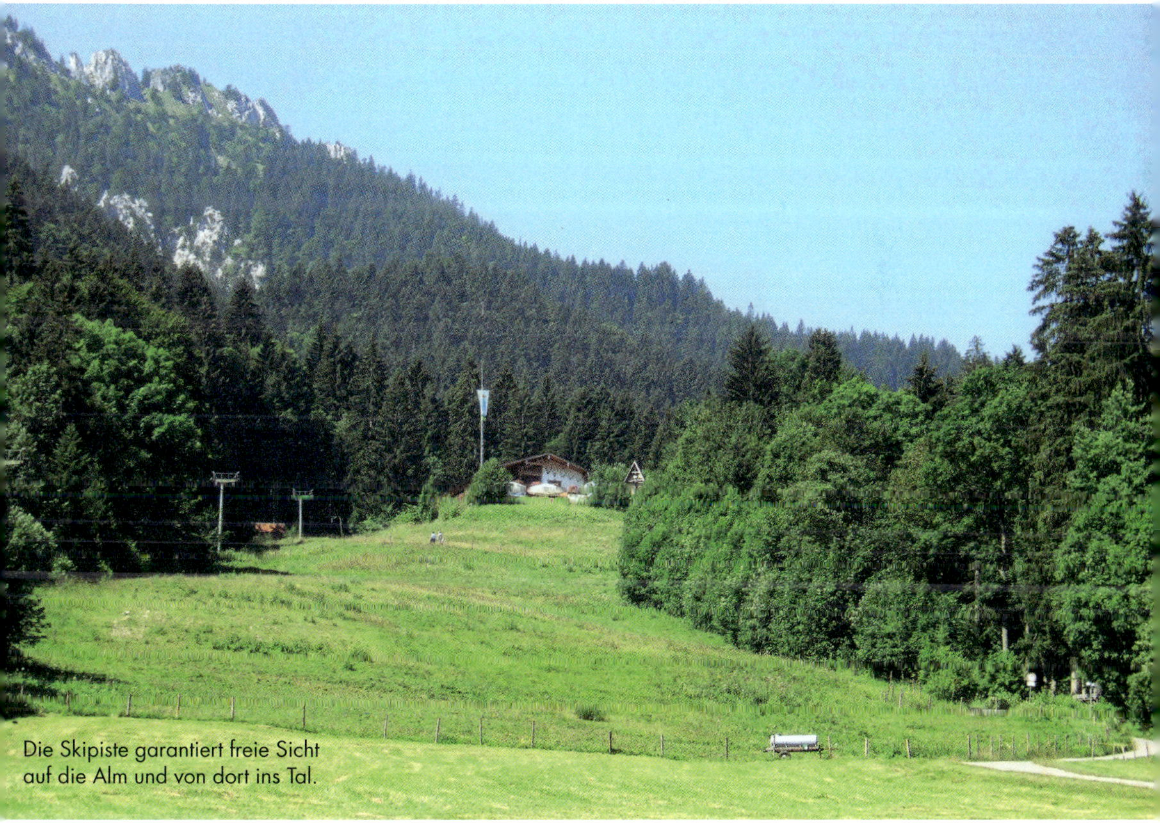

Die Skipiste garantiert freie Sicht auf die Alm und von dort ins Tal.

4 Neuneralm

Schöne Rundtour abseits der Zugspitz-Touristen

leicht | 5,6 km | 190 Hm | 160 Min.

Anfahrt
Autobahn München–Garmisch (A 95) bis zum Ende, weiter über die Bundesstraße nach Garmisch. Nach dem Farchant-Tunnel rechts zum Ortsteil Garmisch und stets Richtung Grainau und Fernpass. Von der B 23 links nach Grainau abbiegen und in Grainau links nach Obergrainau. Geradeaus durch den Ort und dann nach links zum ausgeschilderten Parkplatz gegenüber des großen Kurhauses

Anforderungen
Sehr schöne und leichte, aber etwas längere Tour

Rolli
Aufgrund der Länge weniger geeignet

Rodel
Im Winter den Abstiegsweg als Aufstieg verwenden

Einkehr
Neuneralm, Tel. 08821/81225 Do Ruhetag, www.neuneralm-grainau.de

Karte
Topografische Karte 1:50000, Blatt Werdenfelser Land (BLVA)

Informationen
Kurverwaltung und Tourist-Information Grainau, Parkweg 8, 82491 Grainau, Tel. 08821/98185, www.grainau.de

Der Weg von Grainau über den Badersee (766 m) zur Neuneralm ist im ansonsten touristisch stark frequentierten Gebiet rund um die Zugspitze angenehm ruhig.

Vom Parkplatz geht es zunächst kurz auf der Anfahrtsstraße zurück und nach dem Freibad – mit nettem Kleinkinderbecken – links auf den zum »Musikpavillon« beschilderten Rad- und Fußweg. Am Musikpavillon vorbei und rechts um die Kurve ist bald die Hauptstraße (Waxensteinstraße) erreicht. Weiter ein paar Meter nach

Kindertipp

Im nahegelegenen Eibsee kann man nach der Tour noch einen Sprung ins kühle Nass wagen.

Auch besuchen: In Hammersbach gibt es einen – leider nicht für Kinderwagen geeigneten – Märchenpfad.

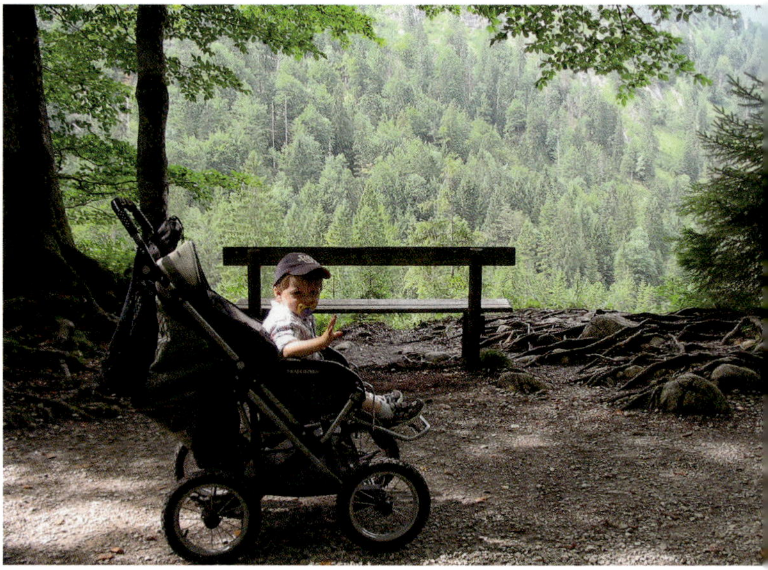

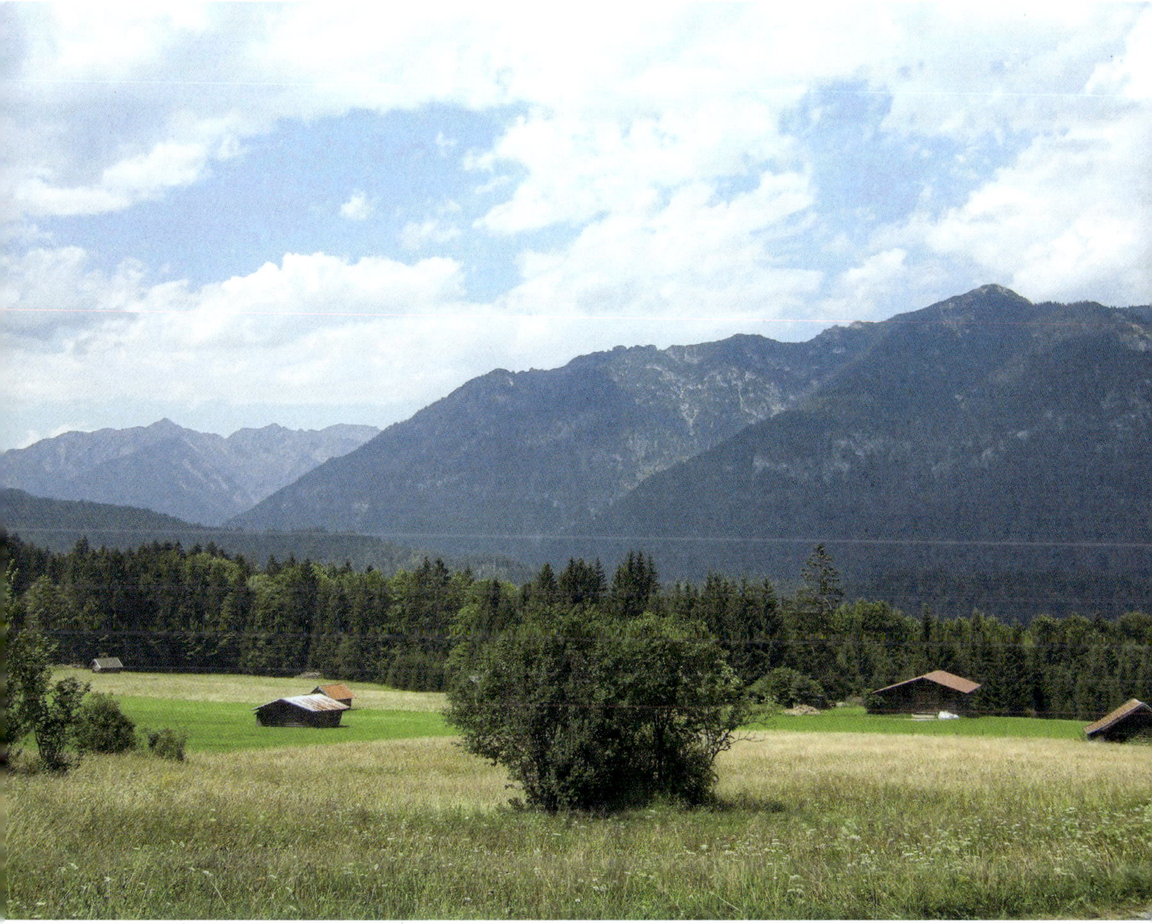

rechts und gleich wieder links zum Bahnhof wird anschließend die Zugspitzbahn rechts passiert. Nach wenigen Metern zweigt rechts ein Weg mit der Beschilderung »Badersee« ab, der leicht bergauf führt. Idyllisch windet sich der Weg durch die Hinterbühl-Wälder bis zum Badersee (nach etwa 15 Minuten). Gegen den Uhrzeigersinn geht man um den See und setzt nach dem Hotel auf der gegenüberliegenden Seite bei einem kleinen Spielplatz den Weg durch den Wald fort. Um die Tennisplätze herum geht es zu einer breiteren Forststraße, der man nach rechts Richtung »Eibsee« folgt. Der Weg führt durch ein Gatter, rechts um ein eingezäuntes Grundstück herum und schließlich über die Wiesen zur Asphaltstraße zum Eibsee. Diese wird überquert, man geht auf dem Parkplatz nach links und folgt dem Schild »Neuneralm«. Die Asphaltstraße wird nochmals überquert, um

Saftige Almwiesen umrahmt von hohen Bergen

Linke Seite: Ein lässiger Gruß – fast wie bei Königs

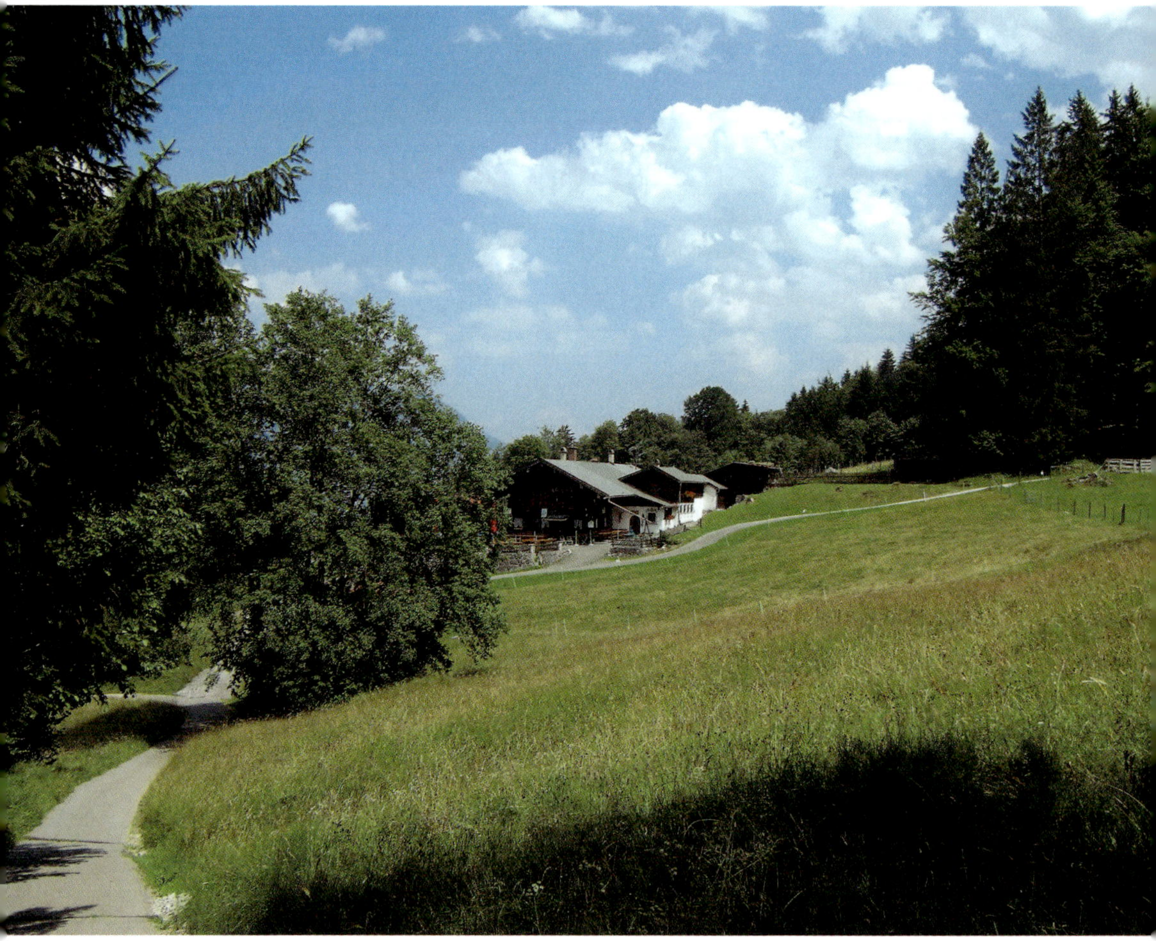

Ist die Neuneralm erreicht, ist ein Großteil der Tour geschafft.

über einen kaum erkennbaren Weg neben der Straße zur breiten Forststraße zu gelangen, die nach links über die Gleise in den Wald führt. Stets der Forststraße folgend werden die letzten verbliebenen Höhenmeter überwunden.

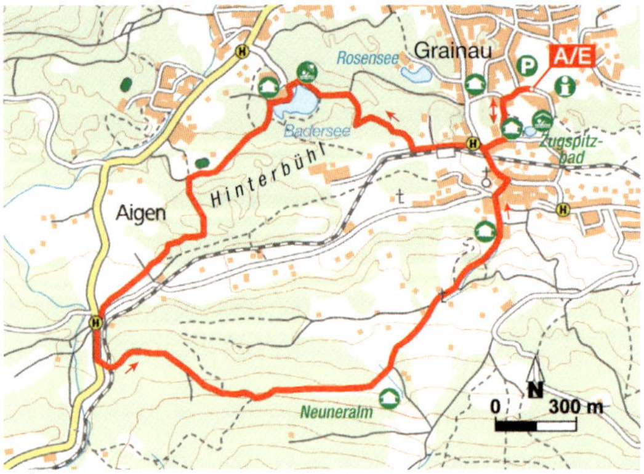

Leicht bergab führt der Weg schließlich direkt zur Neuneralm. Nach der Einkehr marschieren Eltern und Kinder entlang des schmalen Asphaltweges direkt von der Neuneralm geradeaus bergab. Der Weg mündet in eine etwas breitere Straße, der man rechts bergab folgt. Nach wenigen Metern zweigt rechts der Schotterweg »Fußweg Grainau« ab, dann geht's

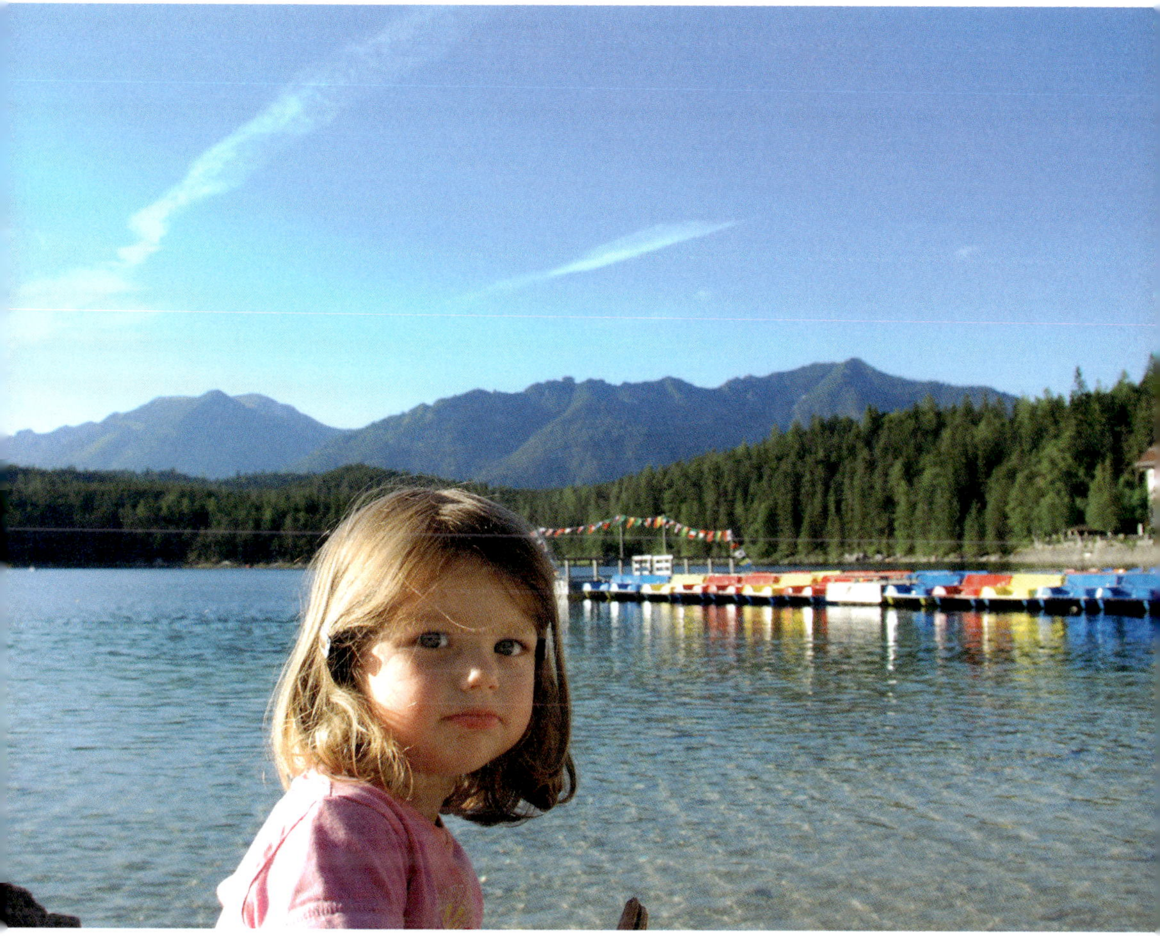

Nach der Tour an den Eibsee zum Baden, Eisessen oder Bootfahren

gleich wieder links auf den mit »Grainau« beschilderten Pfad durch den Bachgraben bergab. Nach wenigen Metern ist wieder die Asphaltstraße erreicht und man folgt dieser nun bergab bis zum Stoppschild in Grainau. Nach links gelangt man wieder zu den Gleisen der Zugspitzbahn, die man überquert. Nach der Sparkasse geht's schließlich nach rechts zurück zum Musikpavillon und zum Parkplatz, wo die Kleinen noch einen Spielplatz und einen Bach erkunden können, während die Eltern den Kinderwagen im Auto verstauen.

Freizeitspaß

Grainau (Schwimmbad, Minigolf), Garmisch (Schwimmbad, Bergbahnen, Klamm, Burgruine Werdenfels, Bungeetrampolin, Reptilienausstellung, Minigolf, Sommerrodelbahn, Reiten).

5 Elmauer Alm

Zu den saftigen Almwiesen über Schloss Elmau

mittel | 5,3 km | 200 Hm | 150 Min.

Anfahrt
Über Garmisch oder Kochel nach Klais, über die Gleise Richtung Schloss Elmau und nun dieser Beschilderung folgen (nach den Gleisen rechts und dann wieder links). Auf der Mautstraße bis zum Wanderparkplatz am Ende fahren

Anforderungen
Der Anfang der Tour auf der Asphaltstraße (mit Verkehr) ist schnell geschafft. Der Anstieg im Wald ist leider nicht für Kinderwagen geeignet.

Rolli
Nicht geeignet

Rodel
Nicht geeignet

Einkehr
Elmauer Almhütte, nur in den Sommermonaten, Anfang Nov. bis Mitte Dez. geschlossen, Mo Ruhetag

Karte
Topografische Karte 1:50 000, Blatt Karwendelgebirge (BLVA)

Informationen
Garmisch-Partenkirchen-Tourismus, Richard-Strauss-Platz 1a, 82467 Garmisch-Partenkirchen, Tel. 08821/180700, www.garmisch-partenkirchen.de

Die 1927 erbaute, traumhaft über Schloss Elmau gelegene Elmauer Almhütte liegt inmitten saftiger Almwiesen und beschert uns mit ihren direkt in die Wiesen gebauten rustikalen Bänken und Tischen einen traumhaften Ausflug. Der Blick auf das imposante Karwendelpanorama hinter Mittenwald krönt den urigen und gemütlichen Aufenthalt.

Der Weg zum Aufstieg beginnt sehr unromantisch und leider auch etwas beeinträchtigt durch den Autoverkehr auf der Anfahrtsstraße. Man geht vom Parkplatz zurück zur Asphaltstraße und nun stets auf dieser von der Anfahrt bekannten Strecke vorbei an Schloss Elmau, welches heute ein Hotel beherbergt. Etwa 500 Meter vor dem Schloss wandert man links auf den geschotterten Rad- und Fußweg und zweigt nach weiteren etwa 50 Metern links auf den kleineren ausgeschilderten Weg Richtung Elmauer Alm ab. Dieser führt zunächst über den bereits zum Spielen einladenden Drüsselgraben und bald am Zaun des einsam gelegenen Hauses entlang in den Wald. Im Wald überquert man den Bach erneut und folgt dann dem Hohlweg steil bergauf. Der Weg wird nun wieder etwas flacher und man gelangt an eine scharfe nach links führende Spitzkehre und kurz darauf an den Waldrand. Man folgt dem Weg gerade über die Almwiesen zu einer Baumgruppe. Nun geht man durch ein Gatter und nach einem weiteren kurzen Stück gelangen wir zur Alm, die man bereits im Blick hat. Die holzbeplankte, gemütli-

Kindertipp

Freizeitmöglichkeiten in Garmisch: Schwimmbad, Bergbahnen, Klamm, Burgruine Werdenfels, Bungeetrampolin, Reptilienausstellung, Minigolf, Sommerrodelbahn und Reiten. Im Sommer Baden im Barmsee.

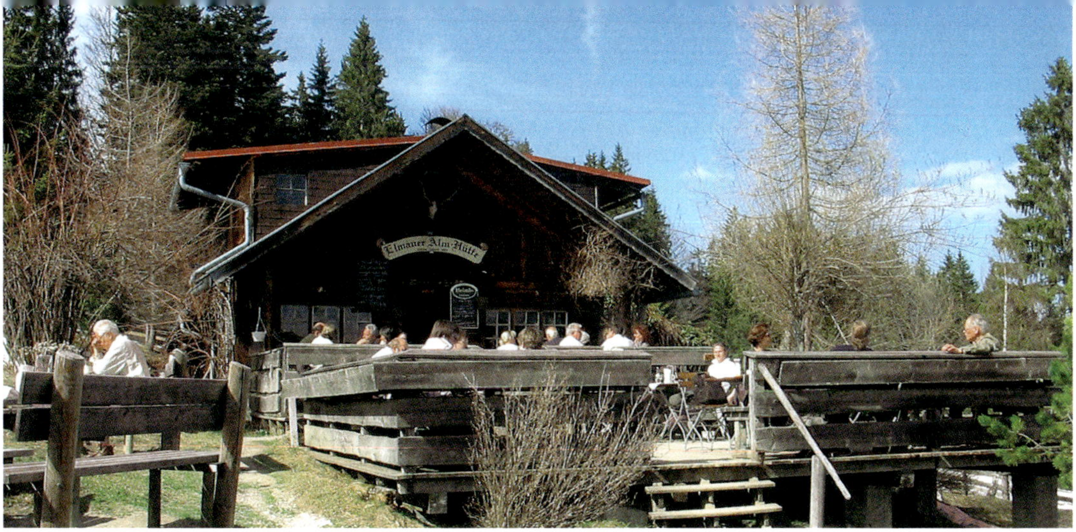

che Terrasse vor dem kleinen, geduckten Almgebäude entlohnt für jeden beim kurzen, aber dennoch steilen Aufstieg eventuell geopferten Schweißtropfen. In dem für große Menschen zu niedrigen Almgebäude ist nicht viel Platz, aber die Sonnenterrasse ist ohnehin ein Muss.

Für die Kleinen ist rings um die Almhütte ein Wiesenspielparadies wie aus dem Bilderbuch von Heidi und ihrem Peter. Hier trocknen auch die beim Aufstieg vom Spielen im Bach vollgematschten Hosen.

Der Abstieg auf der Anstiegsroute fällt nur durch die Gewissheit schwer, dass ein wunderschöner Tag zu Ende geht.

Die Elmauer Alm ist umgeben von Almwiesen.

Alternative: Rundtour ohne Kinderwagen Wer den Rückweg zu einer Rundtour nutzen möchte, wählt den bereits beim Aufstieg links (beim Abstieg rechts) abzweigenden Höhenweg, der zunächst auf schmalem, dann aber bald wieder auf gutem Weg Richtung Eckbauer führt. Schließlich mündet der Weg in eine weitere Forststraße und man folgt dieser links bergab Richtung Schloss Elmau und kommt zurück zum Wanderparkplatz.

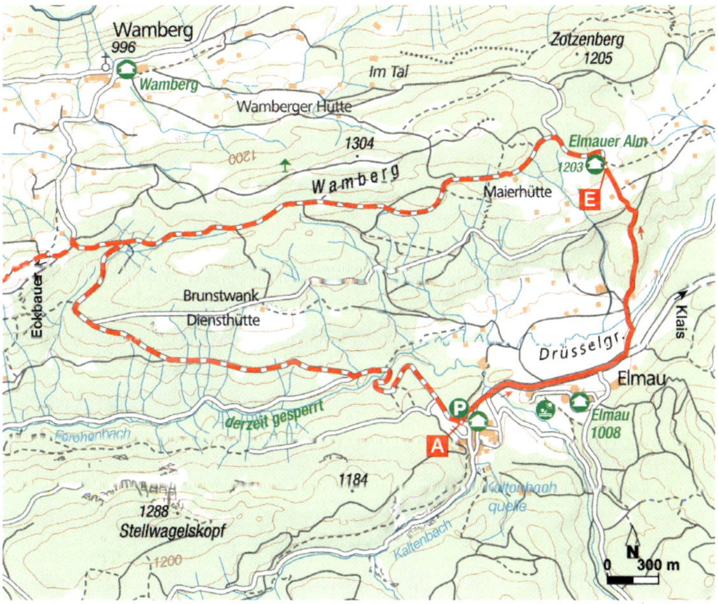

6 Partnachalm und Kochelberg-Alm

Almenrunde über Garmisch

mittel | 8,4 km | 300 Hm | 170 Min.

Anfahrt
München–Garmisch (A 95) bis zum Autobahnende in Eschenlohe und weiter über die Bundesstraße nach Partenkirchen und Richtung Mittenwald. Am Ende von Partenkirchen rechts zum Olympia-Skistadion und dort zwischen Stadion und Sommerrodelbahn parken

Anforderungen
Etwas längere Tour mit teilweise etwas steilen Passagen

Rolli
Nicht geeignet

Rodel
Im Winter den Abstiegsweg als Aufstieg verwenden

Einkehr
Kochelberg-Alm, von 1. Dez. bis 1. Nov. geöffnet, Di Ruhetag, Tel. 08821/56662; Partnachalm, ganzjährig geöffnet, Do Ruhetag, Tel. 08821/2615, www.partnach-alm.de

Karte
Topografische Karte 1:50000, Blatt Werdenfelser Land (BLVA)

Informationen
Garmisch-Partenkirchen-Tourismus, Richard-Strauss-Platz 1a, 82467 Garmisch-Partenkirchen, Tel. 08821/180700, www.garmisch-partenkirchen.de

Abseits der Partnachklamm-Touristenströme wandern wir vom Skistadion, dem Austragungsort des alljährlich stattfindenden Neujahrsspringens, über die Kochelberg-Alm zur Partnachalm.

Vom Parkplatz gehen wir durch die Auenstraße am historisch anmutenden Eckbauer-Lift vorbei zurück zum Skistadion. Wir bestaunen die 2007 neu errichtete große Sprungschanze. Dann gehen wir weiter zur Wildenauer Straße. Diese überqueren wir und gehen in den kleinen Weg Richtung Grainau, Eibsee, der wenige Meter neben den Gleisen beginnt und an diesen entlangführt. Zunächst überqueren wir die Partnach und folgen dann der Kochelbergstraße weiter geradeaus. Wir bleiben auf dieser Straße neben den Gleisen und gehen bald durch eine leichte Linkskurve stets nach Westen. Links sehen wir den pyramidenförmigen Gipfel der Alpspitze und rechts daneben den Zwölferkopf, hinter dem sich die Zugspitze versteckt. Die Pferdeweg-Abzweigung über einen Wiesenpfad, mit der wir ein wenig abkürzen könnten, ignorieren wir mit Kinderwagen lieber und gehen noch ein wenig an den Gleisen entlang weiter, bis uns bei einer Infotafel ein Wegweiser Richtung Kochelbergalm nach links in die Kochelbergstraße führt. Dem Weg P3 folgen wir geradeaus in den Wald, wo es ordentlich bergauf geht. In einer Schotterkehre weist ein Schild auf den Weg P3 über den Bach nach rechts. Da dieser Weg mit seinen zahlreichen Stufen jedoch nicht für Kinderwagen geeignet ist, folgen wir weiter der breiten Schotterstraße. Schon bald leitet uns ein Schild nach links zur

Kindertipp

Die Partnachklamm besuchen wir lieber im Winter. Dann sind weniger Besucher dort und wir können die Eiszapfen bewundern.

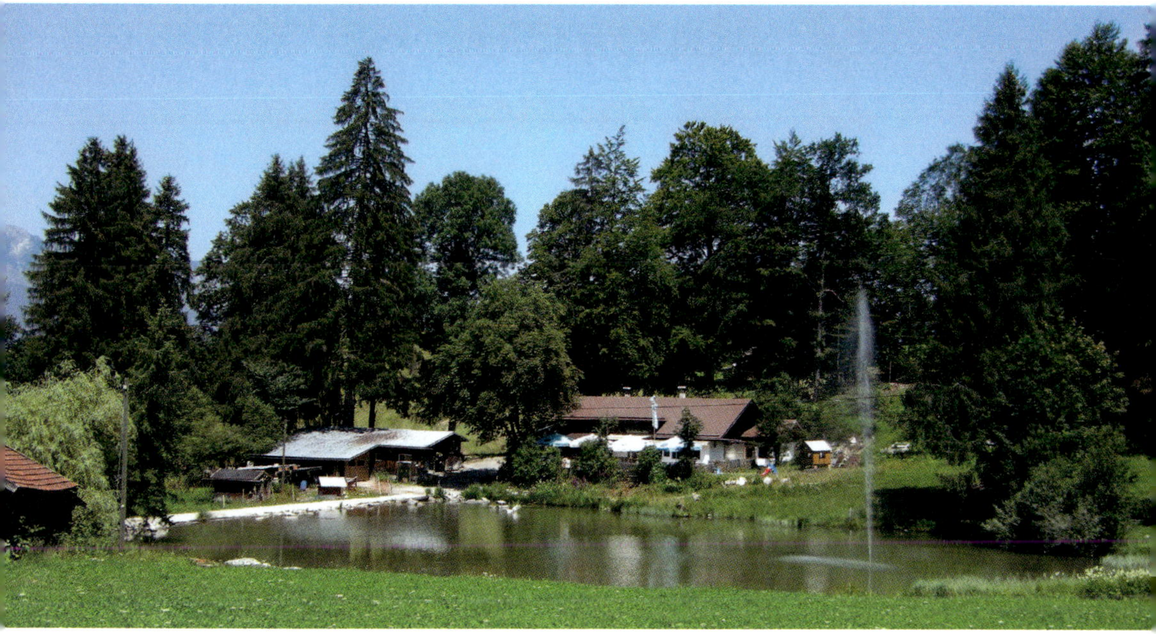

Die Kochelberg-Alm auf dem Anstiegsweg

Kochelberg-Alm, die wir nach wenigen Metern erreichen. In der Nähe befindet sich die kleine, schwefelhaltige Petersbad-Quelle. Sie ist der Namenspatron des kleinen Weilers. Beeindruckend für die Kinder ist die 1951 angelegte Fontäne in dem kleinen Weiher, genauso wie die zahlreichen Tiere rund um die Alm, für die auch ein Tierfutterautomat bereitsteht. Der ideale Ort, um eine kleine Rast einzulegen. Danach geht es gegen den Uhrzeigersinn um den Weiher auf den Weg, der uns nun schattig, aber weiterhin steil an eine Asphaltstraße führt. Das dauert etwa 20 Minuten. Dieser wiederum mit steileren Passagen versehenen Straße folgen wir nach rechts und gelangen so in etwa 25 Minuten zur Partnachalm.

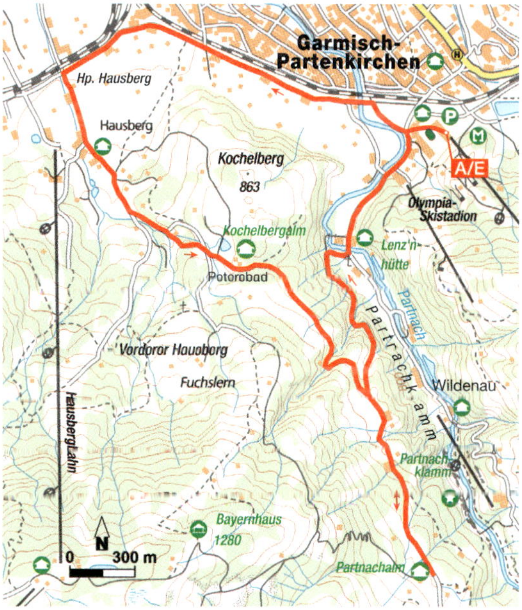

Die Alm bietet einen fantastischen Blick auf das Wettersteingebirge im Süden. Nach der Einkehr geht es auf die Asphaltstraße zurück. Dieser folgen wir, bis wir im Tal eine breite Asphaltstraße erreichen. Nach links geht es über die Partnachbrücke und zurück zum Skistadion.

7 Maxhütte

Die Spielplatzhütte über Wallgau

leicht | 2,3 km | 100 Hm | 40 Min.

Anfahrt
Autobahn München–Garmisch (A 95) bis Ausfahrt Murnau. Weiter über Kochel zum Walchensee und nach Wallgau. Kurz vor Wallgau befindet sich links ein kleiner Parkplatz.

Anforderungen
Leichte Kurztour

Rolli
Nur bedingt geeignet

Rodel
Nicht geeignet

Einkehr
Maxhütte, ganzjährig geöffnet, Mo und Di Ruhetag, Tel. 08825/1582, www.maxhuette-wallgau.de

Karte
Topografische Karte 1:50 000, Blatt Karwendelgebirge (BLVA)

Informationen
Tourist-Info Wallgau, Mittenwalder Str. 8, 82499 Wallgau, Tel. 08825/925050, www.wallgau.de

Die sehr leicht zu erreichende Hütte ist ideal für Familien. Sie bietet einen traumhaften Blick über das Isartal bei Wallgau bis hin zu den Felsen des Wettersteinmassives und den sanften Höhenzügen des Estergebirges mit dem Krottenkopf als höchsten Punkt.

Kindertipp
Der Barfußpfad auf dem Kranzberg in Mittenwald ist ein lohnenswertes Ziel für die ganze Familie.

Direkt am Parkplatz beginnt der kleine Weg, der zunächst in Serpentinen ein paar Meter ansteigt und uns weg von der Bundesstraße führt. Bereits nach wenigen Höhenmetern geht es nur noch sanft bergauf durch das Isartal Richtung Vorderriß. Nach etwa zehn Minuten erreicht man die breite Forststraße, die vom alternativen Parkplatz an der Mautstraße nach Vorderriß zur Maxhütte führt. Wir folgen dieser nach links weiter bergauf und zweigen dann aber rechts auf den kleineren Weg ab, um die Aussicht ins Isartal und auf das Estergebirge zu genießen. Schon bald führt uns der Weg nach links über den breiteren Höhenweg zurück nach Westen direkt zur Maxhütte. Auf der Wiese vor der Hütte, an die kein gefährlicher Abgrund anschließt, können die Kleinsten ungestört spielen und sind nur noch mit Kuchen und kühlen Getränken ins Haus zu locken. Zurück geht es zunächst auf der breiten Schotterstraße

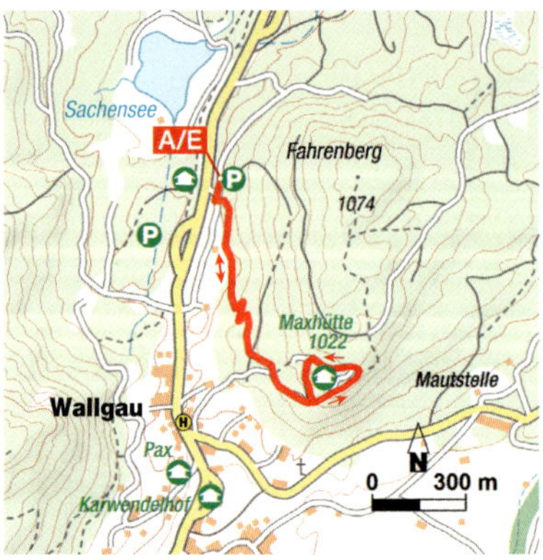

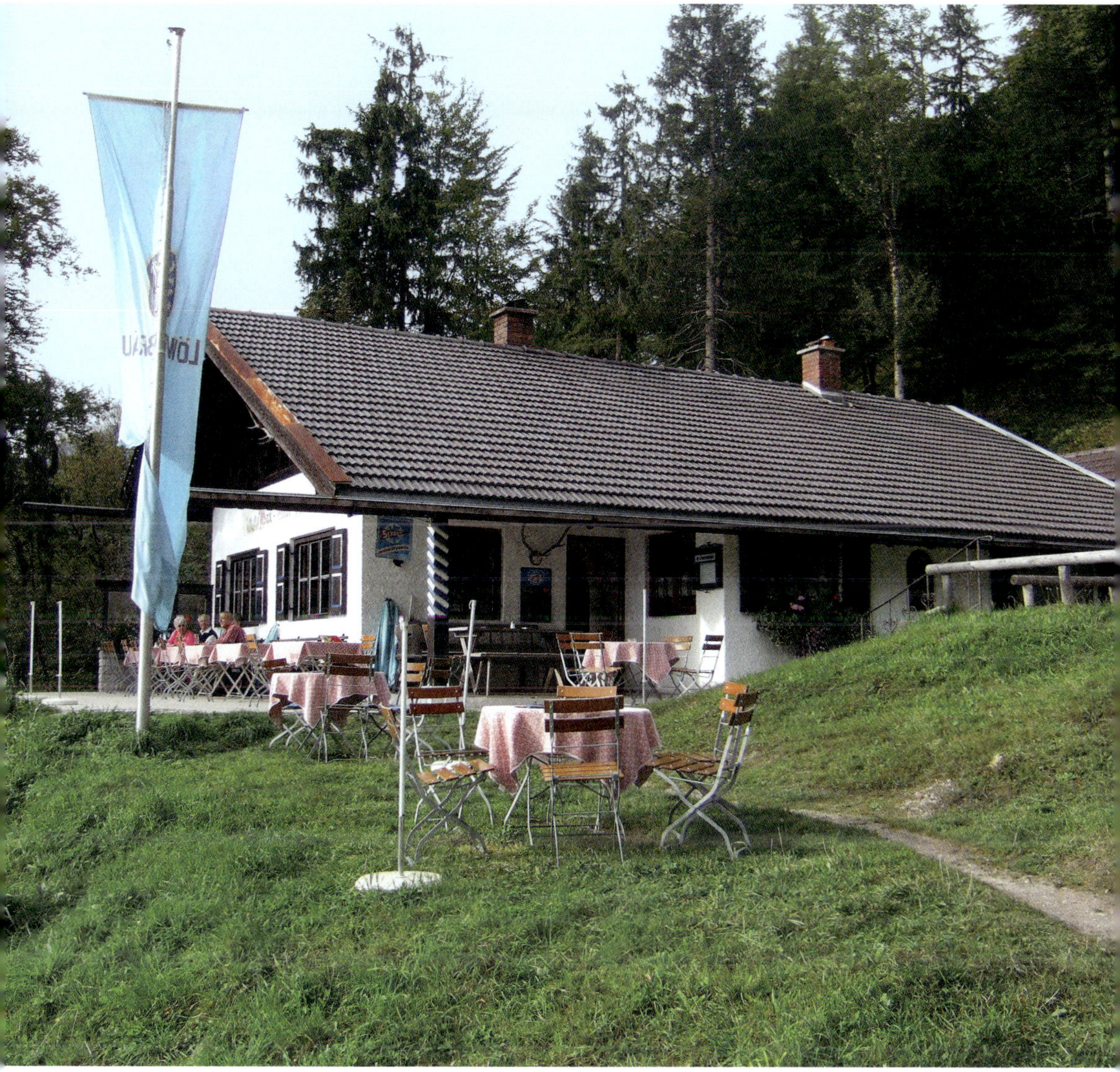

vor dem Haus Richtung Wallgau, bis man rechts die Abzweigung zum Parkplatz erreicht und über diese vom Anstieg bekannte Route wieder zum Parkplatz gelangt.
Haben die Kleinen vom Spielen noch nicht genug, bietet sich das naturbelassene Isartal hier bei Wallgau oder entlang der Mautstraße nach Vorderriß als Abstecher an. Allein auf den Kiesbänken können sich die Kleinen schon stundenlang beschäftigen und ihre Dammbaufertigkeiten und Isarsteinkunstwürfe perfektionieren.

Die Kinder hat man von der Terrasse stets im Blick.

8 Kirchsteinhütte

Tour mit variabler Anstiegslänge

leicht	7,6 km	310 Hm	130 Min.

Anfahrt
Von Bad Tölz auf der Staatsstraße 2072 westlich der Isar, in südlicher Richtung nach Arzbach. An der Kirche biegt man nach rechts in Richtung Blaika, Untermberg ab. Kurz nach Untermberg befindet sich vor einer Brücke links ein Wanderparkplatz. 1,5 km weiter gibt es noch den Kirchstein-Parkplatz.

Anforderungen
Leichte Tour auf Forststraße; auch im Winter gut zu gehen. Bei der langen Variante im ersten Abschnitt wenig Verkehr

Rolli
Nicht geeignet

Rodel
Im Winter eine sehr schöne, familiengeeignete Rodelbahn mit teilweise steileren Passagen

Einkehr
Kirchsteinhütte, Tel. 0172/8527795, www.kirchsteinhütte.de, ganzjährig geöffnet, Di und Mi Ruhetag

Karte
Topografische Karte 1:50000, Blatt Karwendelgebirge (BLVA) oder Topografische Karte 1:50000, Blatt Bad Tölz, Lenggries und Umgebung (BLVA)

Informationen
www.lenggries.de

Die kleine und an schönen Wochenendtagen stark frequentierte Kirchsteinhütte über dem Lenggrieser Tal ist Sommer wie Winter einen Ausflug wert. Auf einer kleinen Terrasse oder im Haus gibt es leckere Kuchen.

Wir starten die Tour tapfererweise beim ersten Parkplatz und folgen zunächst ganz einfach der leicht ansteigenden Anfahrtsstraße. Man geht über die Arzbach-Brücke und folgt der Straße kurz danach nach rechts immer am Arzbach entlang. Nach etwa zehn Minuten erreicht man auf der wenig befahrenen Straße den zweiten, etwas höher gelegenen Parkplatz. Wen die wenigen Autos in diesem ersten Abschnitt stören, der sollte gleich bis zum zweiten Parkplatz fahren und erst hier starten.

Man überquert den Arzbach und folgt der Forststraße weiter bergauf am Lettenbach entlang. Über mehrere Serpentinen am Nordhang des Kesselkopfes gelangen wir an eine Abzweigung

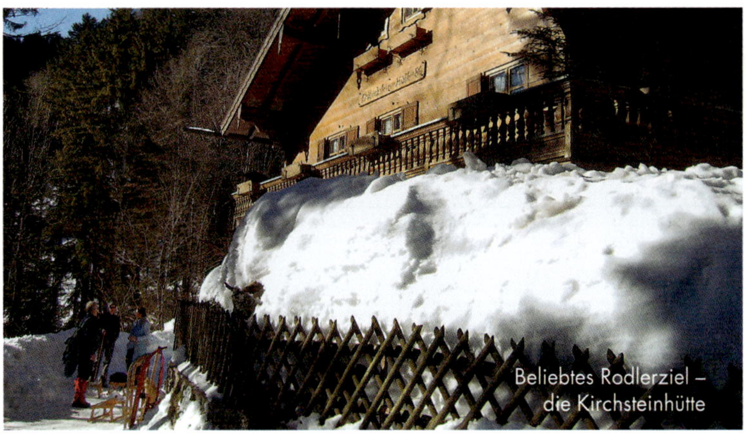

Beliebtes Rodlerziel – die Kirchsteinhütte

und gehen links weiter Richtung Kirchsteinhütte. In südlicher Richtung geht es nun auf einer lichteren Passage an der Gabriel-Alm vorbei und direkt zur Kirchsteinhütte rechts des Weges im Wald, der sich an die Lichtung anschließt.

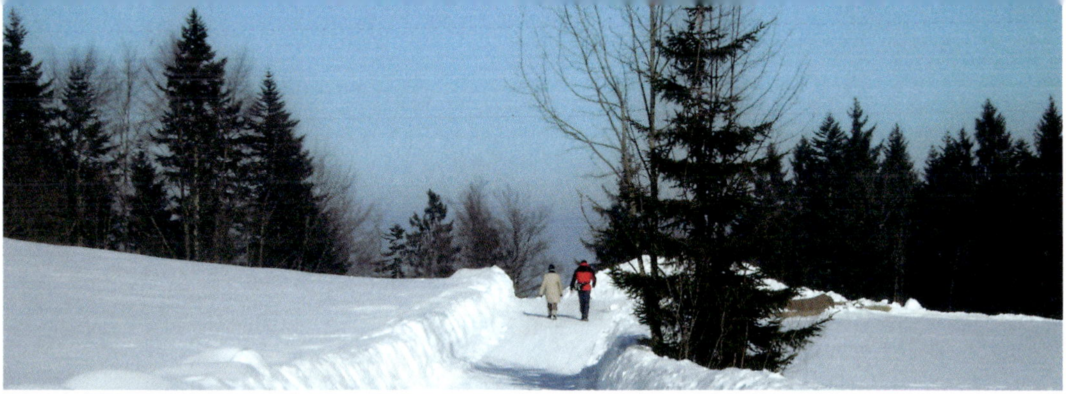

Auch im Winter eine Traumtour

Über die schattige Terrasse neben der verwinkelten Hütte, die auffallend stark von Familien mit Kindern frequentiert wird, erreicht man die Gasträume und die Selbstbedienungstheke.

Auch für Kinder ist die Tour zur Kirchsteinhütte ein schöner Ausflug, der zwar stets auf unspektakulärer Forststraße, aber dennoch abwechslungsreich am Bach und später an blühenden Almwiesen entlangführt.

Der Abstieg und die Zeit bis zum Auto vergehen den kleinen Wanderern deutlich schneller, wenn nachher noch ein Besuch im Lenggrieser Hallenbad Isarwelle oder dem deutlich größeren Alpamare in Bad Tölz geplant ist. Wer zeitig unterwegs ist, kann noch einen Abstecher zur Sommerrodelbahn auf dem Blomberg machen.

Kindertipp

In Bad Tölz wartet ein Waldseilgarten neben dem Berggasthaus Blombergbahn auf etwas größere Kinder. Wem der Aufstieg zu mühsam ist, der kann mit dem Doppelsessel »aufsteigen«. Zu Fuß geht es dann runter bis zur Mittelstation und ab da weiter mit der Sommerrodelbahn.

Alternative: Rundtour ohne Kinderwagen Ist man ohne Kinderwagen unterwegs, geht man nach der Einkehr auf der Forststraße an der Hütte vorbei weiter Richtung Benediktenwand. An der Hauserbauernalm vorbei bis zur Längentalalm (1003 m) und hier nach links auf den Wiesenweg (Weg Nr. 468 zur Talstation) und dann wieder in den Wald. Der Weg wird wieder zu einer breiten angenehmen Forststraße und man folgt dieser gerade beziehungsweise links über den Vorderleitenberg, bis man schließlich wieder bei der Arzbach-Brücke auf den Anstiegsweg trifft.

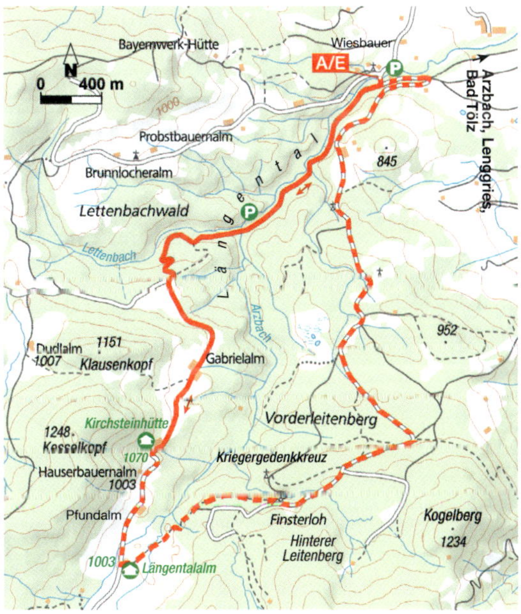

9 Reiseralm

Mutige Bachdurchquerungen unterm Brauneck

leicht | 2,9 km | 210 Hm | 75 Min.

Anfahrt
Über Bad Tölz fährt man auf der B 13 Richtung Sylvenstein bis nach Lenggries. Hier verlässt man die Bundesstraße und folgt der Beschilderung zur Brauneckseilbahn. Parkmöglichkeiten an der Talstation

Anforderungen
Etwas schattige Forststraßentour. Sie führt durch zwei spannende, aber sehr leichte Bachdurchquerungen. Abseits des Braunecktrubels weitgehend unbekannte Tour

Rolli
Nicht geeignet

Rodel
Leichte und wenig bekannte Rodelstrecke

Einkehr
Reiseralm, Tel. 08042/83 02, ganzjährig geöffnet, Mo Ruhetag, www.reiseralm.de

Karte
Topografische Karte 1:50 000, Blatt Karwendelgebirge (BLVA), oder Topografische Karte 1:50 000, Blatt Bad Tölz, Lenggries und Umgebung (BLVA)

Informationen
Gemeinde Lenggries, Rathausplatz 1, 83661 Lenggries, Tel. 08042/500 80, www.lenggries.de

Die Reiseralm ist eine, trotz ihrer Nähe zum Sommer- und Wintertourismusbetrieb am Brauneck, einsam und versteckt gelegene Alm. Aufgrund der Bergbahn ist die Alm mit ausreichend Parkmöglichkeiten gesegnet.

Links (südlich) der Talstation der Brauneckbergbahn, die an schönen Tagen hoffnungslos überlaufen ist, führt eine einsame Forststraße mit der Beschilderung »Reiseralm« an den Talwiesen entlang und durch den Lahngraben in den Wald oberhalb der Talstation. Bald unterquert man die Brauneckseilbahn und gelangt an eine ungefährliche Bachdurchquerung. Das Durchschreiten, welches sowohl im Sommer wie auch Winter problemlos zu schaffen ist, ist für die Kleinen ein spannendes Unterfangen. Nach nicht allzu vielen Höhenmetern steht eine weitere, ebenso leichte Bachdurchquerung an.

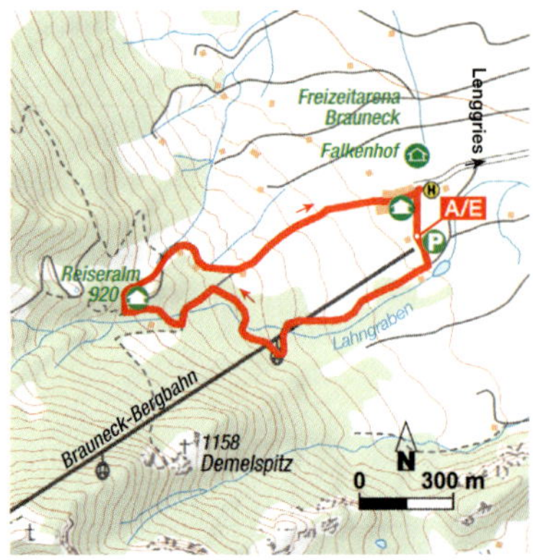

Schon bald nach diesen spannenden Einlagen gelangt man durch den schattigen Wald an die Terrasse neben der etwas versteckt gelegenen Reiseralm. Für die Skifahrer wurde 2005 eine Zufahrt von der nahe gelegenen Ski-Talabfahrt eingerichtet, sodass man die Ruhe, die hier trotz der Nähe zu einem der beliebtesten Münchner Hausberge noch herrscht, nur noch in den Sommermonaten genießen kann. Neben der Terrasse finden die Kleinen einen Sandkasten und ein großes Trampolin, auf dem man mit schönem Ausblick über Lenggries und geschützt von einem Netz wahre Panoramasprünge machen kann. Zurück geht es dann auf der Schotterstraße, die unmittelbar vor dem Terrassenzugang bergab zu einer weiteren Schotterstraße führt, welcher wir

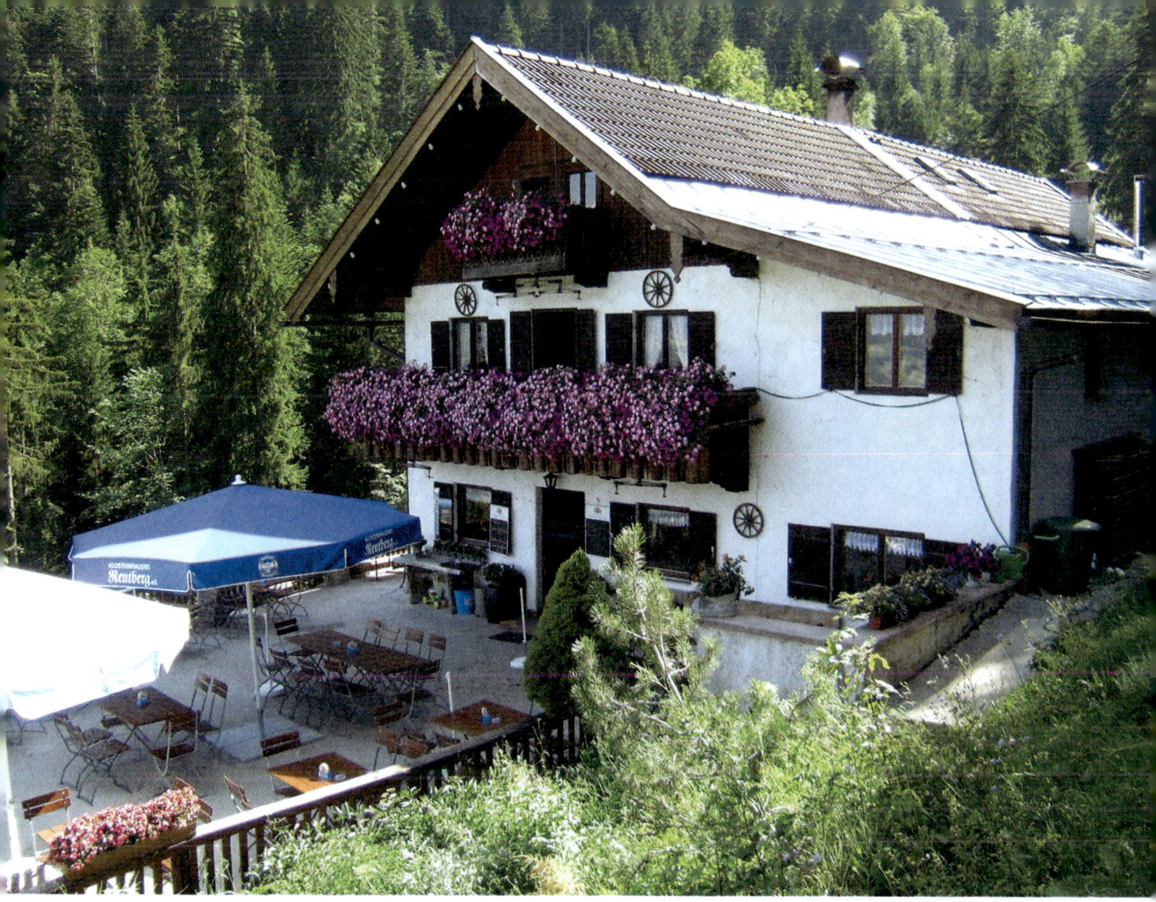

Die Reiseralm über Lenggries

rechts ins Tal zurück zum Parkplatz folgen. Im Sommer wird hier auf den Übungshängen Bullcart angeboten, eine Art modernes Seifenkistenrennen über die Grashänge neben der Bergbahn. Ein Besuch im Lenggrieser Hallenbad Isarwelle rundet einen schönen Erlebnistag ab. Ein Abstecher zur Sommerrodelbahn auf dem Blomberg hat noch jedes Kind mit den Bergen versöhnt.

Kindertipp

In Lenggries kann man toll auf den Kiesbänken an und in der Isar spielen. Wer lieber in warmes Wasser eintauchen will, findet in Lenggries das Freizeitbad »Isarwelle«.

Alternative: wer höher hinaus will Gerade an schönen Herbsttagen ist der große Panoramaweg am Brauneck eine Überlegung wert. Zwar muss man sich zweimal unter Umständen lange an der Bergbahn anstellen, aber der Rundweg (nicht kinderwagengeeignet), der an der Brauneck-Bergstation gut ausgeschildert beginnt, ist bei schönem Wetter und guter Sicht ein einprägsames Erlebnis.
Für Kinder unter sechs Jahren ist dieser Weg aufgrund der teilweise ausgesetzten Passagen nicht geeignet.

10 Denkalm

Über den Keilkopf zu den Tieren der Alm

schwer | 5,4 km | 350 Hm | 170 (90) Min.

Anfahrt
Von Bad Tölz auf der B 13 Richtung Sylvenstein bis Ausfahrt Lenggries. Dann links in die Ortsmitte, weiter Richtung Isarwelle (Wegweiser). Am Schwimmbad Isarwelle vorbei und nach etwa 400 m nach rechts in die Bachmairgasse. Nach etwa 250 m befindet sich bei einer Scheune ein kleiner Wanderparkplatz.

Anforderungen
Leichte Forststraßenwanderung, die bei der Rundwegvariante über den Keilkopf einige steilere Passagen, die nur mit einem gefederten und geländegängigen Kinderwagen befahren werden sollten, enthält.

Rolli
Nicht geeignet

Rodel
Ungefährliche Rodelstrecke

Einkehr
Denkalm, Tel. 08042/2770, ganzjährig geöffnet, Mi und Do Ruhetag, www.denkalm.de

Karte
Topografische Karte 1:50000, Blatt Karwendelgebirge (BLVA), oder Topografische Karte 1:50000, Blatt Bad Tölz, Lenggries und Umgebung (BLVA)

Informationen
www.lenggries.de

Die Denkalm im Osten von Lenggries ist eine gemütliche Alm am Hang des Keilkopfes mit Freigehege und ausreichend (leider sehr abschüssiger) Wiesenfläche zum Spielen und Entdecken.

Für den Aufstieg hat man die Wahl zwischen der direkten Variante, die in 30 Minuten auf leichtem Weg zur Alm führt, oder der längeren sehr holprigen und schweren Variante, bei der man zunächst fast den Keilkopfgipfel über der Alm erreicht und zur Alm dann von oben herabkommt.

Vom Parkplatz aus folgt man der Anfahrtsstraße weiter zu den Hängen östlich des Lenggrieser Isartales unterhalb des Keilkopfes bis zu der Brücke über den Tratenbach. Hier teilt sich der Weg in die zwei oben genannten Aufstiegsvarianten. Gerade über die Brücke gelangt man auf dem kürzeren und leichteren Weg zur Denkalm, dieser Weg ist im Winter mit Kinderwagen vorzuziehen. Auch bietet diese Variante die seichteren Bachspielmöglichkeiten kurz nach der Brücke in der wärmenden Sonne. Für einen längeren Aufstieg geht man hier jedoch vor der Brücke rechts (Weg Nr. 605), stets der breiten, sanft ansteigenden Forststraße folgend, bis man bei der Beschilderung »Denkalm« links eine Brücke überquert. Den nächsten Weg nach rechts lässt man ebenfalls aus und geht nach etwa 250 Metern auf den linken steilen Weg. Nun geht es etwas holp-

Kindertipp

Lenggries bietet Groß und Klein viele Freizeitmöglichkeiten: Brauneckbergbahn, Bullcart, Freibad, Golf, Hallenbad Isarwelle, Hochseilgarten, Minigolf, Spielplatz. In Bad Tölz kann man viel erleben im Freizeitbad Alpamare, auf dem Spielplatz, beim Minigolf oder auf der Sommerrodelbahn.

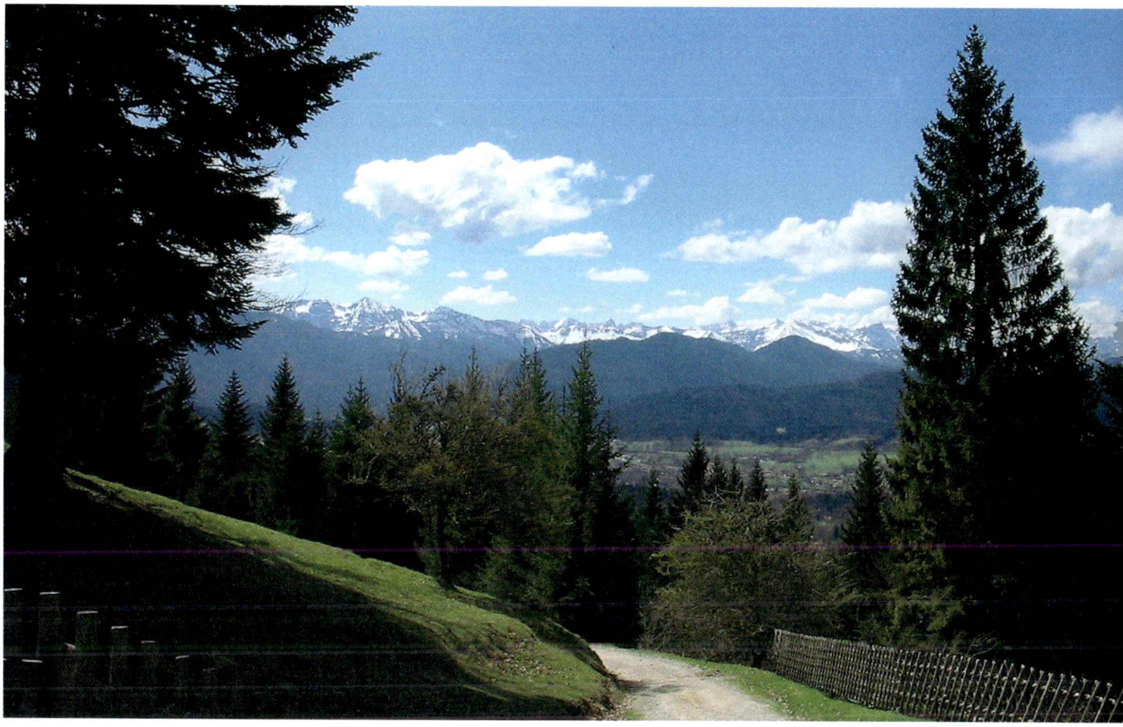

Blick von der Denkalm nach Süden ins Isartal

riger, aber nicht allzu lange bis fast zum Gipfel des Keilkopfes weiter. Bald wandern wir wieder leicht bergab und weiter bis zu einem frei stehenden Kreuz auf dem freien Hangrücken. Nun sind es nur noch wenige Meter bergab, bis man direkt an der Denkalm vorbeikommt.

Die Denkalm selbst liegt nicht allzu hoch über dem Isartal und kann mit zwar eingeschränkter, aber doch vorhandener Aussicht einen sonnigen Ausflug krönen. Die Wiesen in der Umgebung der Hütte sind durchwegs abschüssig, aber für die Kleinsten gibt es auch direkt neben der Hütte ein Stückchen Wiese ohne Abrutschgefahr. Gleich hinter der Hütte befindet sich zudem ein Tiergehege.

Ist man über den Keilkopf aufgestiegen, hat man über den kurzen direkten Weg zum Parkplatz, der vor der herrlichen Denkalm bergab führt, eine schöne Rundtour. Die nahe gelegenen Spaßbäder Isarwelle und Alpamare begeistern Kinder aller Altersgruppen.

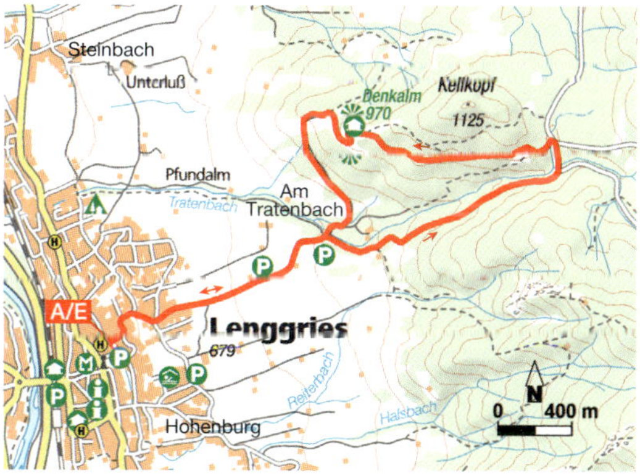

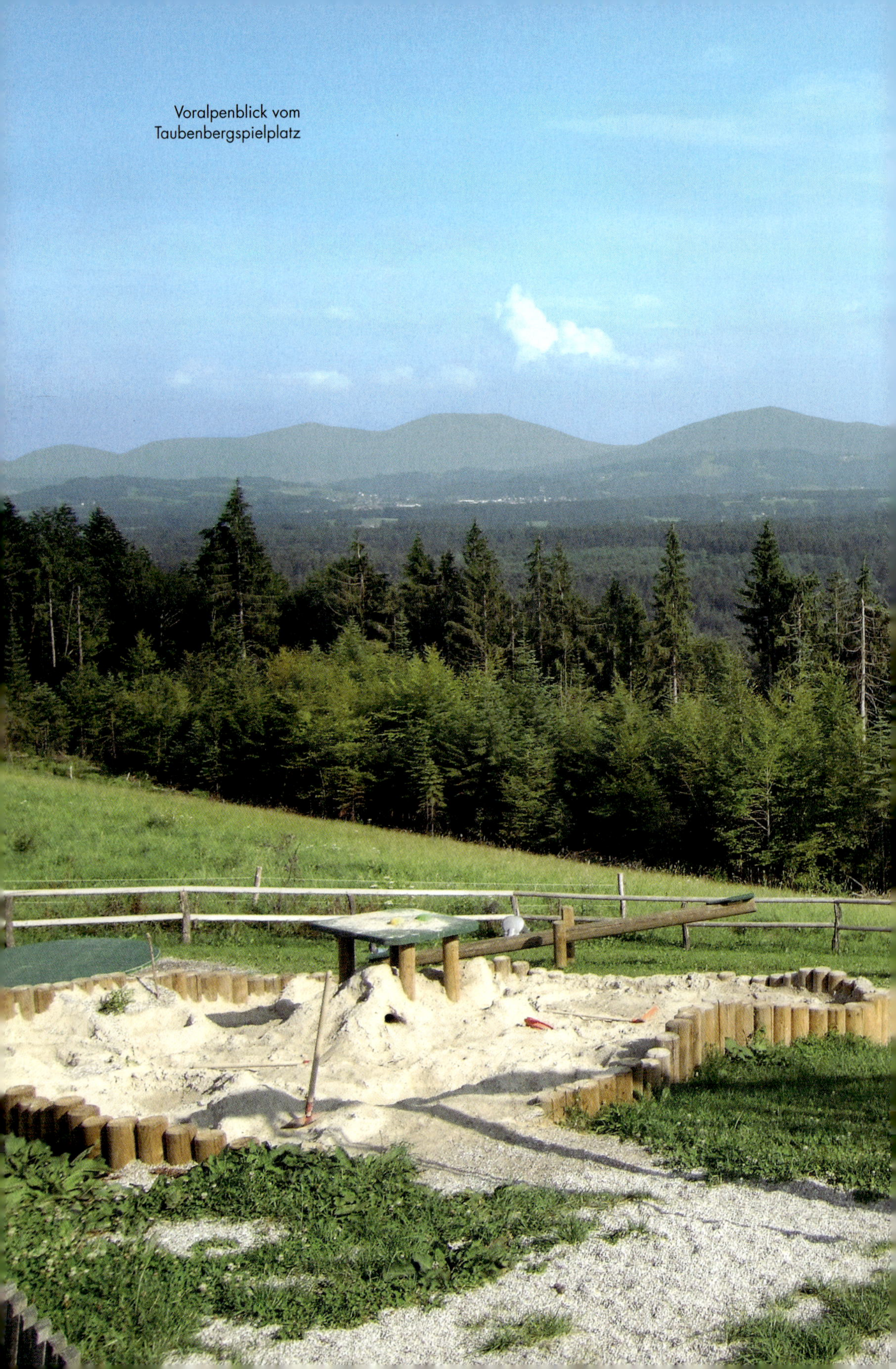

Voralpenblick vom Taubenbergspielplatz

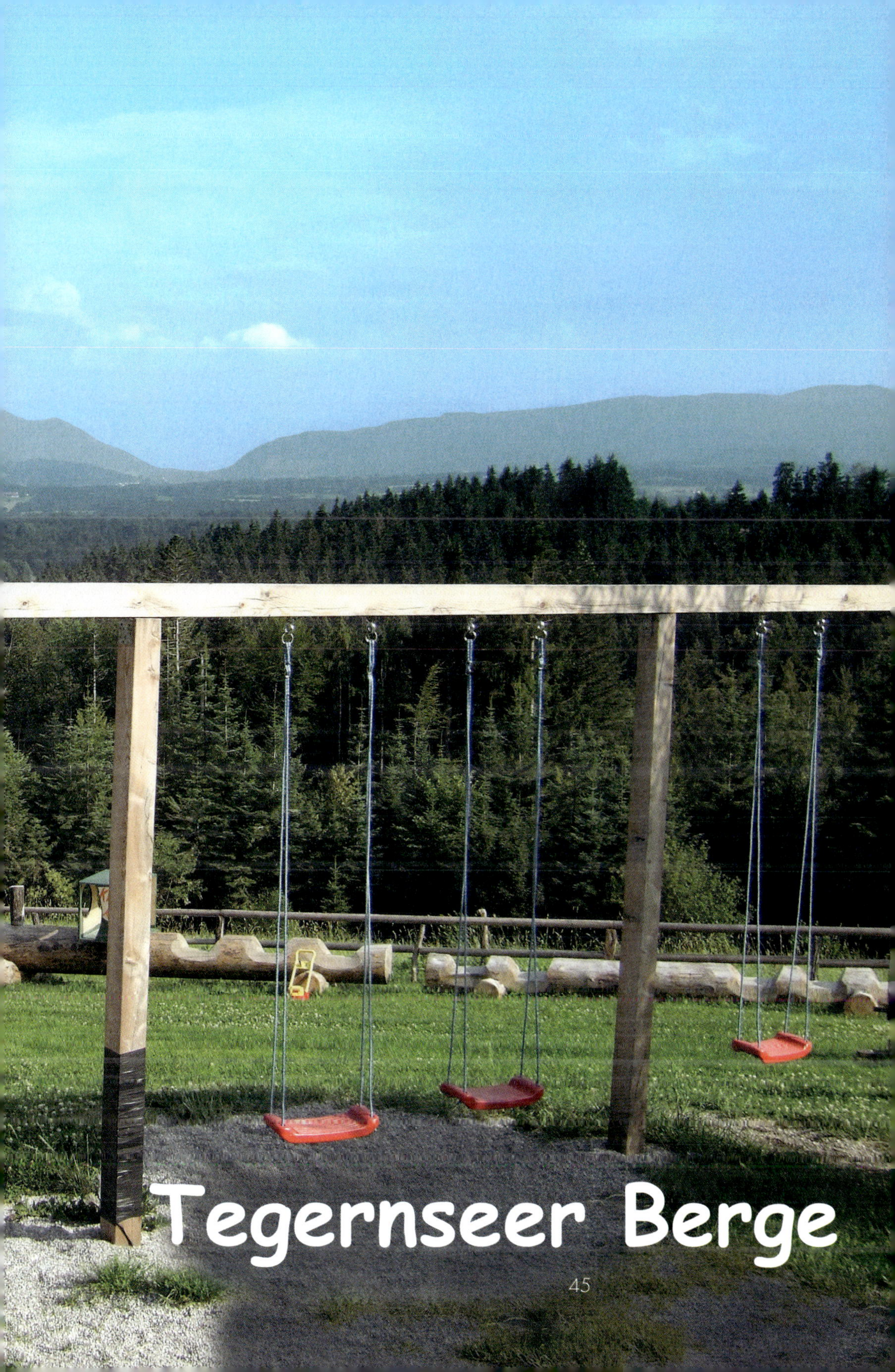

Tegernseer Berge

11 Aueralm

Schweißtreibender Aufstieg zur bekanntesten Alm

mittel | 11 (10) km | 510 Hm | 290 Min.

Anfahrt
München–Salzburg (A 8) bis Holzkirchen. Über Gmund nach Bad Wiessee. Nach dem Ortszentrum und nach dem Passieren der Kirche Maria Himmelfahrt zweigt man kurz vor Überquerung des Söllbachs in einer Linkskurve rechts in die Söllbachtalstraße ein. Nach etwa 300 m folgt man der Söllbachstraße geradeaus etwas bergauf bis zum Wanderparkplatz nach dem Hotel Am Sonnenbichl.

Anforderungen:
Die Tour beginnt sanft, steigt aber in der zweiten Hälfte im Zeiselbachtal sehr steil an.

Rolli
Nicht geeignet

Rodel
Beim Rodeln im Winter aufgepasst: Der obere Abschnitt am Zeiselbach ist zu steil.

Einkehr
Aueralm, 08022/83600, www.aueralm.de, Ende Nov. bis Weihnachten geschlossen

Karte
Topografische Karte 1:50000, Blatt Bad Tölz, Lenggries und Umgebung (BLVA)

Informationen
www.bad-wiessee.de

Die Aueralm zählt zweifellos zu den bekanntesten Ausflugsalmen in den oberbayrischen Voralpen, was gerade an schönen Wochenenden den eigentlich ausreichend vorhandenen Platz auf der sonnigen Terrasse knapp werden lässt. In der Hütte ist nur wenig Raum vorhanden.

Am hinteren Ende des Parkplatzes beginnt bei der Bachbrücke der breite Weg zur Aueralm durch das Zeiselbachtal. Im Tal gibt es immer wieder leichte Zugangsmöglichkeiten zum Zeiselbach, die sich zum Spielen eignen. Im Bachtal südlich von Semmelberg (1102 m), Auereck (1113 m), Huder (1403 m) und Sattelkopf (1384 m) folgt man stets der breiten Forststraße auf anfangs nur sehr geringer Steigung bis zum Ende auf etwa 980 Meter Höhe. Im Süden reiht sich der Zwergerlberg (1113 m) an das Waxelmooseck (1135 m). Am Ende der Forststraße folgt man dem steilen linken, nun schmäleren Weg weiter am Bach entlang. Man muss ordentlich Schmalz in den Wadeln haben, will man hier den Kinderwagen hochschieben, aber mit ein, zwei Pausen ist auch das zu schaffen. Gegen Ende der Tour macht dieser Weg eine scharfe Linkskurve (von rechts mündet ein kleiner Pfad in den Weg) und man erreicht auf nun wieder flacher Strecke bei einem Weiderost eine weitere Forststraße. Dieser folgt man rechts in nur noch zwei Minuten über den lichten Bergrücken und hat das ersehnte Ziel erreicht.

Kindertipp

In Bad Wiessee und Kreuth gibt es gute Bademöglichkeiten. In Kreuth bietet die Wallbergbahn Abwechslung.

Wer den Parcours durch die zahlreich anwesenden und fahrenden Mountainbiker geschafft hat, der hat sich den leckeren Kuchen auf der schönen Panoramaterrasse verdient. Rund um

die Alm gibt es für die Kinder Platz zum Spielen oder Rasten und genügend Möglichkeit, den Kühen beim Weiden zuzuschauen.
Hat man die Tegernseer Berggipfel ausgiebig bei Kaffee und Kuchen studiert (Fernglas für die Kinder mitnehmen), geht es auf Wegvariante 1 wieder zurück.

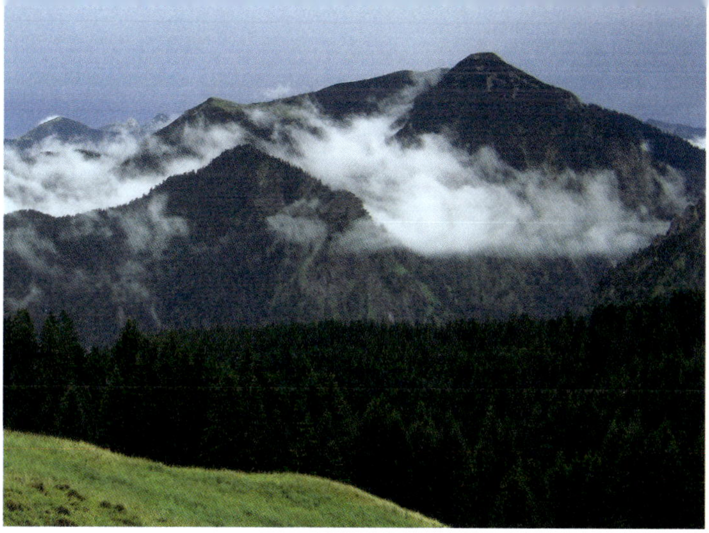

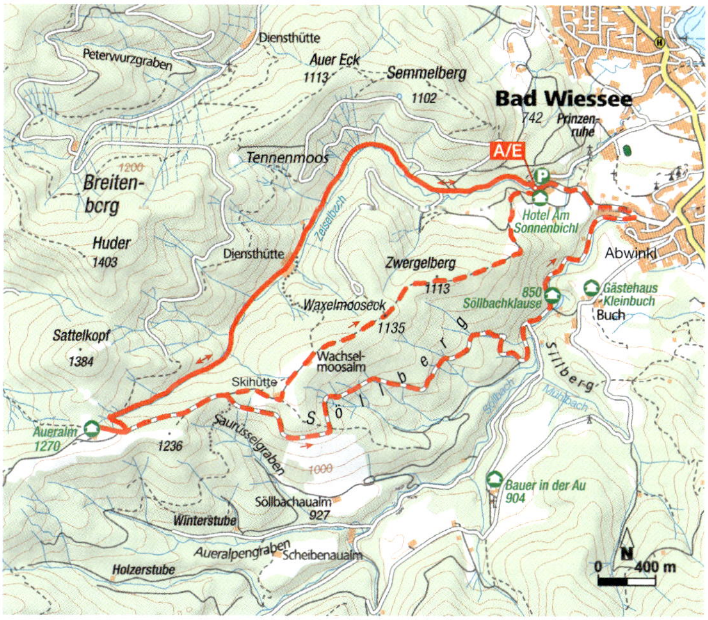

Alternative 1: Rundweg mit Kinderwagen Beim oben erwähnten Weiderost geht man nicht wieder links zurück, sondern geradeaus stets dieser Forststraße folgend weiter. Bald an der beschilderten Abzweigung nach rechts ins Söllbachtal weiter. Im Söllbachtal gelangt man an eine breite Straße und folgt dieser links leicht bergab. Kurze Zeit später kommt man an die Söllbachklause und nach weiteren zehn Minuten zum Söllbachparkplatz. Hat man diesen passiert, erreicht man wieder die Anfahrtsstraße und geht links bergauf bis zum Parkplatz. Bei dieser Variante sollte man auf dem Söllbachparkplatz parken und zu Beginn der Tour zum Parkplatz Sonnenbichl aufsteigen.

Oben: Blick auf den Hirschberg nach einem sommerlichen Gewitter

Alternative 2: Rundtour ohne Kinderwagen Beim oben erwähnten Weiderost geht man nicht links zurück, sondern auf der Forststraße weiter Richtung Söllbachtal. Nach etwa zehn Minuten führt geradeaus ein kleinerer Weg über Waxelmooseck und Zwergerlberg bergab. Diesem folgt man nun, bis man kurz vor dem Parkplatz wieder das Zeiselbachtal erreicht.

12 Schwarzentennalm

Sommer wie Winter ein tolles Ziel

leicht	7,7 km	210 Hm	120 Min.

Anfahrt
Autobahn München–Salzburg (A 8) bis Holzkirchen. Über Gmund und Tegernsee weiter Richtung Achensee. Genau 4 km nach dem Ortsende von Kreuth, etwa 2,5 km nach Wildbad Kreuth, ist rechts ein Wanderparkplatz.

Anforderungen
Leichte Tour im Schwarzenbachtal ohne Schwierigkeiten, ohne Kinderwagen evtl. auch die leichte Variante auf der anderen Flussseite probieren

Rolli
Bedingt geeignet. Die Schotterstraße hat im mittleren Drittel eine steilere Passage.

Rodel
Leichte Rodelstrecke

Einkehr
Schwarzentennalm, Tel. 08029/386, ganzjährig geöffnet, Mi Ruhetag

Karte
Topografische Karte 1:50 000, Blatt Mangfallgebirge (BLVA)

Informationen
Kurverwaltung, Adrian-Stoop-Str. 20, 83707 Bad Wiessee, Tel. 08022/860 30, www.bad-wiessee.de

Die Schwarzentennalm zählt zu den bekannteren, aber nicht heillos überlaufenen Almen rund um die Münchner Ausflugsseen. Allein wird man hier im Sommer und auch im Winter nie sein, dennoch ist die Alm definitiv immer einen Ausflug wert.

Schon der leichte Anstieg durch das Schwarzenbachtal stimmt auf einen traumhaften Ausflug ein und ist gerade mit Kindern oder Kinderwagen gut zu schaffen. Am hinteren Ende des Wanderparkplatzes beginnt eine sehr sanft ansteigende Forststraße durch das Schwarzenbachtal, die sich stets am Bach entlang nach Norden zur Schwarzentennalm, in einem Hochtal zwischen Hirschberg und Buchstein gelegen, schlängelt. Nach etwa 500 Metern kann man alternativ zur breiten Forststraße links (nicht für Kinderwagen geeignet) über die Brücke einen etwas schöneren und spannenderen Fußweg wählen, der sich später wieder mit der Forststraße vereint. Die Forststraße führt ebenfalls immer gerade auf direktem Weg zu den saftigen Almwiesen rund um die Schwarzentennalm. Diese hat man nach etwa einer Stunde erreicht. Im Sommer genießt man auf der Terrasse eine Freiluftjause mit tollem Bergpanorama »von unten«, im Winter die nette persönliche Atmosphäre in der warmen Stube zusammen mit vielen Rodlern.

Kindertipp

Baden in Bad Wiessee und Kreuth. Die Wallbergbahn in Kreuth bietet den Kids eine weitere Attraktion.

An der Hütte laden die Wiesen und Bäche auf dem Almenplateau (ohne Abgründe!) zum Spielen ein, wohl eine der ungefährlichsten Hütten. Der Rückweg erfolgt auf dem Anstiegsweg. Während man sich im Winter vor den Rodlern in Acht nehmen sollte, sind es im Sommer die Mountainbiker.

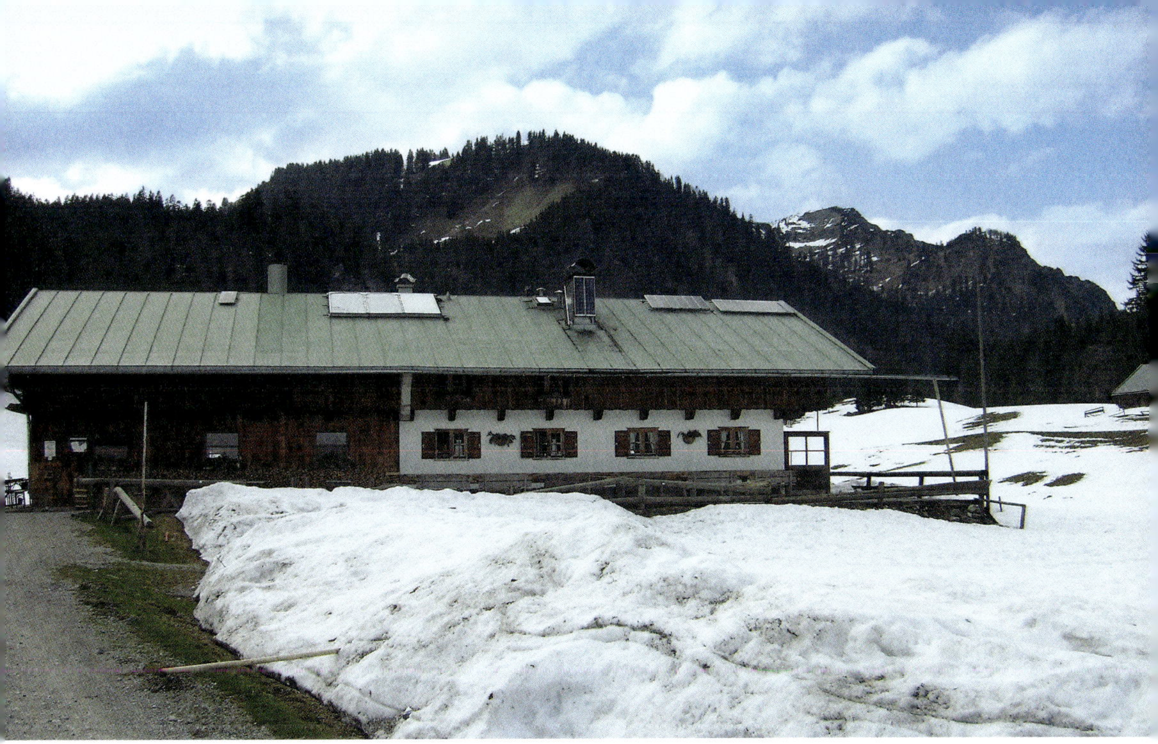

Beliebtes Ganzjahresziel für Groß und Klein

Alternative 1 für eine längere Tour Will man eine Stunde mehr investieren, kann man auch die Buchsteinhütte auf 1240 Meter als Ziel anvisieren. Der Anstieg erfolgt wie zur Schwarzentennalm durch das Schwarzenbachtal. Sobald man das Hochtal der Alm erreicht hat und den Wald verlassen würde, geht es links ausgeschildert zur Buchsteinhütte. Nach drei großen Serpentinen geht es rechts, der Beschilderung »Buchsteinhütte« folgend, und wenig später nochmals leicht rechts. Auf dem Anstiegsweg gelangt man dann wieder zurück.

Alternative 2 Rundtour mit großen Kindern Wer mit größeren Kindern ab etwa zehn Jahren unterwegs ist, kann von der Buchsteinhütte den Weg links neben der Terrasse hoch auf den Sattel nördlich von Roß- und Buchstein wählen und noch bis zur Tegernseer Hütte auf 1650 Meter aufsteigen. Anschließend geht es auf drahtseilgesichertem Weg zum Sonnenbergalm-Hochleger und schließlich wieder zurück ins Schwarzenbachtal.

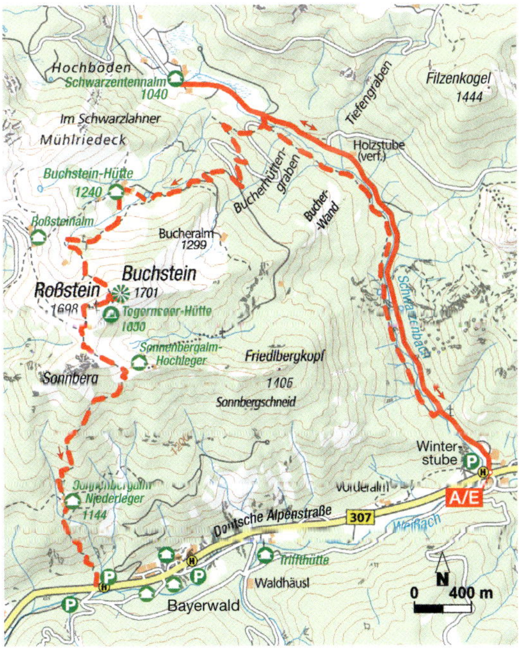

13 Siebenhüttenalm

Kinderleichte Tour mit Spielpause am Bach

leicht | 4,0 km | 65 Hm | 170 Min.

Anfahrt
Autobahn München–Salzburg (A 8) bis Ausfahrt Holzkirchen. Über Gmund und Tegernsee weiter Richtung Achensee. 950 m nach dem Abzweig links nach Wildbad Kreuth befindet sich links ein kleiner Parkplatz.

Anforderungen
Breite, ausschließlich flache Forststraße

Rolli
Für Rollstuhlfahrer gut geeignet

Rodel
Zum Rodeln ist die Strecke zu flach.

Einkehr
Siebenhüttenalm, geöffnet Mai bis Ende Okt.; Gasthaus Altes Bad, Wildbad Kreuth, ganzjährig geöffnet

Karte
Topografische Karte 1:50 000, Blatt Mangfallgebirge (BLVA)

Informationen
Kurverwaltung, Adrian-Stoop-Str. 20, 83707 Bad Wiessee, Tel. 08022/860 30, www.bad-wiessee.de

Die Siebenhüttenalm ist eine kleine Schönwetter-Jausenalm, die romantisch in einer Kehre unter großen Biergarten-Bäumen liegt. Spielmöglichkeiten bietet auch die Weißach in der Nähe.

Gegenüber der Einfahrt zu dem kleinen Wanderparkplatz überquert man die Weißach-Brücke und folgt der flachen, breiten Forststraße geradeaus leicht links in Richtung Siebenhüttenalm. Die Abzweigung wenig später nach rechts zur Königsalm (nicht kinderwagengeeignet) lässt man ebenso liegen wie bald darauf den linken Abzweig zur Fischzucht und nach Wildbad Kreuth. Man geht stets geradeaus rechts der Weißach auf dem flachen Weg, bis man nach insgesamt etwa 20 Minuten Gehzeit auf der anderen Flussseite bereits die Siebenhüttenalm sieht und hört. Bereits aus der Ferne sehen die gemütlichen Bänke unter den großen Bäumen rund um die Alm sehr verlockend aus. Nun sind es nur noch wenige Meter und eine lang gestreckte Linkskurve und man gelangt an eine kleine

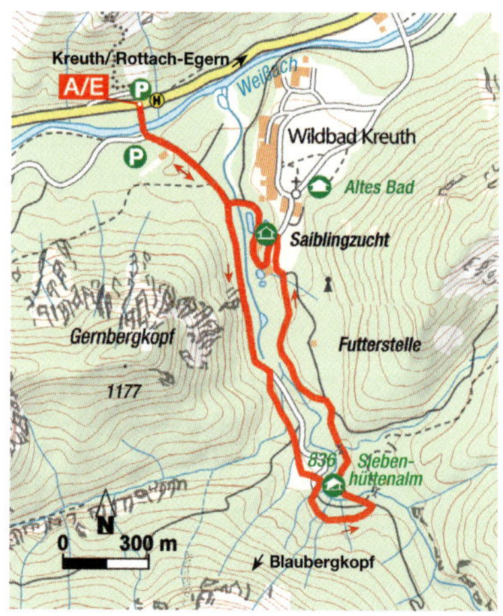

Brücke. Ist der Abstieg zur Brücke mit Kinderwagen oder Rollstuhl zu holprig, geht es noch einige Meter weiter auf der Forststraße, um auf dem Fahrweg zur Alm zu gelangen. Andernfalls geht es jedoch gleich hier links über die Steine zur Brücke und über diese zum Almgelände mit der gemütlichen Terrasse. Bei den Almbesuchern fällt auf, dass diese mit Kindern oder mit Fahrrad unterwegs sind. Die Kinder können hier nicht nur am Bach spielen, sondern auch auf der Terrasse in Sichtweite der

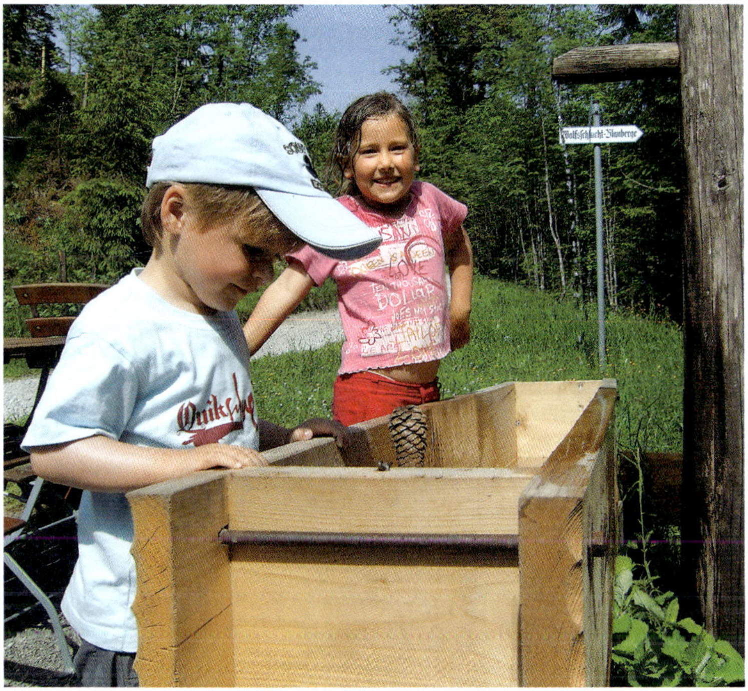

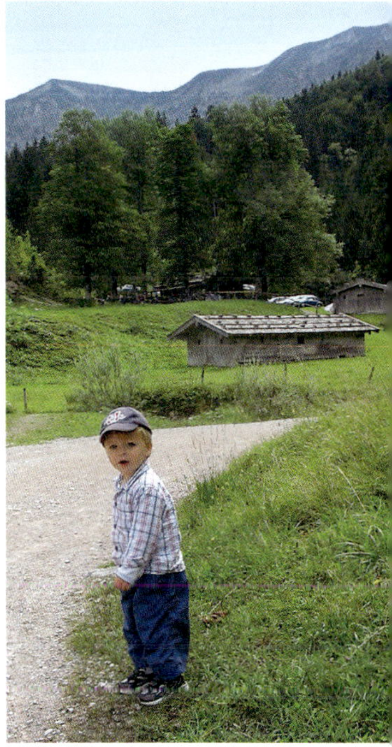

Schon bald sieht man die Alm auf der anderen Flussseite.

Links: Wasserspiele an der Siebenhüttenalm, sowohl an der Weißach als auch am Brunnen

Eltern am Brunnen ausgiebig sämtliche Kleidungsstücke nass planschen und die Radfahrer müssen fast keine Steigung bewältigen, um auf der schönen Alm zu rasten.

Die Auswahl auf der Karte ist zwar beschränkt, aber es findet doch jeder etwas Leckeres und auch das Bier schmeckt in der gemütlichen Atmosphäre gleich doppelt so gut. Nach dem obligatorischen Kuchen geht es dann entweder auf dem Hinweg wieder zurück (für Rollstuhlfahrer) oder beim Hinterausgang der Alm durch das Gatter neben den Tischen und über die Wiese neben der Weißach auf dem kleinen, aber dennoch kinderwagengeeigneten Fußweg zurück Richtung Norden.

Dieser Weg führt nach einer kurzen Steilpassage zum Hochuferweg und damit zum Gasthaus Altes Bad. Kurz vor dem Gasthaus geht man auf der breiten Forststraße links bergab zu den Forellenteichen. Nicht ohne die Forellen in den Teichen bestaunt zu haben, geht es weiter an den Teichen entlang. Nach der Brücke erreichen wir wieder den Weg, den wir zu Beginn der Tour rechts vom Parkplatz gekommen sind.

Kindertipp

Im Tal von Kreuth können Kinder baden und auf einen Spielplatz gehen.

Die Wallbergbahn ist eine weitere Attraktion.

14 Bauer in der Au und Söllbachklause

Kleine Runde über Bad Wiessee

leicht | 4,7 km | 170 Hm | 80 Min.

Anfahrt
Autobahn München–Salzburg (A 8) bis Ausfahrt Holzkirchen. Über Gmund nach Bad Wiessee. Nach dem Ortszentrum und nach dem Passieren der rechts auf einer Anhöhe gelegenen Kirche Maria Himmelfahrt zweigt man kurz vor Überquerung des Söllbachs in einer Linkskurve rechts in die Söllbachtalstraße ein. Nach etwa 300 m biegt man links zum Wanderparkplatz ab.

Anforderungen
Leichte Kurztour zur Söllbachklause, zum Bauer in der Au leichter, aber längerer Anstieg

Rolli
Nicht geeignet

Rodel
Hervorragende Rodelstrecke

Karte
Topografische Karte 1:50 000, Blatt Mangfallgebirge (BLVA)

Informationen
Kurverwaltung, Adrian-Stoop-Str. 20, 83707 Bad Wiessee, Tel. 08022/860 30, www.bad-wiessee.de

Der Bauer in der Au und die Söllbachklause waren gerne besuchte Gasthäuser. Auch wenn hier aktuell keine Einkehr für Wanderer möglich ist, lohnt diese leichte Runde zu dem sonnigen Hochplateau über Bad Wiessee.

Der Weg beginnt am hintersten Ende des zweigeteilten, großen Wanderparkplatzes und führt zunächst asphaltiert und flach am Söllbach entlang. Nach etwa zehn Minuten passiert man bereits die derzeit leider nicht mehr bewirtschaftete Söllbachklause (793 m), die auch ein mögliches Kurzziel darstellt (siehe auch Alternative). Kurz danach geht es links über die Brücke der Beschilderung über Buch folgend auf dem Bucherweg Richtung Bauer in der Au. (Bei viel Schnee im Winter eventuell geradeaus auf der breiten Forststraße weiter und nach etwa zehn Minuten links auf die Forststraße zum Bauer in der Au.)
In Buch gelangt man an eine Teerstraße und folgt dieser nach rechts weiter bergauf.
Im weiteren Verlauf wird diese zu einer Schotterstraße und man überquert den Mühlbach. Nach etwa 45 Minuten hat man den Bauer in der Au auf dem Almplateau erreicht. Leider finden nach den umfangreichen Umbaumaßnahmen hier nur noch Feiern für geschlossene Gesellschaften statt.
Hinter dem Bauer in der Au geht es nun rechts über das Söllbachtal zurück, indem man die Forststraße zum Söllbach hinabsteigt. Unten kommt man an die Söllbachtalstraße und folgt dieser nach rechts zur Söllbachklause und schließlich zurück zum Parkplatz.

Kindertipp
In Bad Wiessee und Kreuth kann gebadet werden. Es gibt Spielplätze und in Kreuth die Wallbergbahn.

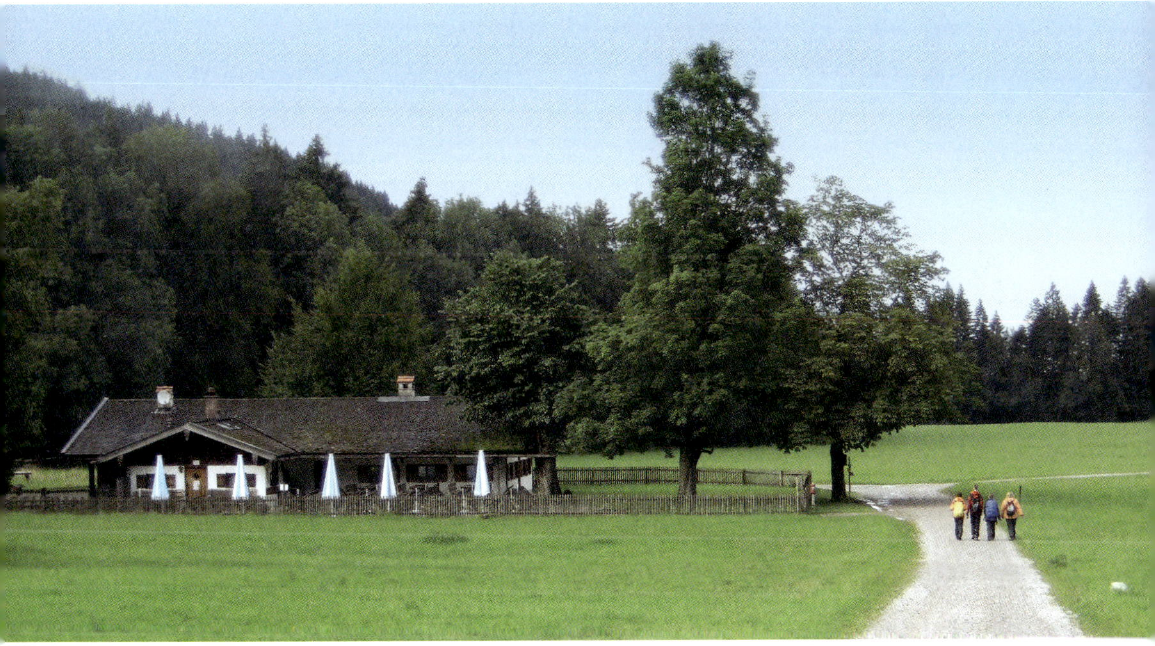

Leider nur noch für geschlossene Gesellschaften

Alternative 1 für eine kleinere Rundtour Wer an der Söllbachklause schon fast genug hat, ans Umdrehen denkt und nicht mehr bis zum Bauer in der Au aufsteigen, aber dennoch eine kleine Rundtour gehen will, folgt dem oben beschriebenen Weg über den Bucherweg bis zur Teerstraße oberhalb von Buch. Nun geht es jedoch nach links bergab durch Buch und in den Bad Wiesseer Ortsteil Abwinkl. Hier geht man nun bis zur großen Straße (Bad Wiessee–Rottach–Egern) links über die Brücke und auf der Anfahrtsstraße zurück zum Parkplatz.

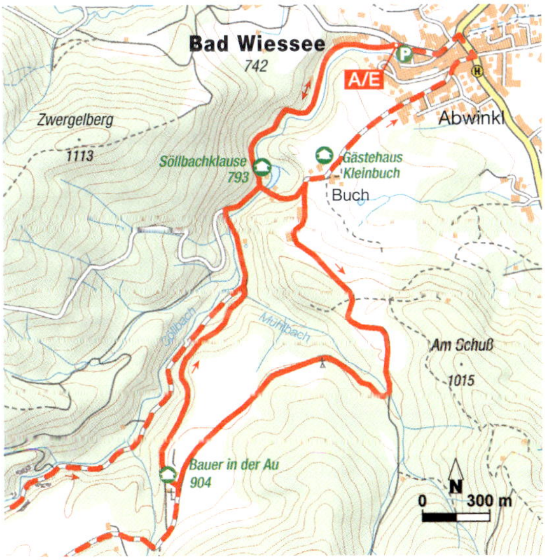

Alternative 2 für eine längere Tour Wer etwas mehr Zeit rund um den Hirschberg verbringen will, kann beim Bauer in der Au auch der Forststraße weiter auf dem Hochplateau nach Süden folgen und so am Westhang des Hirschberges wieder an die Söllbachtalstraße gelangen. Nun entweder rechts am Bach entlang zurück zum Parkplatz oder links noch etwa 25 Minuten weiter bis zur Schwarzentennalm (siehe Tour 12).

15 Galaunalm (Gasthaus Riederstein)

Käsekuchen unter der Riedersteinkapelle

mittel | 3,6 km | 280 Hm | 85 Min.

Anfahrt
Autobahn München–Salzburg (A 8) bis Ausfahrt Holzkirchen. Über Gmund und Tegernsee Richtung Rottach. Kurz vor dem Ortsanfang von Rottach zweigt links eine Straße ab Richtung Schwaighof. Am Ende dieser Straße ist ein Wanderparkplatz.

Anforderungen
Die Forststraße windet sich mit beständiger Steigung gut gehbar und mit dem Kinderwagen bezwingbar zum Gasthaus Riederstein.

Rolli
Nicht geeignet

Rodel
Kurvige und teilweise steile, aber schöne Rodelstrecke

Einkehr
Gasthaus Riederstein, ganzjährig geöffnet, Tel. 08022/27 30 22, www.berggasthof-riederstein.de

Karte
Topografische Karte 1:50 000, Blatt Mangfallgebirge (BLVA)

Informationen
Kuramt Tegernsee, Hauptstr. 2, 83684 Tegernsee, Tel. 08022/18 01 40, www.tegernsee.de

Die Galaunalm hoch über Rottach-Egern liegt unterhalb der weithin sichtbaren Riedersteinkapelle und bietet Sommer wie Winter eine schmackhafte Einkehr.

Zahlreiche Wege führen zur Galaunalm, so führt z. B. ein direkter Weg vom Bahnhof Tegernsee hier hoch, wir jedoch wählen die zum Rodeln ideal geeignete südliche Variante vom Wanderparkplatz in Rottach ausgehend. Am oberen Ende des Wanderparkplatzes geht man auf der noch wenige Meter geteerten Forststraße rechts des Baches dem Wegweiser »Riederstein« folgend stramm bergauf. Im ersten etwas steilen Abschnitt zweigt links der Höhenweg nach Tegernsee und bald darauf rechts der Höhenweg nach Berg ab, die wir beide nicht beachten. Nun geht es stets im schattigen, aber weniger steilen Wald leicht kurvig dieser Forststraße folgend zur Galaunalm (eigentlich Berggasthaus Riederstein). Kurz bevor man die Lichtung mit der Galaunalm erreicht, zweigt rechts das gestufte Weglein zur Riedersteinka-

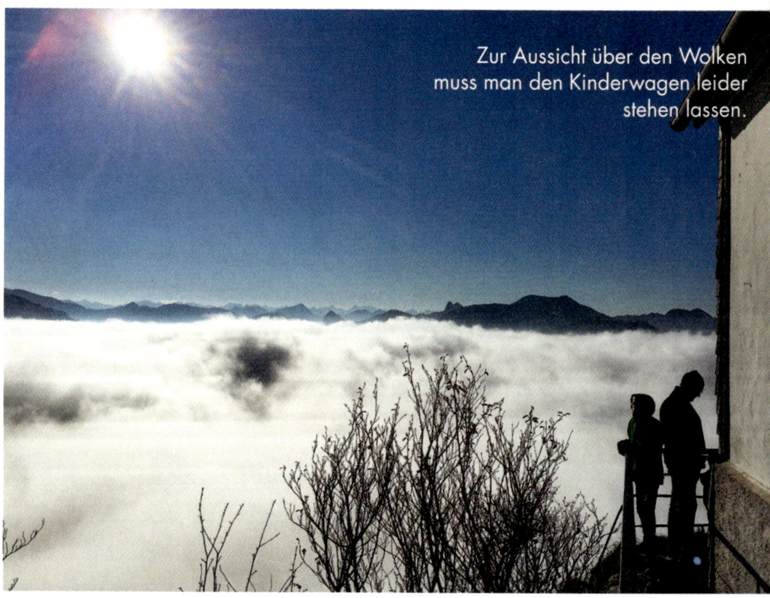

Zur Aussicht über den Wolken muss man den Kinderwagen leider stehen lassen.

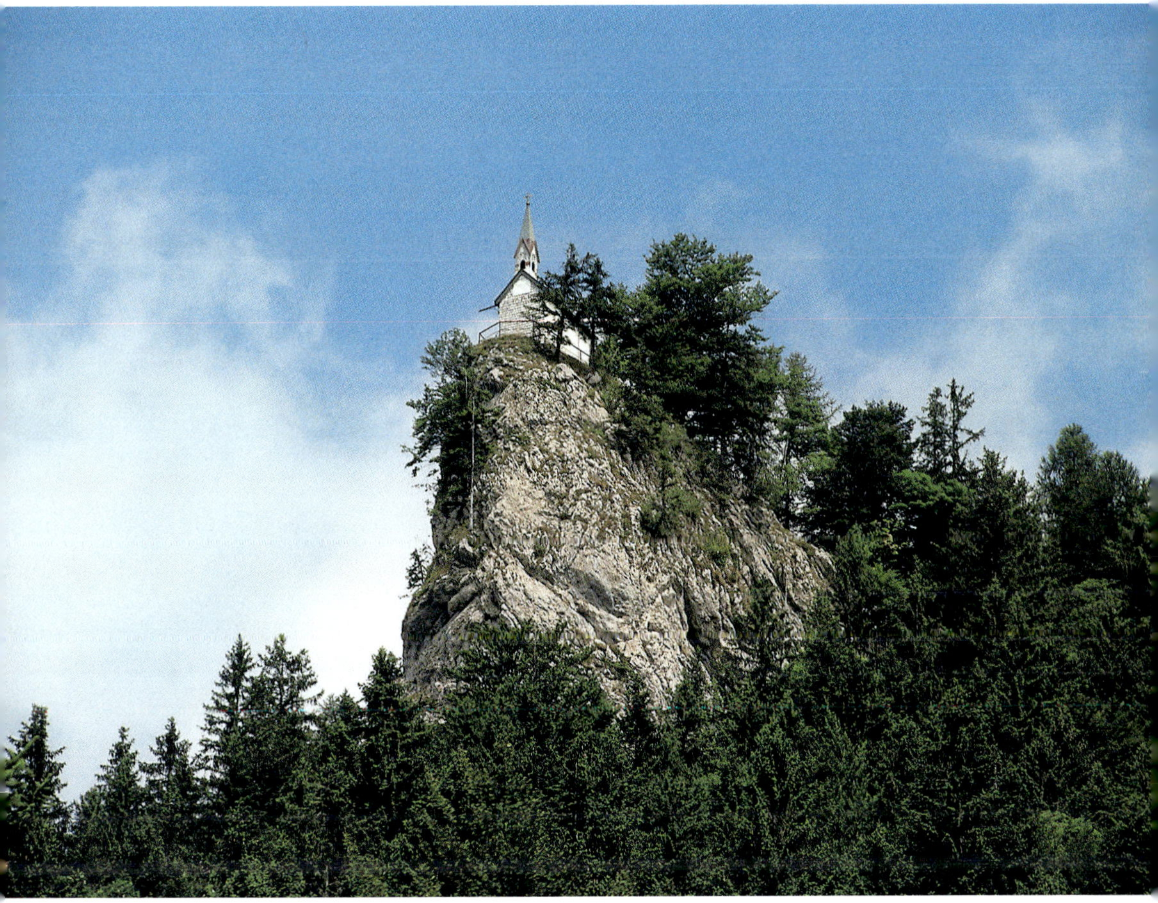

Die weithin sichtbare Riedersteinkapelle oberhalb der Galaunalm

pelle ab. Die Aussicht von hier oben ist, nachdem beim Aufstieg und auf der Alm kaum eine Aussicht besteht, ein paar zusätzliche Schweißtropfen wert, falls die Kinderbeine schon groß und noch fit genug sind. Für Kinderwagen ist dieser Weg aber leider nicht geeignet.

Nun sind es nur noch wenige Schritte und man hat die auf der Waldlichtung gelegene Alm mit der schönen sonnigen Terrasse erreicht. Im Winter und bei schlechtem Wetter findet man in der Alm ausreichend Platz zum Aufwärmen. Den Apfelstrudel mit Vanillesauce sollte man hier auf keinen Fall verpassen.

Der Abstieg oder im Winter die rasante Rodelpartie führt über den Aufstiegsweg zurück zum Parkplatz.

Kindertipp

In Rottach-Egern haben die Kinder Bade- und Spielmöglichkeiten sowie einen Minigolfplatz. Kreuth mit der Wallbergbahn bietet ebenfalls einen Spielplatz und Badestellen. In Tegernsee kann man im Winter noch eine Schlittschuhpartie einlegen.

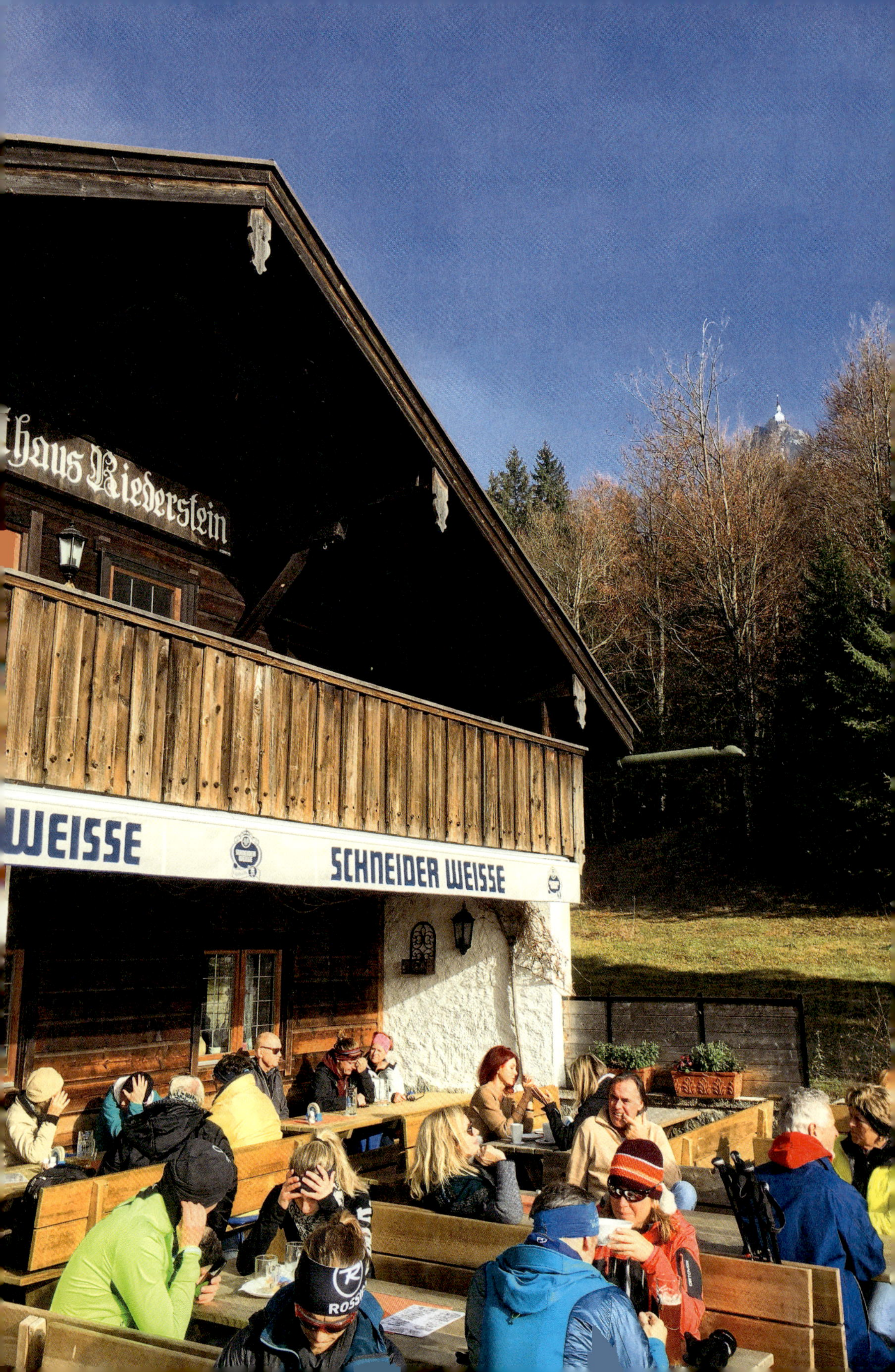
haus Riederstein
WEISSE
SCHNEIDER WEISSE

Linke Seite: Sonnige Rast unter der Riederstein-Kapelle

Alternative für eine Rundtour ohne Kinderwagen Wer nach der Einkehr noch etwas mehr Zeit und keinen Kinderwagen zu schieben hat, kann für eine schöne Rundtour dem Weg an der Hütte vorbei folgen und am Waldrand links über den Kammweg (T4) ohne große Anstrengung Richtung Pfliegeleck-Gipfel (1106 m) weitergehen. Für eine etwas kürzere Variante zweigt man noch vor dem Gipfel links ab und geht bergab, bis man auf den bereits erwähnten Höhenweg trifft. Diesem folgt man nach links zurück zum Anstiegsweg und wieder rechts bergab zum Parkplatz. Für eine nur wenig längere Variante überschreitet man den Gipfel, indem man geradeaus weitergeht, und wandert dann Richtung Tegernsee bergab. Bei der Verzweigung wählt man den linken Weg Richtung Pfliegelhof, welcher noch vor diesem in den Höhenweg mündet. Diesem folgt man dann nach links zurück zum Anstiegsweg und wieder rechts bergab zum Parkplatz.

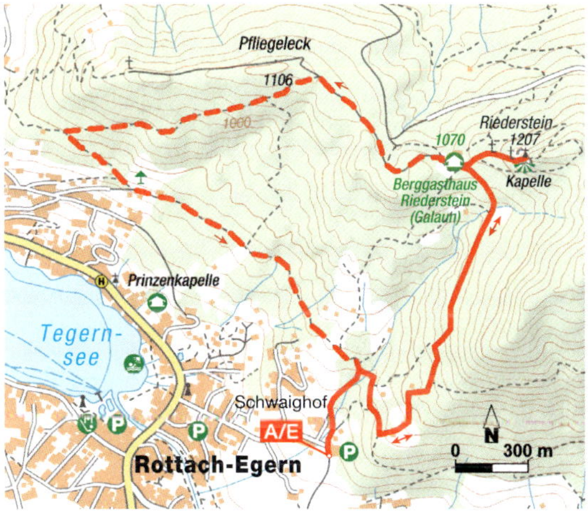

Unten: Blick nach Süden von der kleinen Terrasse der Riederstein-Kapelle

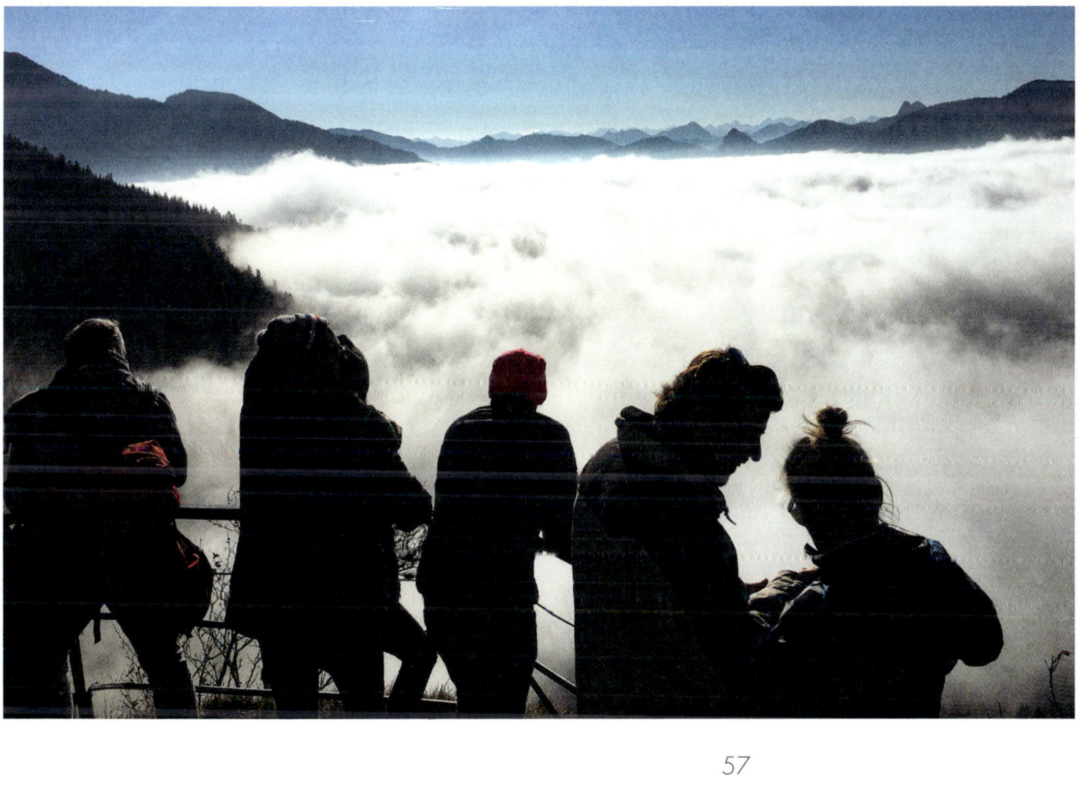

16 Lukas-Alm

Leckere Einkehr im Suttengebiet

mittel	8,4 km	300 Hm	170 Min.

Anfahrt
Autobahn München–Salzburg (A 8) bis Ausfahrt Holzkirchen. Über Gmund und Tegernsee bis Richtung Rottach. Nach der Ampel biegt man links Richtung Sutten/Valepp ab und folgt dieser Straße bis zum Parkplatz an der Mautschranke bei Enterrottach.

Anforderungen
Abwechslungsreiche, aber einfache Tour. Bei Bedarf kann man mit dem Auto 50% des Weges sparen, indem man beim Wanderparkplatz unterhalb der Sutten-Bergbahn oder direkt bei der Alm parkt.

Rolli
Nur geeignet, wenn man bis zur Alm mit dem Auto fährt

Rodel
Nicht geeignet

Einkehr
Lukas-Alm, Mo Di Ruhetag, Tel. 08022/67760, www.lukas-alm.de

Karte
Topografische Karte 1:50 000, Blatt Mangfallgebirge (BLVA)

Informationen
Kuramt Tegernsee, Hauptstr. 2, 83684 Tegernsee, Tel. 08022/180140, www.tegernsee.de

Die Lukas-Alm ist eine etwas versteckt gelegene Alm, die früher unter dem Namen Bäckeralm bekannt war. Die in der Nähe gelegene Hafner-Alm mit den zahlreichen Tiergehegen ist mittlerweile leider geschlossen.

Der Weg zur Hütte lässt sich durch höher gelegene Parkplätze nahezu beliebig verkürzen (siehe Hinweise im Text). Die längste Variante beginnt bereits am vorderen Ende des an der Mautschranke in Enterrottach gelegenen Parkplatzes. Man folgt

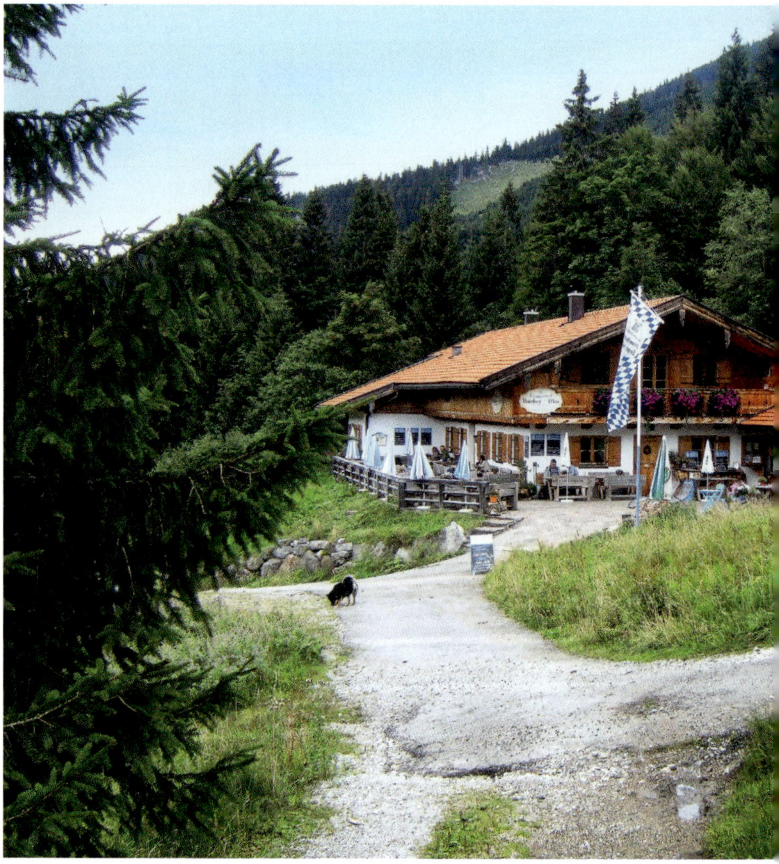

dem Weg – hier und auch später stets auf die Beschilderung »Suttengebiet«/»Hafner Alm« achten – über die Wiese in den Wald. Der schön angelegte Weg abseits der an schönen Tagen mit einigem Ausflugsverkehr belasteten Mautstraße führt nun, mal mehr, mal weniger wellig, immer parallel zu dieser stets bergauf ins Suttengebiet. Die Abzweigung zu den nicht allzu spektakulären Wasserfällen an der Rottach muss man mit Kinderwagen leider liegen lassen und folgt auch hier den Wegweisern Richtung Sutten. Bald mündet der Weg in die Teerstraße, welcher man 50 Meter folgen muss, um dann wieder rechts der Straße auf den Wanderweg zu gelangen. Kurz darauf überquert man die Teerstraße erneut und folgt nun stets dem Wanderweg (nicht steil bergauf Richtung Bodenschneid) bis zum Wanderparkplatz

Kindertipp

Im Tal in Rottach-Egern und Kreuth kann gebadet werden. Die Wallbergbahn in Kreuth und der Minigolfplatz in Rottach-Egern sind für Kinder attraktiv.

Links: Die Lukas-Alm

Begegnung auf Augenhöhe

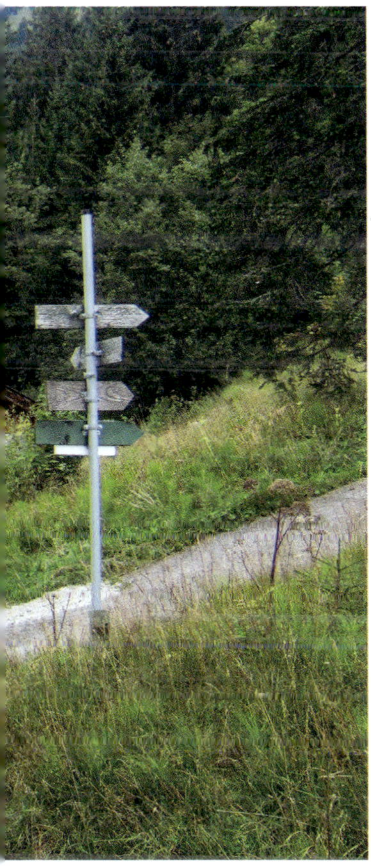

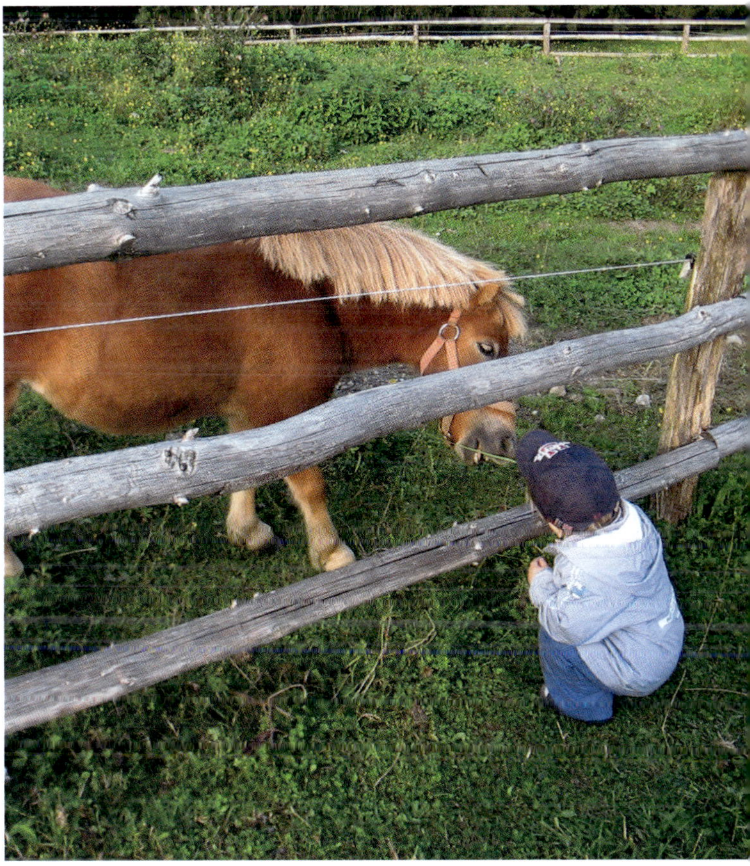

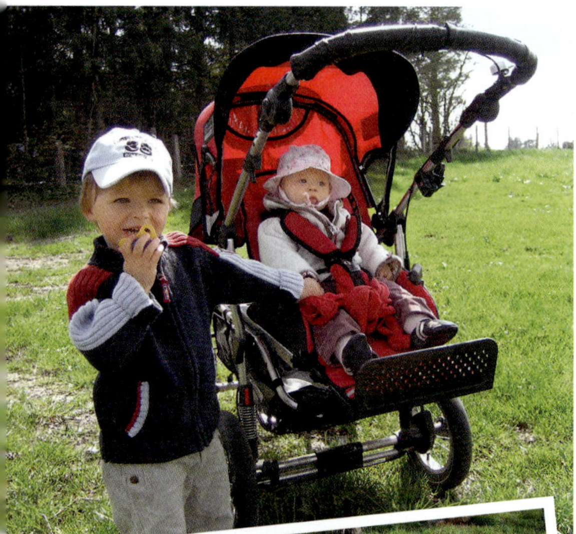

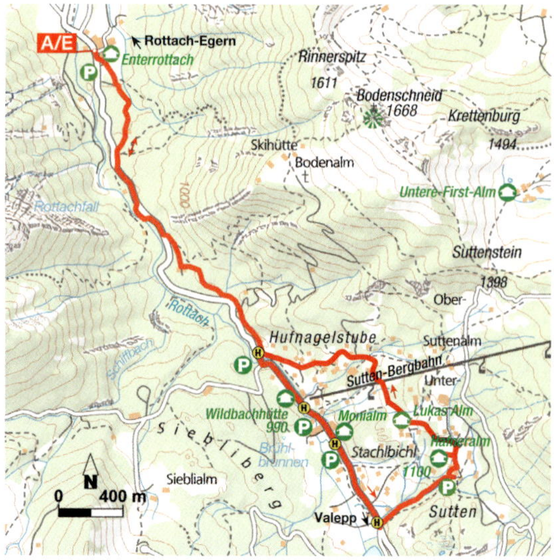

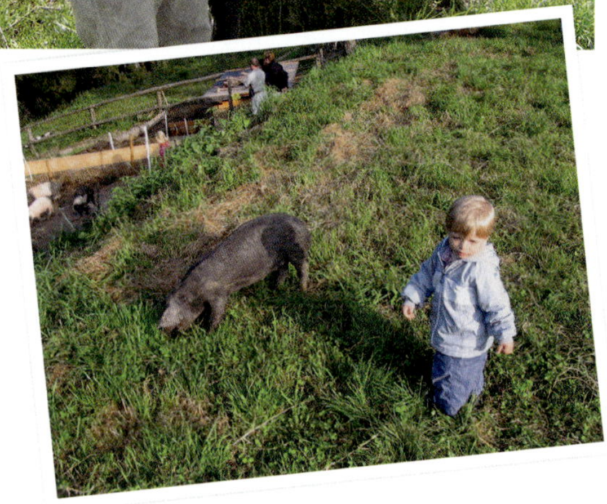

Hufnagelstube, den man rechts neben sich lässt. Man geht weiter bis zur 2005 neu erbauten Sutten-Bergbahn und nun wieder auf der Straße in südlicher Richtung. Bald passieren wir die Monialm und gelangen nach einer eventuellen Kuchenpause und weiteren etwa fünf Minuten Gehzeit an eine Abzweigung, die linker Hand zur Hafner Alm abgeht. Geradeaus würde man zum Forsthaus Valepp (siehe Tour 17) gelangen. Nach weiteren zehn Minuten erreicht man dann den Hafner-Schotterparkplatz, von wo aus es nur noch wenige Meter durch die Tiergehege zur Alm sind. Hier an der Hafner-Alm konnte man sich 19 Jahre lang von Familie Hafner kulinarisch verwöhnen lassen und mit den Kindern immer wieder neue Tiere in den umzäunten Wiesen entdecken. Heute bleibt uns nur, die Alm etwas wehmütig zu passieren und noch ein paar kurze Minuten durchzuhalten bis wir die Lukas-Alm erreichen. Manch einer kennt die Lukas-Alm vielleicht noch unter dem früheren Namen „Bäckeralm". Wer hier noch länger bleiben will, könnte sich auch in einem der Gästezimmer einmieten. Hier steigen wir aber noch nicht zur Teerstraße ab, sondern gehen gerade zur Skipiste weiter. Erst im Wald hinter der Suttenbahn geht es dann links zurück zum Parkplatz Hufnagelstube, den wir bereits beim Anstieg passiert haben, und dann rechts zurück zum Auto.

Eine ungewohnte Begegnung für Stadtkinder

Ganz oben: Auch mit Kinderwagen und nebenher laufendem Kind sind die Touren kein Problem.

Rechte Seite oben: Die Hafner Alm im schönsten Sonnenschein; unten: In den Tiergehegen der Hafner-Alm konnten Kinder immer wieder neue Tiere entdecken.

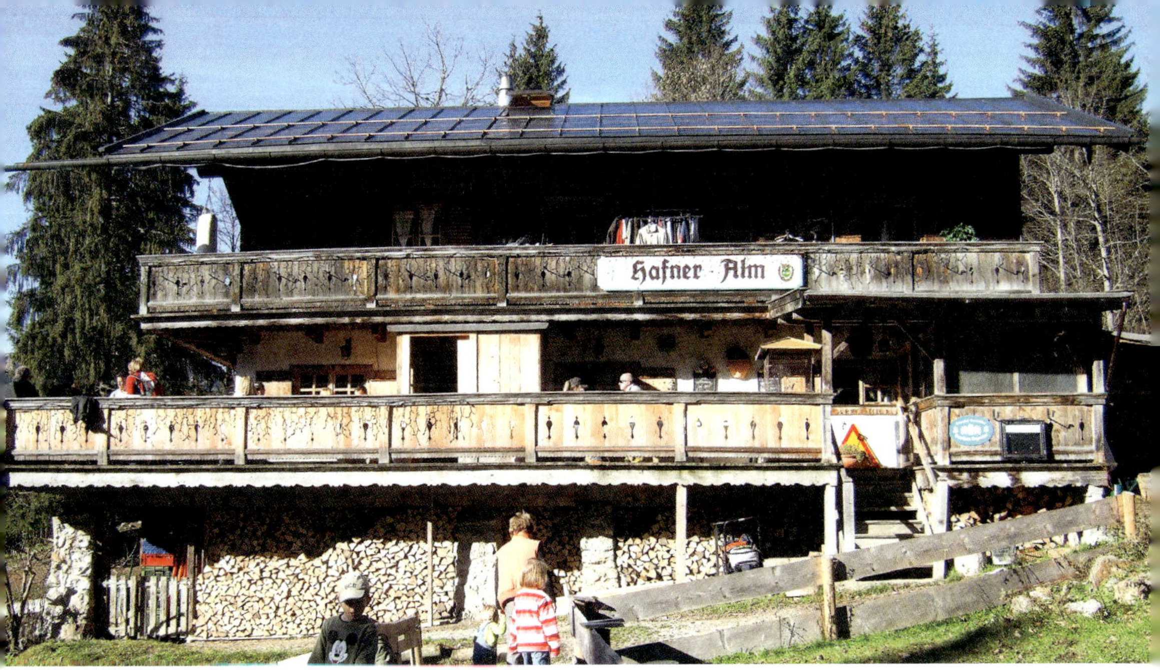
Hafner Alm

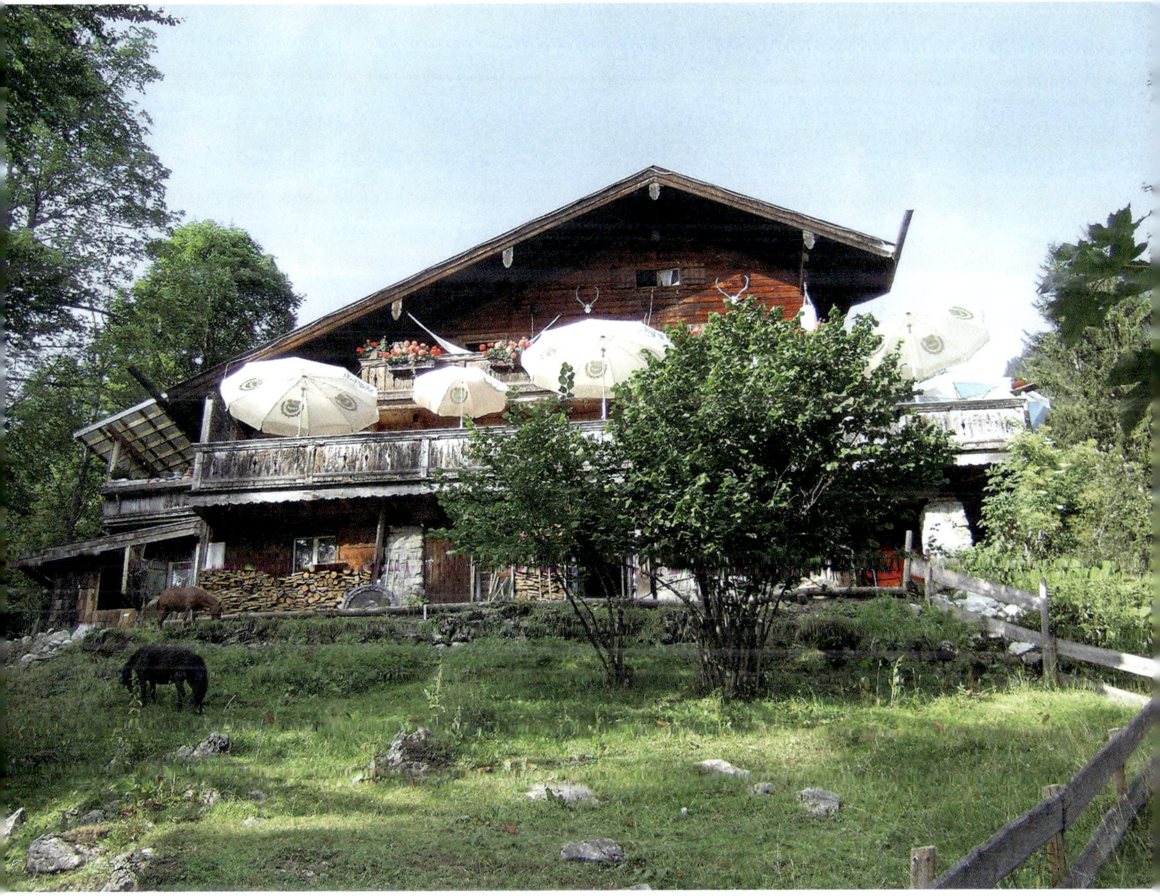

17 Forsthaus Valepp

Die Hütte mit der variablen Tourenlänge

leicht | 1 »plus x« | 0 Hm | 20 Min.

Anfahrt
München–Salzburg (A 8) Ausfahrt Holzkirchen. Über Gmund und Tegernsee bis Rottach. Nach der Ampel links Richtung Sutten/Valepp bis zur Mautschranke bei Enterrottach. An der Sutten-Bergbahn vorbei und weitere 6 km, bis von links die (gesperrte) Straße vom Spitzingsee einmündet. Großer Wanderparkplatz

Anforderungen
Nur wenn man die Tour weiter unten beginnt, muss man die Teerstraße bzw. den Wanderweg (siehe vorherige Tour) gehen, ansonsten parken wir nur 300 m vor dem Forsthaus.

Rolli
Für Rollstuhl gut geeignet

Rodel
Für Rodler nicht zu empfehlen

Einkehr
Forsthaus Valepp, Nov. bis 25. Dez. geschlossen, Ruhetag nur bei Schlechtwetter, Tel. 08026/71281, www.forsthaus-valepp.de

Karte
Topografische Karte 1:50000, Blatt Mangfallgebirge (BLVA)

Informationen
www.tegernsee.de

Das Forsthaus Valepp ist ein großes Gasthaus, bei dem man eigentlich auch gleich direkt vor der Tür parken könnte. Seit über 10 Jahren schon warten Gäste auf die Sanierung und Wiedereröffnung, die ab dem Jahr 2023 möglich scheint.

Um wenigstens ein paar Meter mit den Kleinen zu gehen, wählen wir den Parkplatz etwa 300 Meter vorher und erkunden dann noch die Kapelle und den Bach in unmittelbarer Nähe zum Forsthaus. Man kann die Tour auch bereits am Parkplatz bei der Mautschranke in Enterrottach beginnen (siehe Tour 16), dann ist man jedoch mindestens zwei Stunden unterwegs. Ebenso könnte man unterwegs, etwa bei der Sutten-Bergbahn, Monialm oder Hafner Alm, parken, aber da nur die Teerstraße zum Forsthaus führt, ist das aufgrund des zwar mäßigen, aber dennoch insbesondere an schönen Wochenendtagen vorhandenen Verkehrs ebenfalls nicht zu empfehlen.
Ausgehend vom Wanderparkplatz folgen wir dem unübersehbaren Wegweiser Richtung Forsthaus Valepp geradeaus über die Brücke und überqueren die Rote Valepp, die hier in die Valepp fließt. Auf guter Straße geht es in kurzen 300 Metern zum Parkplatz direkt unter der Terrasse des Forsthauses. Bevor es über

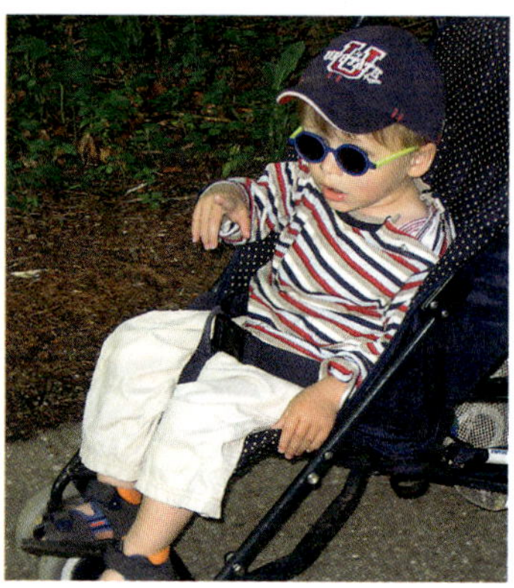

Die Kurztour zum Forsthaus ist auch im Buggy super.

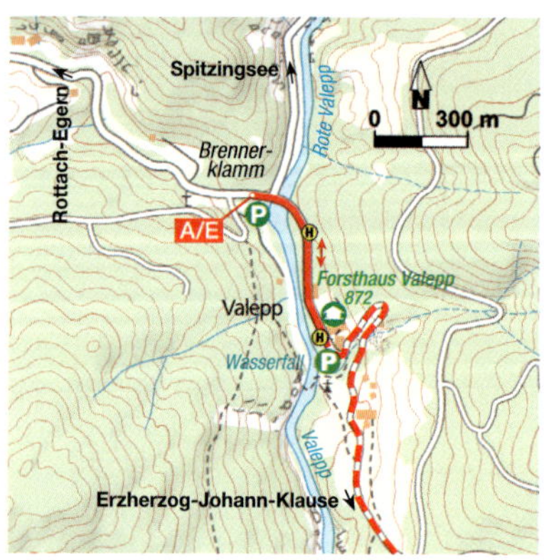

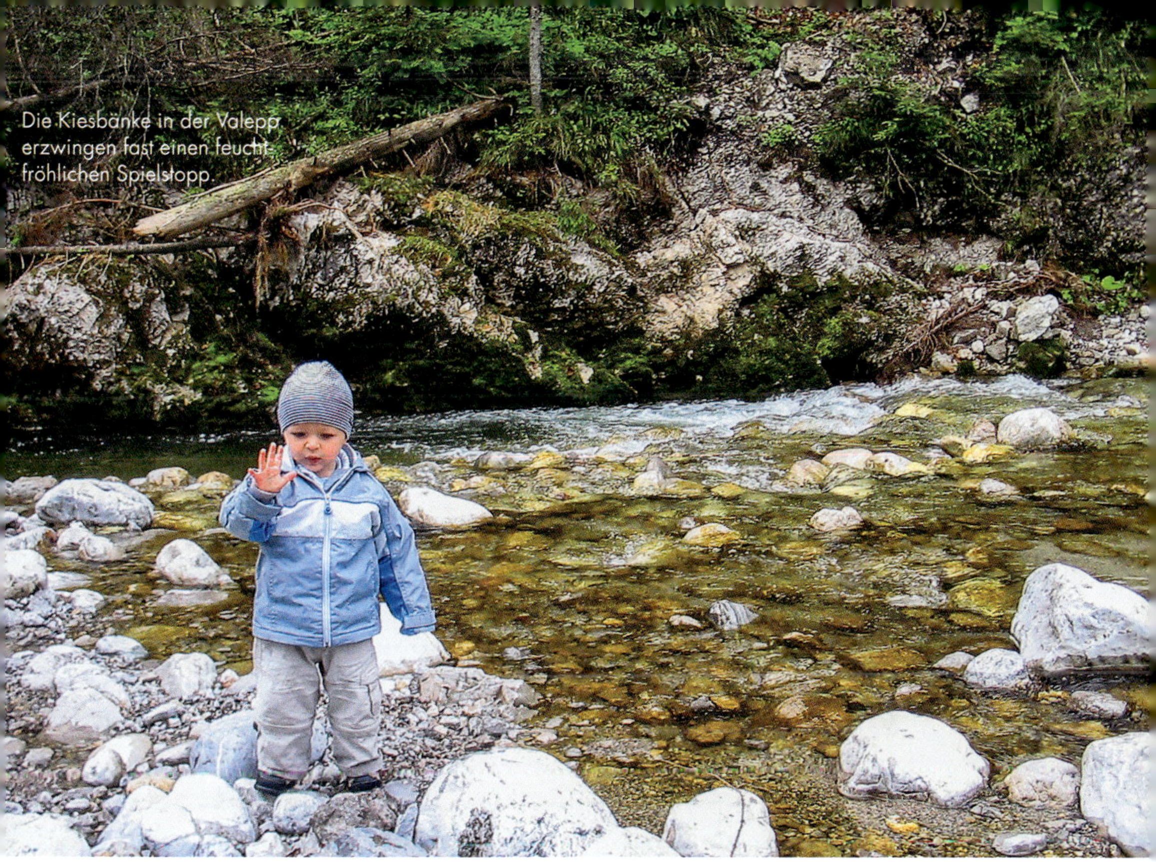

Die Kiesbänke in der Valepp erzwingen fast einen feucht-fröhlichen Spielstopp.

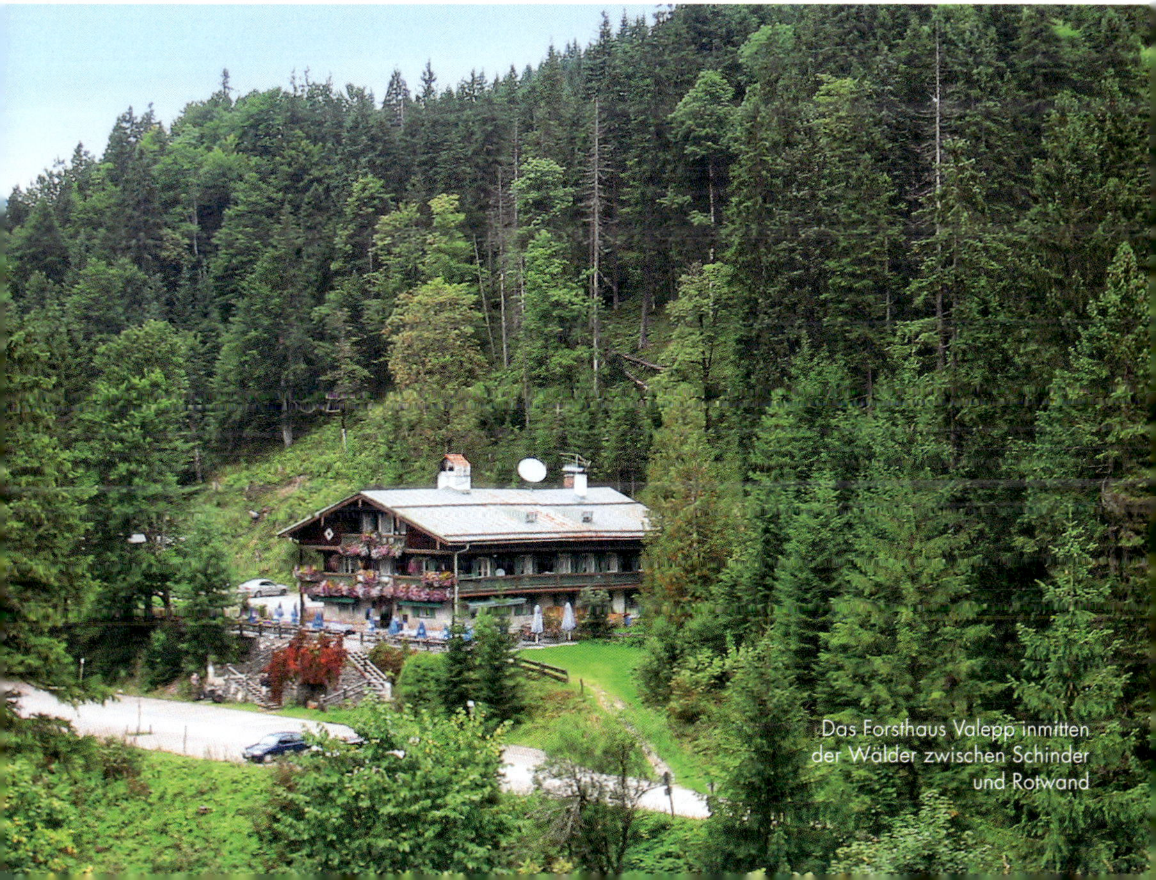

Das Forsthaus Valepp inmitten der Wälder zwischen Schinder und Rotwand

die kleine Treppe zur erhöht liegenden Terrasse geht, nehmen wir uns noch die Zeit, ein wenig die Umgebung zu erkunden. Geht man geradeaus weiter – am Ende des Parkplatzes führt links ein kinderwagengeeigneter Weg zur Terrasse –, kann man in der ersten Kehre der Schotterstraße rechts über die Wiesen zur nahen Valepp hinuntergehen. Bevor diese über einen Wasserfall Richtung Österreich stürzt, kann man hier auf einer schmalen Kiesbank schön spielen. Folgt man der Schotterstraße noch ein paar Meter weiter, geht bald rechts, etwa gegenüber dem Trafo-

Das Forsthaus Valepp

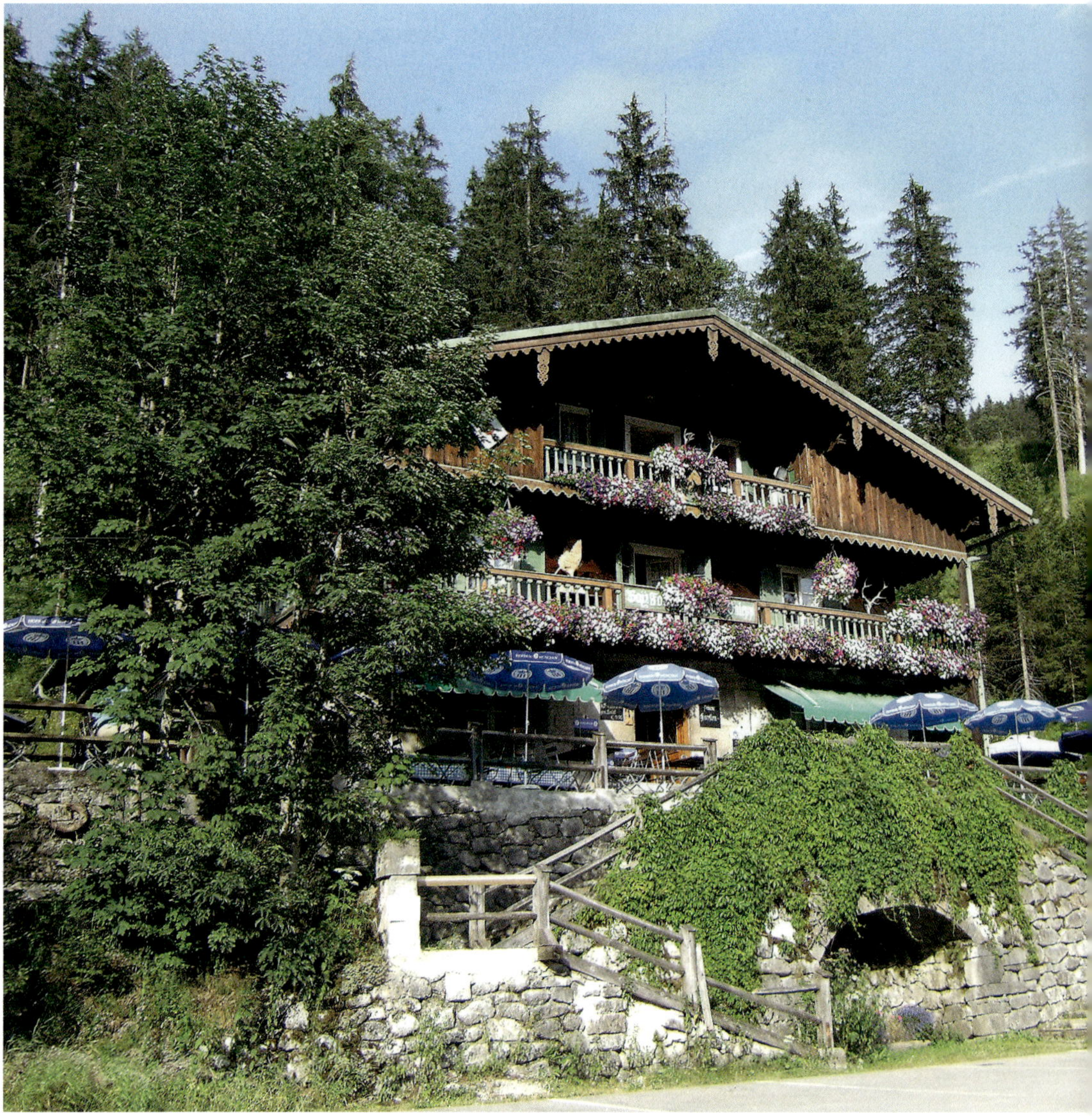

häuschen, ein schmaler Pfad zur Kapelle ab. Diesen gehen wir bis zur vom Forsthaus aus gut sichtbaren Kapelle und schauen durch die offene Tür und zurück zum Forsthaus.
Wieder beim Parkplatz angekommen, steht die Einkehr auf dem Programm, bevor es wieder zurück zum Auto geht.

Alternative für einen Abstecher nach Österreich Folgt man der Schotterstraße noch etwa zwei Stunden weiter in Richtung Süden, gelangt man zur Erzherzog-Johann-Klause (814 m). Bei der

Spielmöglichkeit in der Nähe des Forsthauses

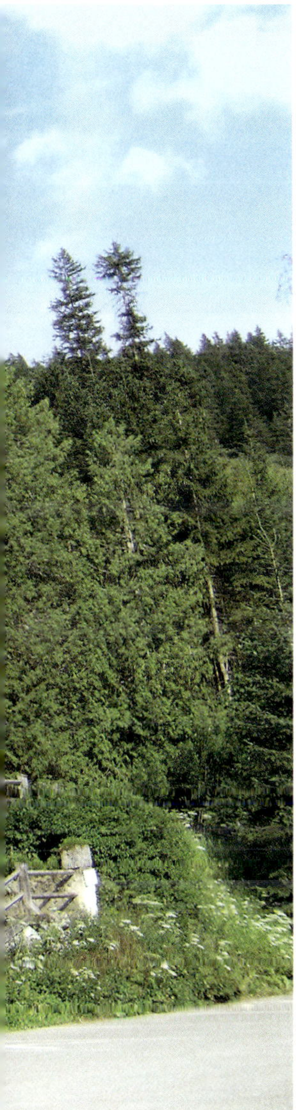

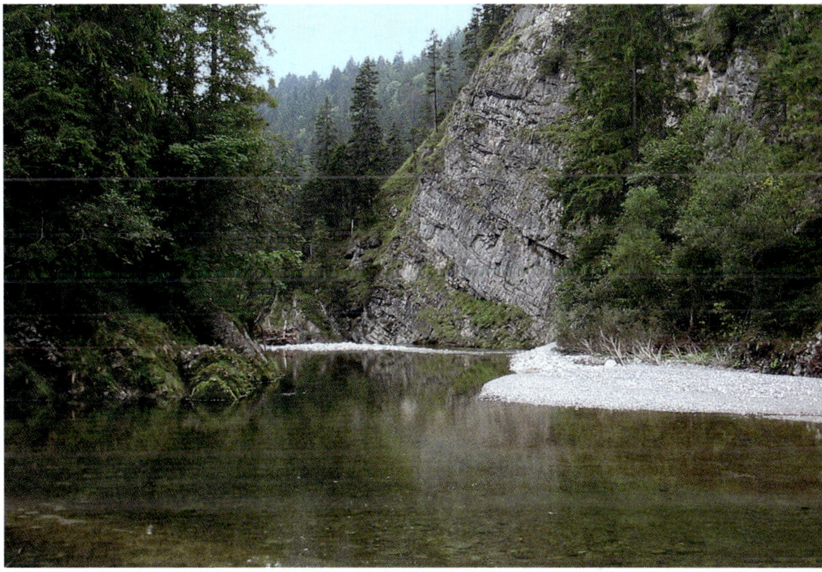

Verzweigung etwa 15 Minuten nach dem Kapellenabzweig geht man dann rechts über die Grenze und nun stets im schönen Enzenbachtal nach Süden. Wir halten uns im weiteren Verlauf rechts und folgen am Ende der Schotterstraße dem Steig. Später geht es über die kleine Brücke auf die andere Bachseite, wo wir die Klause bald erreichen.

Kindertipp

Im Tal in Rottach-Egern gibt es die Möglichkeit zum Baden und Minigolfspielen. In Kreuth Bademöglichkeit und die Wallbergbahn.

18 Taubenberg

So nah wie kein anderer Berg

leicht | 1,2 km | 55 Hm | 30 Min.

Anfahrt
München–Salzburg (A 8) bis Ausfahrt Holzkirchen. Weiter Richtung Tegernsee bis zur Abzweigung Warngau/Miesbach, hier nach links und durch den Ort Warngau in Richtung Miesbach. An Allerheiligen vorbei und links Richtung Taubenberg abbiegen. Nach links in eine Schotterstraße bis zum höchsten Punkt fahren. An dieser Kuppe parkt man links bei der Kapelle.

Anforderungen
Leichter Spaziergang auf breiter Schotterstraße

Rolli
Bedingt geeignet, teilweise leicht steil

Rodel
Nicht geeignet

Einkehr
Taubenberg, 10. Dez. bis 31. Jan. geschlossen.
1. April bis 31. Okt. Do bis So und an Feiertagen geöffnet,
1. Nov. bis 31. März Sa, So und feiertags geöffnet,
Tel. 08020/1705,
www.taubenberg.de

Karte
Topografische Karte 1:50000, Blatt Mangfallgebirge (BLVA)

Informationen
www.tegernsee-schliersee-wendelstein.de

Das Berggasthaus auf dem Taubenberg ist ein familienfreundliches Wirtshaus mit südseitiger Sonnenterrasse, die neben einer schönen Aussicht direkten Zugang zum eingezäunten Spielplatz mit Schaukel und Rutsche bietet.

Wir starten unsere Tour ganz gemütlich mit dem Kinderwagen auf dem höchsten Punkt der Tour am Parkplatz neben der kleinen Kapelle, gehen geradeaus weiter und folgen der Beschilderung leicht bergab in östlicher Richtung zum Berggasthaus Taubenberg. Man taucht in ein kleines Wäldchen ein und hat dieses nach einer Rechtskurve auch schon gleich wieder verlassen. Auf der breiten Schotterstraße geht es weiter durch die saftigen Wiesen hindurch und nach wenigen Minuten sehen wir unser Ziel geradeaus vor uns immer näher kommen. Somit erreichen wir nach wenigen Schritten an den grünen Wiesen entlang den Gast-

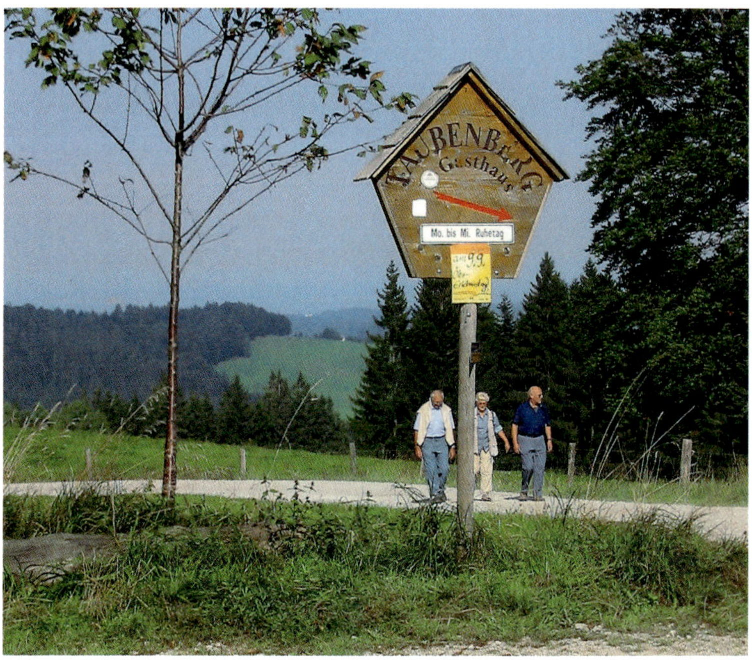

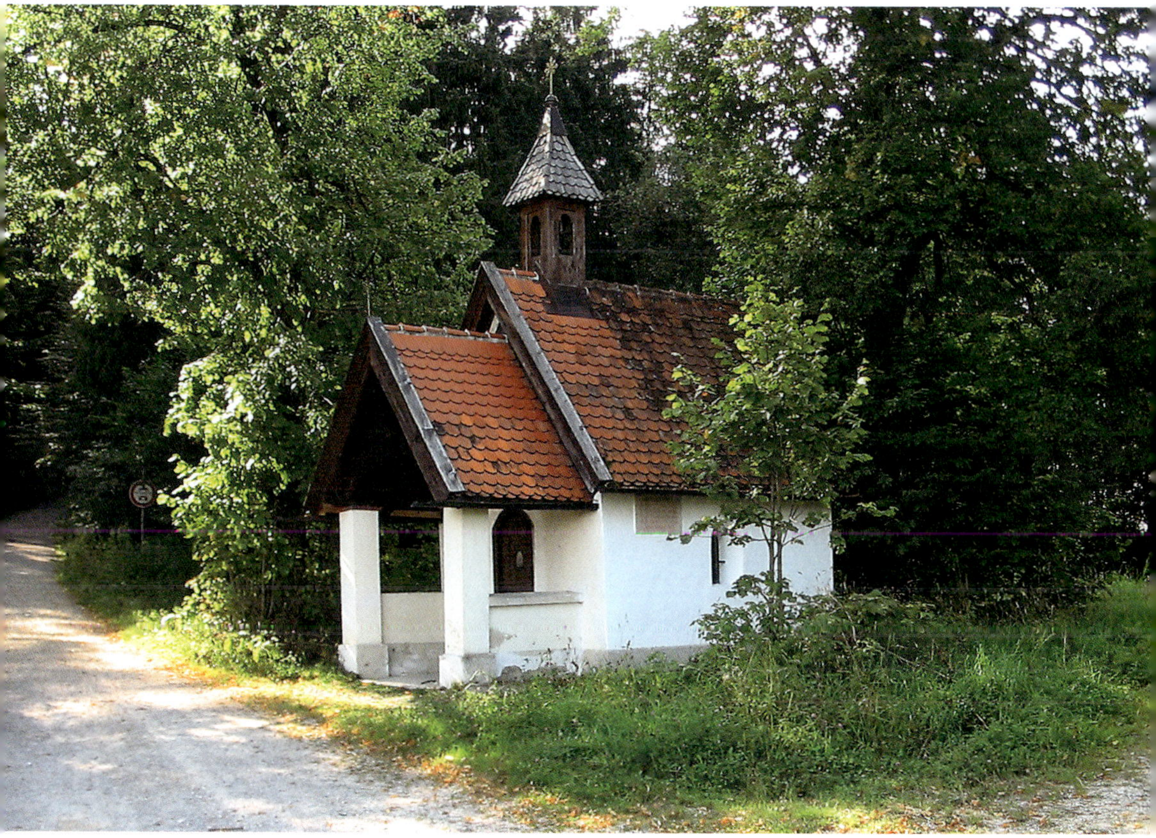

haus-Parkplatz, wo in den Freigehegen bereits die ersten Tiere auf uns warten. Hat man Glück, gibt es bei den Schweinen gleich links vom Parkplatz gerade Nachwuchs und man kann den kleinen Ferkeln beim Herumtollen zusehen. Geht man um das Haus herum, gelangt man, die Pferde auf der Koppel passierend, zur Selbstbedienungsterrasse. Die leckeren Kuchen entschädigen für das etwas lieblose Ambiente der Terrasse und die im Spätsommer mitunter nervenden Wespen.

Die kleine Kapelle am Beginn des Weges vom Parkplatz zum Aussichtsturm

Linke Seite: Auch für Kinder kaum zu verfehlen – immer dem Wegweiser nach

Die Kleinen haben jedoch ganz eindeutig ihren Spaß. Auf dieser Tour ist der völlig ungefährliche Weg doch sehr leicht zu bewältigen und die Tierwelt rund um das Gasthaus ist stundenlang Beobachtungssitzungen wert. Zum Auto zurück geht es auf dem bereits bekannten Weg.

Kindertipp

In Holzkirchen gibt es ein Schwimmbad und einen Spielplatz für die Kinder. Miesbach wiederum bietet einen schönen Spielplatz mit Bach.

Alternative für einen kleinen Abstecher Nach der Rückkehr zum Auto lassen sich überschüssige

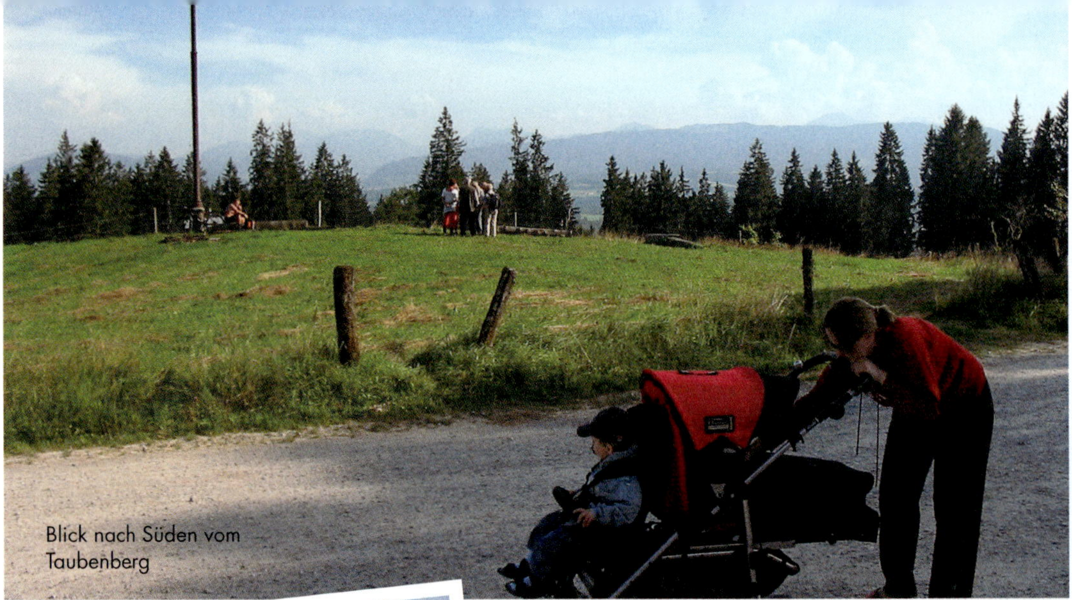

Blick nach Süden vom Taubenberg

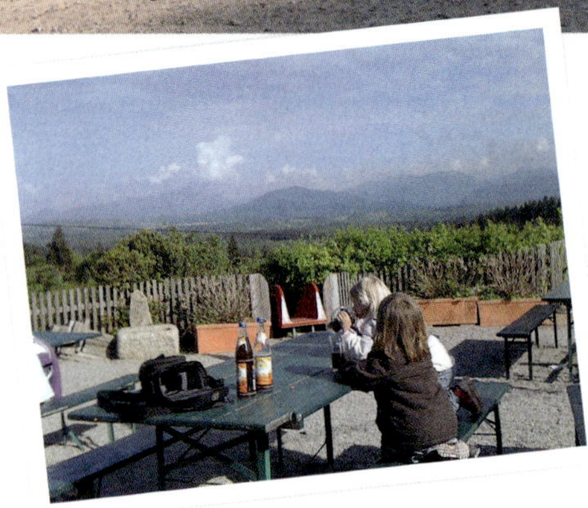

Pause auf der Terrasse

Energiereserven noch mit einem Abstecher zum Aussichtsturm (Schlüssel beim Gasthaus) abbauen. Der Weg auf dem Rücken des Taubenberges beginnt neben der Kapelle beim Parkplatz.

Alternative für eine längere Tour Man kann auch gleich am Beginn der Schotterstraße parken und den Taubenberg auf dieser in zusätzlichen knapp 30 Minuten erklimmen, jedoch hat man einen zwar sehr geringen, aber leider doch Staub aufwirbelnden Verkehr auf dieser Strecke.

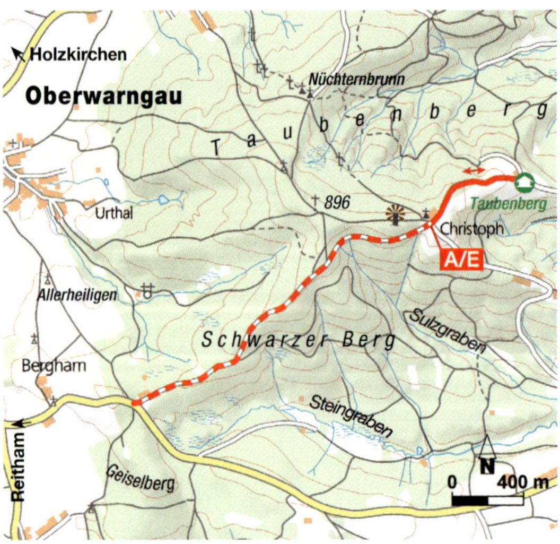

Alternative für eine kürzere Tour Es ist auch möglich, direkt bis zum Gasthaus mit dem Auto zu fahren, aber da der Weg von der Kuppe nicht wirklich schwer zu bewältigen ist, schadet das bisschen Bewegung auch nicht und irgendwie muss man die Kinderbeine ja auch müde machen.

Variante zur Kapelle Nüchternbrunn (ohne Kinderwagen): Beim Parkplatz an der Hütte beginnt der Weg zur Wallfahrtskapelle Nüchternbrunn. In einer guten halben Stunde erreicht man diese auf einer kleinen Lichtung im Wald über dem Farnbachtal.

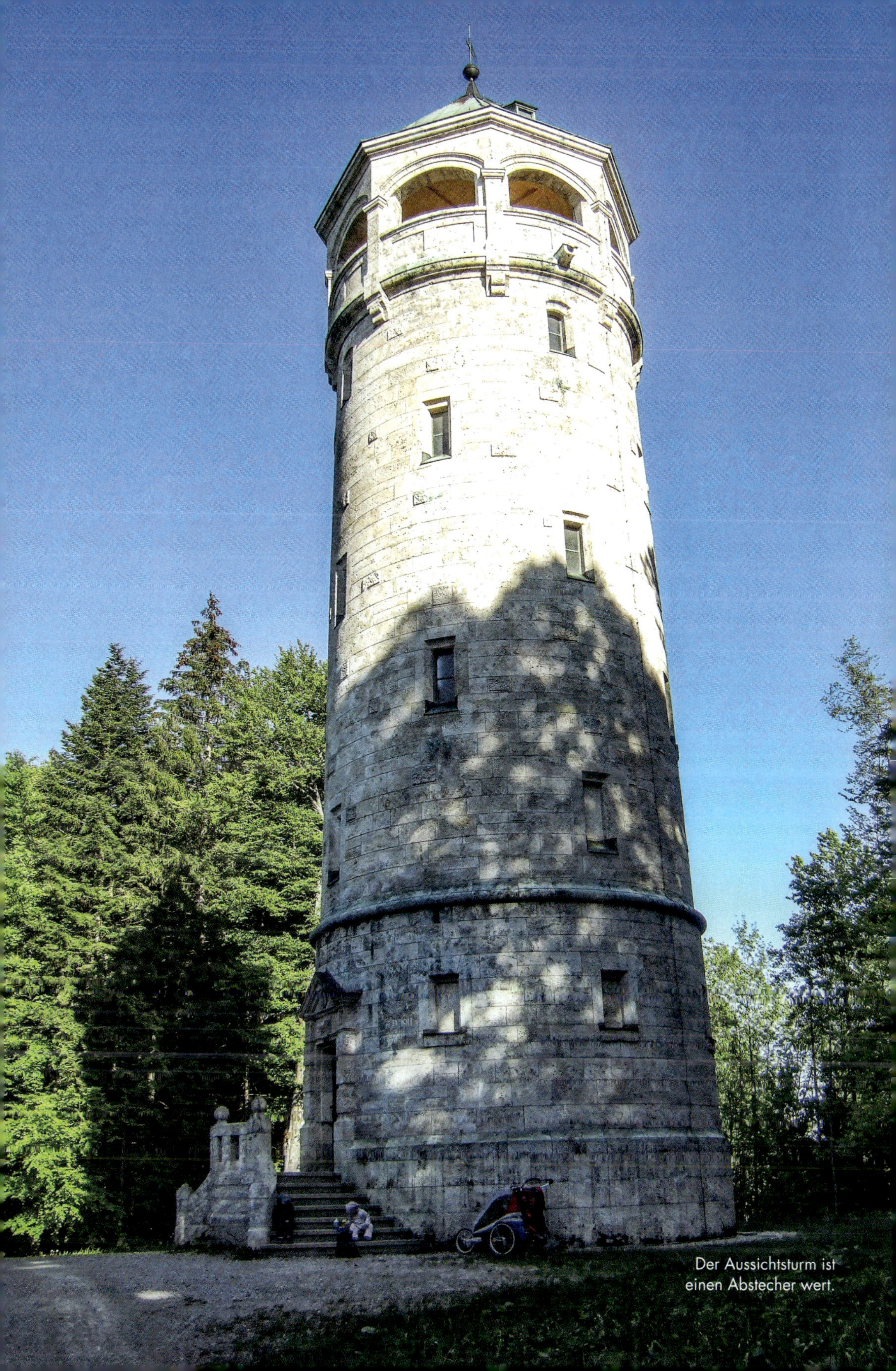

Der Aussichtsturm ist
einen Abstecher wert.

19 Maxlmühle

Gemütliche Kucheneinkehr an der Mangfall

leicht | 2,2 km | 40 Hm | 40 Min.

Anfahrt
Autobahn München–Salzburg (A 8) bis Ausfahrt Weyarn. Richtung Miesbach und beim ersten Kreisverkehr rechts Richtung Holzkirchen. Im Mangfalltal direkt unter der Autobahnbrücke rechts abbiegen und parken

Anforderungen
Sehr leichter Spaziergang auf geteerter Uferstraße

Rolli
Für Rollstuhlfahrer geeignet

Rodel
Zum Rodeln im Winter nicht geeignet. Ziehen möglich

Einkehr
Maxlmühle, ganzjährig geöffnet, Mi und Do Ruhetag, Tel. 08020/1772, www.maxlmuehle.de

Karte
Topografische Karte 1:50000, Blatt Mangfallgebirge (BLVA)

Informationen
Tourismusverband Bayerisches Oberland e.V., Tegernseer Str. 20a, 83734 Hausham, Tel. 08026/920700, www.tegernsee-schliersee-wendelstein.de

Das Waldrestaurant Maxlmühle liegt einsam und erfreulicherweise nie überlaufen direkt an der Mangfall und lockt mit leckeren hausgemachten Kuchen.

Viele Wege führen zur Maxlmühle. Um mit dem Kinderwagen nicht allzu viel Arbeit zu haben, wählen wir die zweitkürzeste Variante ohne nennenswerte Höhenmeter. Denkbar wäre auch, den Parkplatz zu überqueren und auf der Asphaltstraße am Mangfallufer direkt bis zur Maxlmühle zu fahren. Wir erledigen jedoch diesen Abschnitt zu Fuß, überqueren den Parkplatz und folgen stets der Teerstraße unmittelbar neben der Mangfall. An einigen wenigen Stellen ist ein Zugang zur Mangfall möglich. Um auf die Kiesbänke auf der anderen Uferseite zu gelangen, muss man jedoch bis zur Brücke bei der Maxlmühle gehen.

Neben dem Waldrestaurant Maxlmühle betritt man die angenehm schattige, kastanienbedachte Terrasse mit der sonnigen Verlängerung bis hin zum Mangfallufer. Die Kleinen kann man dennoch auf der Terrasse bedenkenlos flitzen lassen, da ein Zaun Mangfall und Terrasse trennt.

Neben den täglich frisch geräucherten Forellen sind insbesondere die schmackhaften Kuchen zu erwähnen. Den großen fußballtauglichen Parkplatz neben der Maxlmühle gilt es ebenso

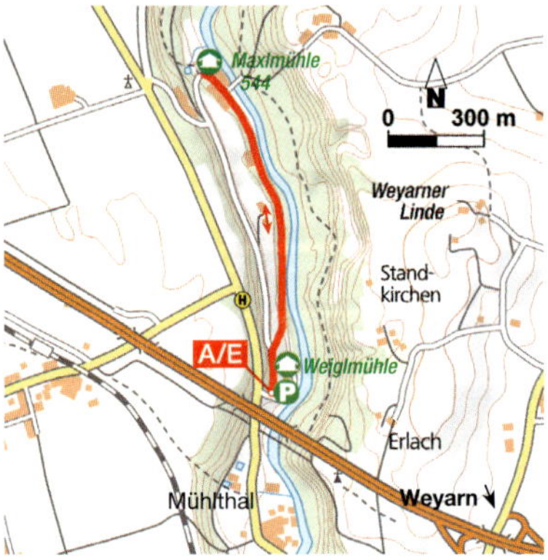

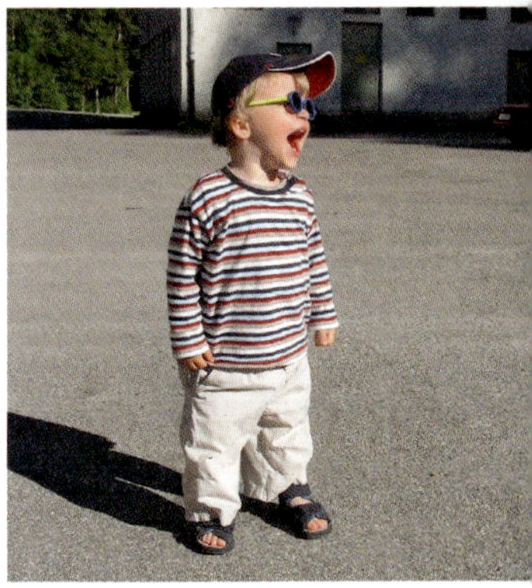

Auch ein großer Parkplatz ist spannend.

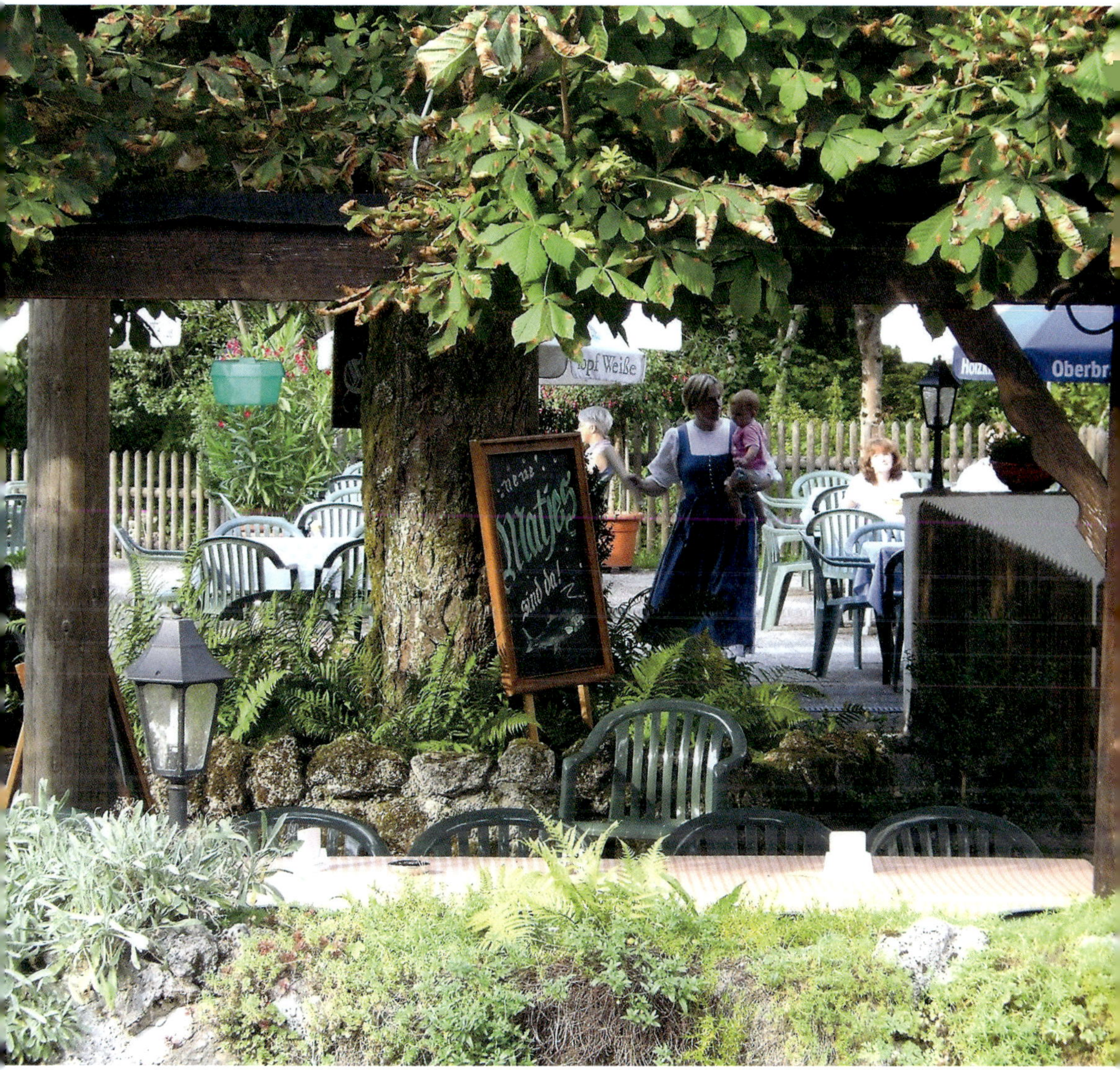

Kastanienwirtsgarten direkt an der Mangfall

zu erkunden wie die oben bereits erwähnte Brücke über die Mangfall. Steinchen in die Mangfall fallen zu lassen, kann hier die Kleinsten durchaus Tage beschäftigen. Ein Abstecher zu einer der Kiesbänke ist gerade im Hochsommer eine weitere erfrischende Möglichkeit, den Tag am Fluss zu verbringen.

Ebenso ist eine Erkundungstour zum Maxlmühler Wasserschloss denkbar, wobei sich hinter diesem wohlklingenden Namen lediglich ein ehemaliger Verteilungsschacht der Stadtwerke München, der zur Wassergewinnung genutzt wurde, verbirgt.

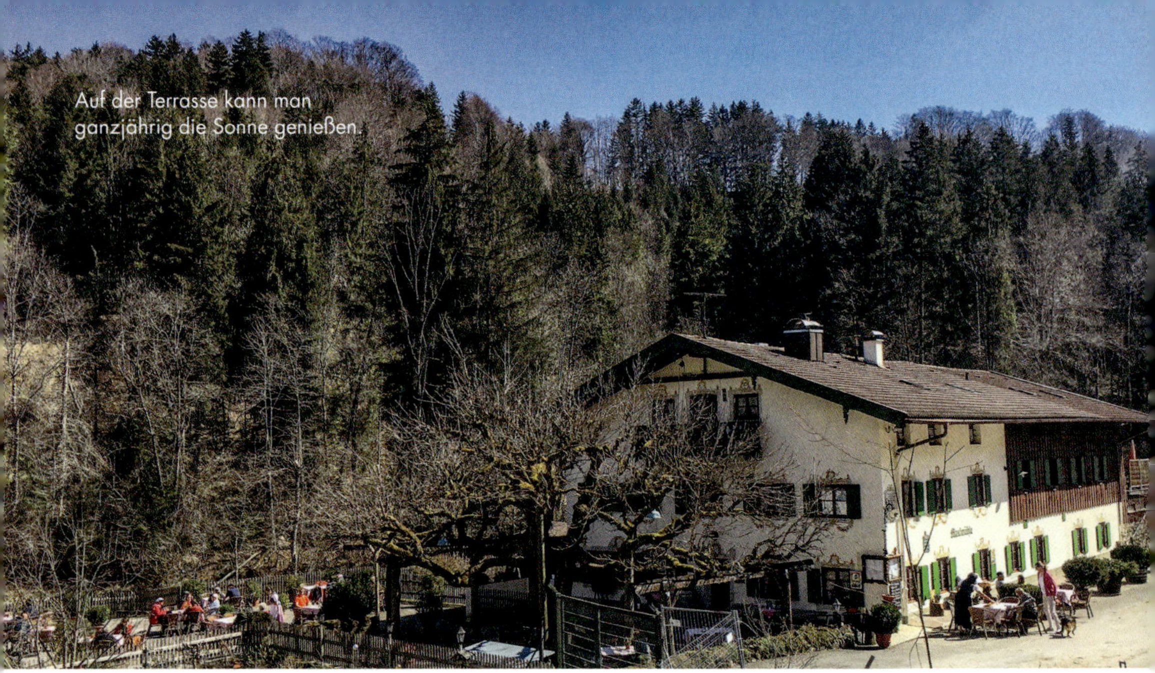

Auf der Terrasse kann man ganzjährig die Sonne genießen.

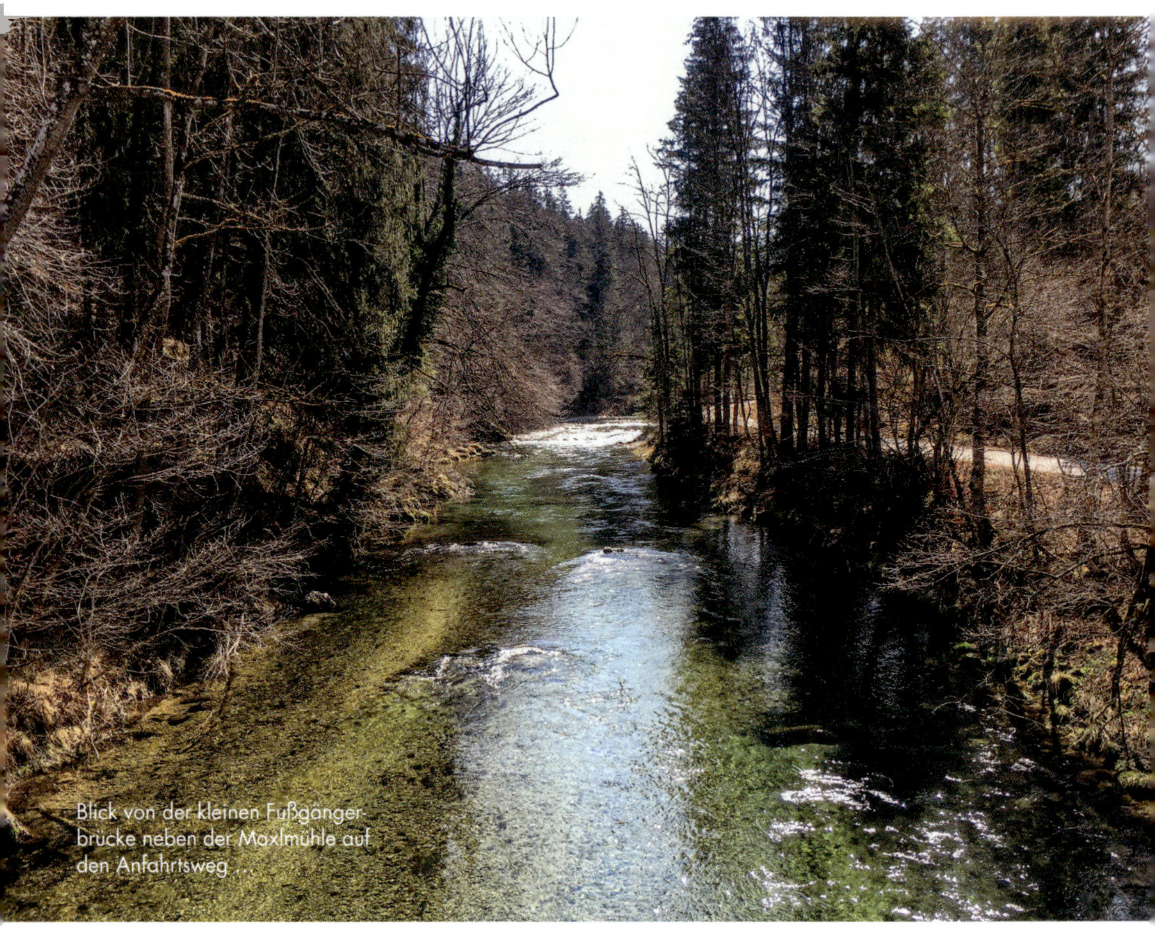

Blick von der kleinen Fußgängerbrücke neben der Maxlmühle auf den Anfahrtsweg …

Alternative für einen Weg von Norden Ein schöner, abwechslungsreicher Spaziergang startet bei der S-Bahn-Station Kreuzstraße, wo man bei der Straße die Gleise überquert und sofort den Fußweg zur Mangfall nach links einschlägt.
Kurz vor der Mangfall weist ein Radschild nach rechts und man folgt nun stets dem Weg im Mangfalltal. Über Valley geht es in etwa 1 Std. 20 Min. und zahlreichen Varianten, die jedoch schließlich (fast) alle zum Ziel führen, bis zur Maxlmühle.
Mit dem Kinderwagen ist nur der Hauptweg geeignet, der jedoch weder ausgeschildert noch leicht zu finden ist, da es hier zahlreiche Verzweigungen und Abstecher gibt.

Kindertipp

In Holzkirchen besteht die Möglichkeit, das Schwimmbad und den Spielplatz zu nutzen. Miesbach bietet einen Spielplatz mit Bachlauf.

... und die Maxlmühle direkt an der Mangfall

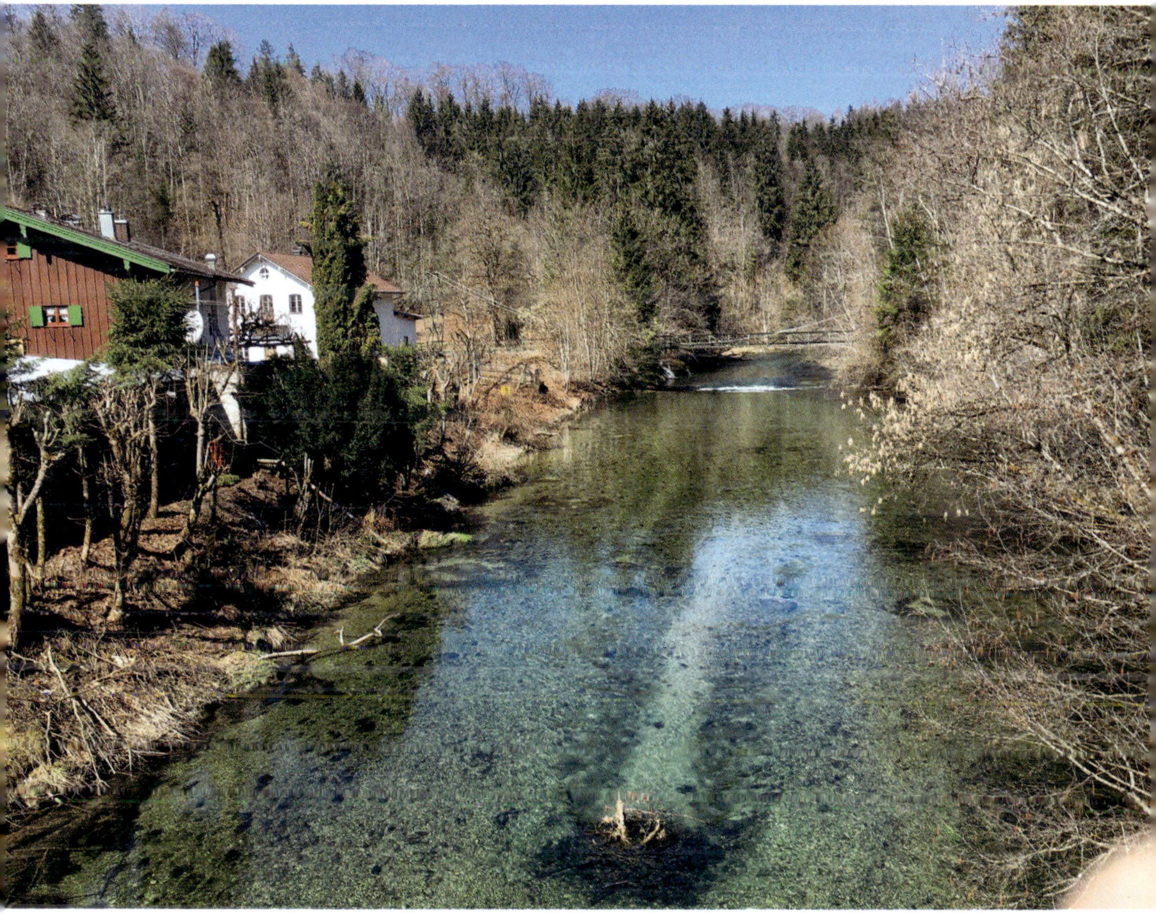

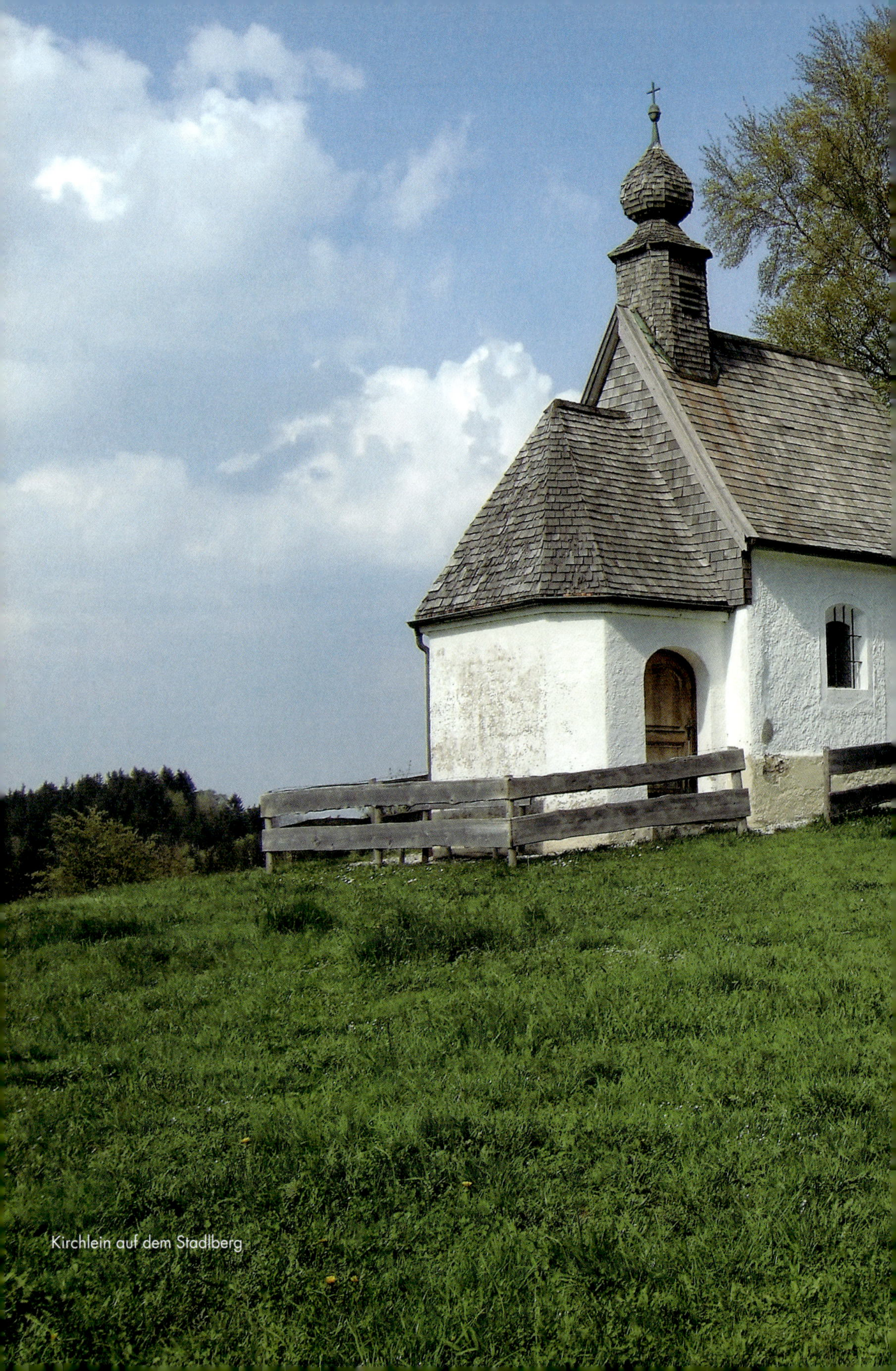

Kirchlein auf dem Stadlberg

Schlierseer Berge

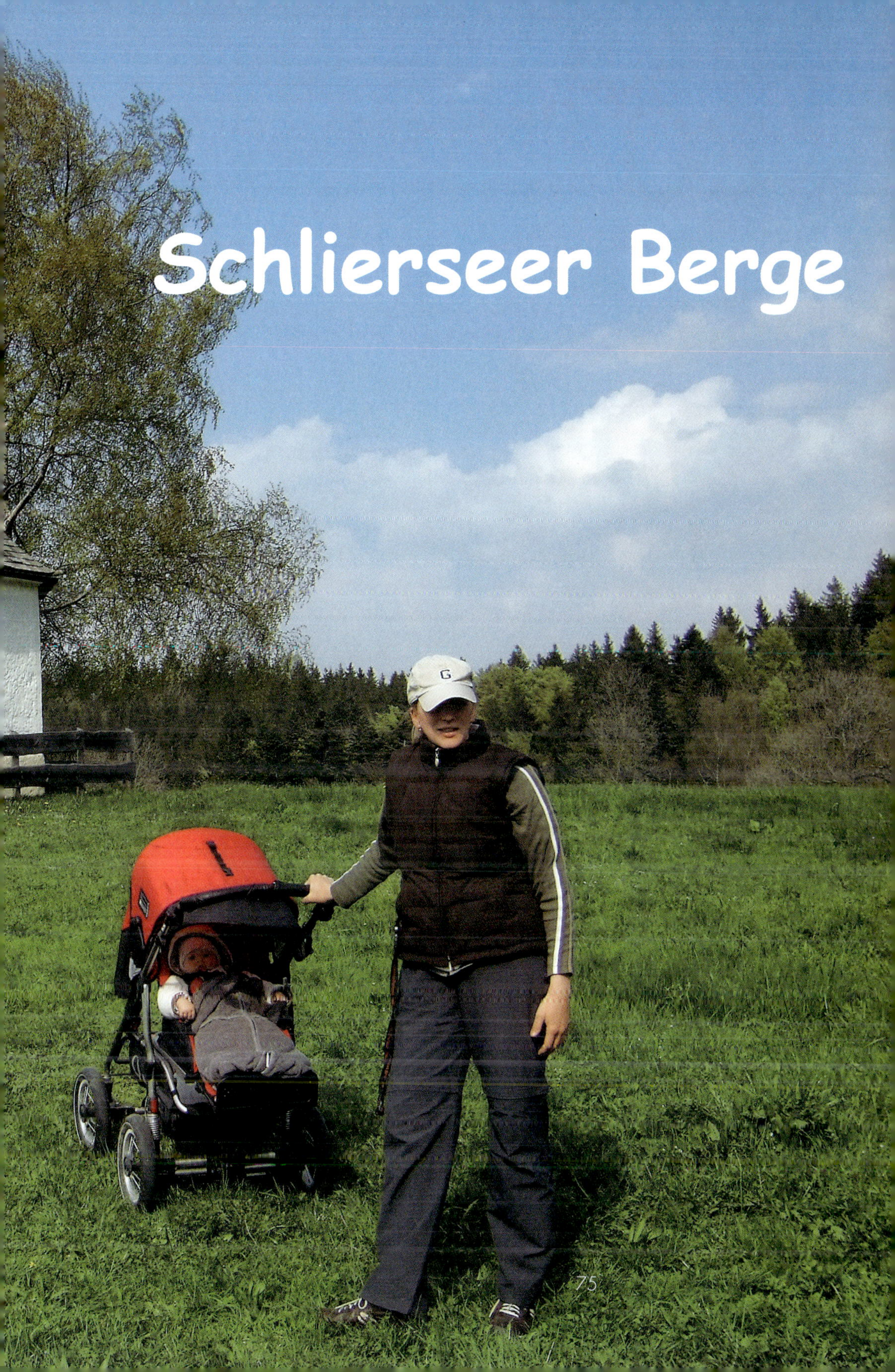

20 Stadlberg

Kapelle mit Panoramablick

leicht | 4,1 km | 150 Hm | 80 Min.

Anfahrt
Autobahn München–Salzburg (A 8) bis Ausfahrt Weyarn. Weiter über Weyarn und Miesbach Richtung Schliersee bis zwischen Miesbach und Agatharied links eine Straße zum Krankenhaus Agatharied und der Stadlbergalm abzweigt. Nach wenigen Metern ausreichend Parkmöglichkeiten

Anforderungen
Leichte Asphaltstraßentour

Rolli
Mit dem Rollstuhl zugänglich

Rodel
Nicht geeignet

Einkehr
Stadlbergalm, ganzjährig geöffnet, einige Wochen im Aug. und Dez. sowie Weihnachten geschlossen, Mo und Di Ruhetag, Tel. 08025/3921, www.stadlbergalm.de

Karte
Topografische Karte 1:50000, Blatt Mangfallgebirge (BLVA)

Informationen
Kultur- und Fremdenverkehrsamt, Schlierseer Str. 16, 83714 Miesbach, Tel. 08025/70000, www.miesbach.de

Die Wirtsleute der Stadlbergalm, hinter der sich eigentlich ein Bauernhof mit Bewirtung verbirgt, bieten auf einer kleinen südseitigen Terrasse zahlreiche kleinere Gerichte an. Die Lage neben dem Gipfel des Stadlberges erlaubt, wenn auch leider nicht von der Terrasse, so doch vom Parkplatz sowie von der kleinen Kapelle aus einen schönen Blick.

Vom Parkplatz am Fuße des Stadlberges folgt man der kaum befahrenen Teerstraße stets bergauf. Auch wenn man bis auf den Gipfel hinauf muss, so ist dies doch in Anbetracht der Tatsache, dass es sich nicht um einen klassischen Berg, sondern vielmehr um eine sanfte Erhebung im Voralpenland handelt, kein allzu anspruchsvolles Unterfangen. Am Ende der Teerstraße geht es auf den linken unbeschrankten Weg über den Parkplatz zur Terrasse der Stadlbergalm.

Kindertipp
In Miesbach gibt es einen Spielplatz mit Bachlauf.

Die Speisen und die Verfügbarkeit der Gerichte lassen einen nicht in Begeisterungsstürme ausbrechen, aber es findet sich für jeden Geschmack etwas, hervorzuheben sind die Kasknödel. Dieser für Kinder ungefährliche Ort bietet den Kleinen neben einer Schaukel hinter dem Haus einige frei laufende Hoftiere, wie Katzen und Hühner, die es zu entdecken und beobachten gilt. Oberhalb der Terrasse befindet sich auf dem höchsten Punkt eine einsame Kapelle, von der man insbesondere bei Sonnenuntergang einen schönen Rundblick hat. Man erreicht die Kapelle, indem man wieder über den Parkplatz zurück bis zur Straße geht und dort sofort scharf links an der Schranke vorbei auf den Fahrweg zu dem großen Hof auf der südseitigen Bergseite läuft. Nach wenigen Metern zweigt man links durch den Zaun und

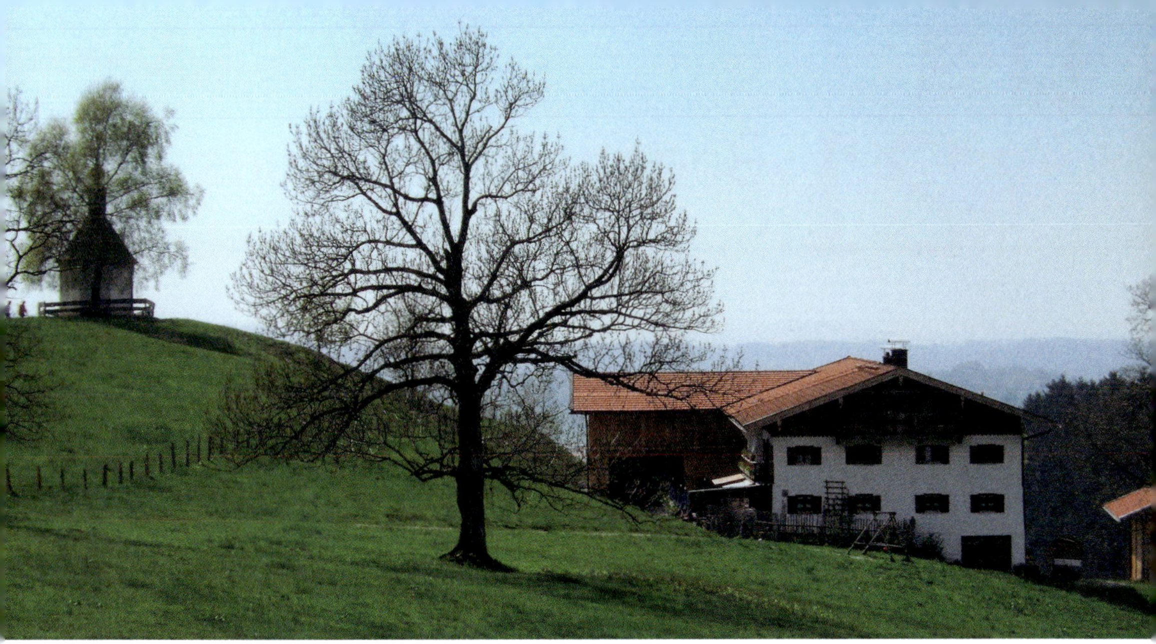

ein paar Schritte bergauf zur Kapelle ab. Die Fortsetzung dieses Weges leicht schräg nach rechts zum Weidezaun ist meist recht matschig, aber als Kleinst-Rundtour ein netter Abschluss oder Zeitvertreib. Man geht auf der anderen Seite des Weidezaunes entlang nach links, durch ein in die Jahre gekommenes Drehkreuz und wieder links zur Stadlbergalm zurück. Der Rückweg erfolgt auf der Anstiegsroute, die leider auch im Winter geräumt ist, weshalb eine Rodelpartie auf diesem Berg nicht möglich ist.

Die Stadlbergalm mit Schaukel und kleiner Kapelle

Alternative für eine etwas größere Rundtour An der Stadlbergalm vorbei und über die Wiesen auf dem Bergrücken in den Wald gelangt man über diesen Weg an eine Forststraße, der man nach links folgt. In Fürschlacht geht es links auf dem kleinen Weg bis nach Miesbach. Man passiert die ersten Häuser und geht dann links auf der Straße über Großthal und weiter zum Parkplatz beim Krankenhaus Agatharied.

Alternative für eine kleine Rundtour Zurück auf der Teerstraße geht es bis zum ersten Hof (Guntsberg) und hier links auf den Wiesenpfad, der parallel zur Straße nach Westen in den Wald führt. Diesem nun stets bergab bis zum Krankenhaus folgen und dann um den Hubschrauberlandeplatz herum zum Parkplatz.

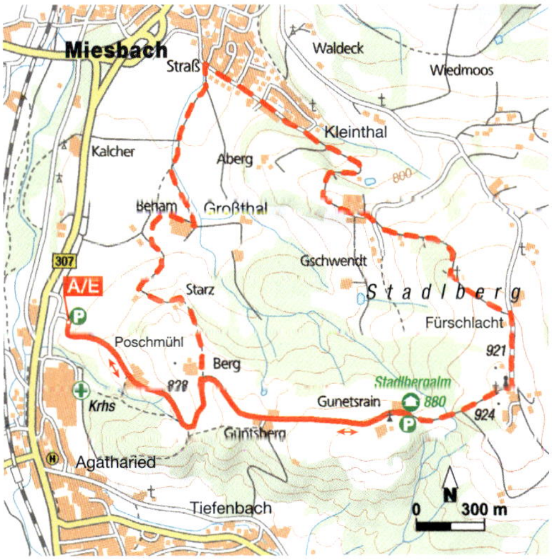

21 Bodenschneidhaus

Mit den Kids auf eine echte Alpenvereinshütte

mittel | 9,7 km | 510 Hm | 260 Min.

Anfahrt
Autobahn München–Salzburg (A 8) bis Ausfahrt Weyarn. Über Miesbach und Schliersee nach Neuhaus und kurz nach dem Bahnübergang rechts Richtung Josefsthal abbiegen. Sofort wieder rechts in die Dürnbachstraße, an deren Ende sich ein Wanderparkplatz befindet

Anforderungen
Leicht, aber lang. Mit Kinderwagen über die Variante aufsteigen

Rolli
Nicht geeignet

Rodel
Rodelstrecke im Winter schön und abwechslungsreich

Einkehr
Bodenschneidhaus, ganzjährig geöffnet, kein Ruhetag, Tel. 08026/4692, www.bodenschneidhaus-schliersee.de.

Karte
Topografische Karte 1:50000, Blatt Mangfallgebirge (BLVA)

Informationen
Gäste-Information Schliersee, Bahnhofstr. 11a, 83727 Schliersee, Tel. 08026/60650, www.schliersee.de

Das Bodenschneidhaus ist eine typische Alpenvereinshütte in einsamer Bergwelt, so man bei den Münchner Hausbergen überhaupt von einsamer Bergwelt sprechen kann. Die kleine Sonnenterrasse mit den Bänken an der Hauswand und der schöne Blick Richtung Freudenreichsattel und Bodenschneidgipfel lassen einen die Hüttenkost richtig genießen.

Gleich neben dem Parkplatz beginnt die ordentlich ansteigende Forststraße, die uns stets am Dürnbach entlang in Richtung Bodenschneidhaus führt. Man geht diesen Weg nun stets im Bachtal bergauf und folgt bei allen Abzweigungen und Querungen stets geradeaus der Beschilderung zum Bodenschneidhaus. Vom breiten Weg am Dürnbach entlang ist für Kinder leider kein Zugang zum Bach möglich. Hat man die kleine Kapelle passiert,

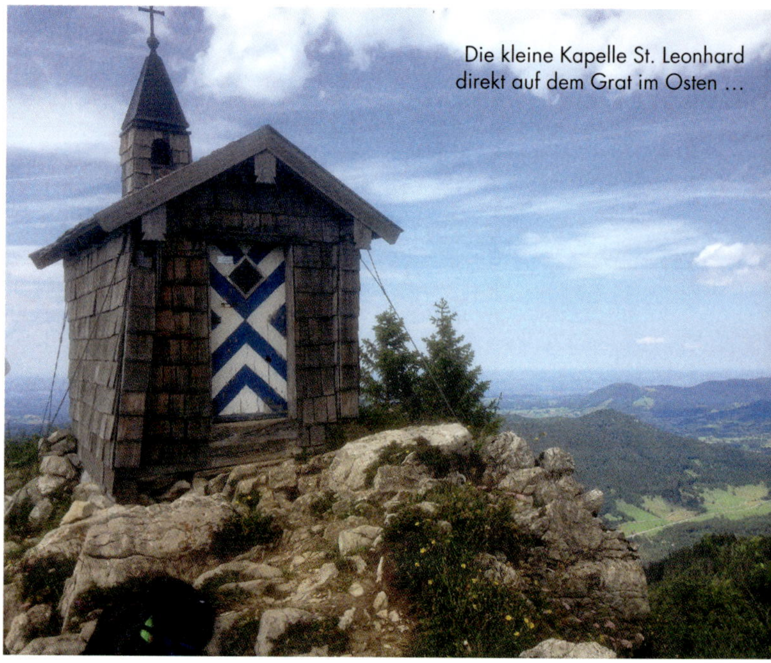

Die kleine Kapelle St. Leonhard direkt auf dem Grat im Osten …

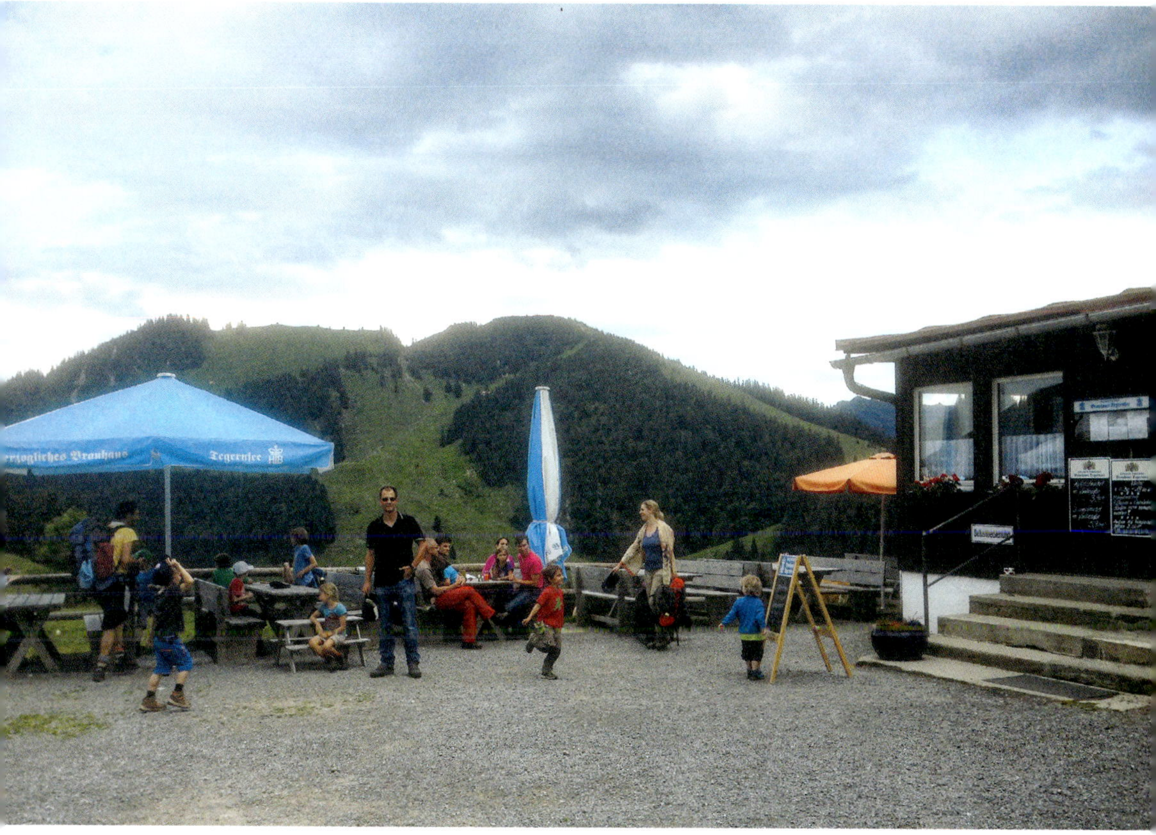

… sieht man von der Terrasse des Bodenschneidhauses.

geht es bald an der Abzweigung zur Freudenreichalm (nach links) vorbei. Hier wird der Weg nun zunächst etwas schmaler und deutlich holpriger. In knappen 15 Minuten gelangen wir jedoch an die große Forststraße, die von Hausham zum Bodenschneidhaus hinaufführt, und folgen dieser nach links. Nach weiteren etwa 20 Minuten hat man das Bodenschneidhaus erreicht.

Auf der Selbstbedienungshütte fühlen sich die Kleinen dann sicherlich wie echte Bergsteiger, zumal sie auf einer echten Alpenvereinshütte angekommen sind. Wer seinen Alpenvereinsausweis nicht zu Hause vergessen hat, kommt natürlich in den Genuss des vergünstigten Bergsteigeressens, aber auch sonst gibt es zahlreiche gute Speisen. Nicht nur zur Unterstützung des Alpenvereinsgedankens, sondern auch weil es den Kindern einen Riesenspaß

Kindertipp

Verschiedene Freizeitmöglichkeiten in Schliersee, z. B. Bootsverleih, Baden, Minigolf und eine Sommerrodelbahn; in Bayrischzell Minigolf, Reiten, Kino, Hallenbad sowie ein Hochseilgarten.

macht, sollte man sich überlegen, in einem der Zimmer oder hüttentypisch in einem der Lager zu übernachten! Dieser Abend und das Frühstück am nächsten Morgen werden noch in vielen Geschichten der Kleinen zu hören sein. Der Blick von der Terrasse schweift über Rainerkopf im Norden und Bodenschneid im Süden des Bodenschneidhauses. Auch im Winter ist der Zugang gut möglich und einen im Vergleich zu schönen Sommerwochenenden ruhigeren Ausflug wert.

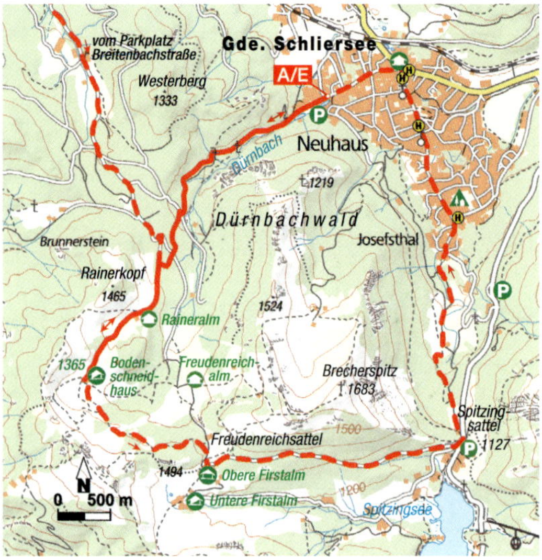

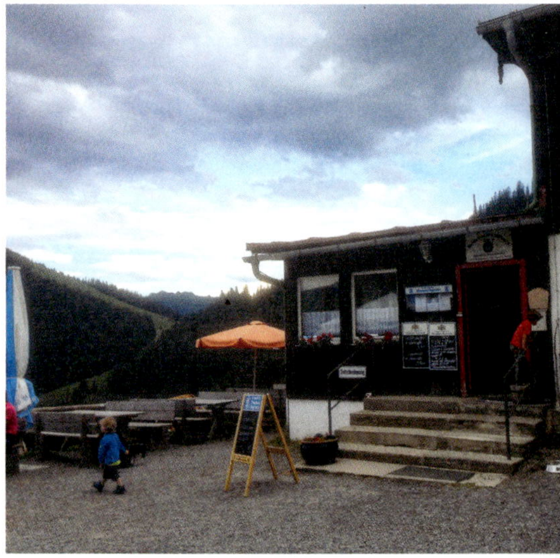

Die Tafeln mit den Tagesgerichten verheißen Gutes!

Alternative mit Kinderwagen Mit Kinderwagen empfiehlt sich eventuell eine Anfahrt zum Wanderparkplatz am Ende der Breitenbachstraße in Schliersee und dann der Aufstieg über die breite Forststraße wenige Meter vor dem dort beschriebenen Parkplatz nach links (Süden), da der hier gewählte Aufstieg im Mittelteil nicht für Kinderwagen geeignet ist. Später bei der Weggabelung rechts Richtung Raineralm.

Alternative mit Übernachtung ohne Kinderwagen Für eine große Rundtour oder am Morgen nach einer Übernachtung geht man über den Freudenreichsattel zur Oberen Firstalm und anschließend auf der Schotterstraße zum Spitzingsattel. Hier wenige Meter an der Straße links bergab und über den Wiesenweg hinunter nach Josefsthal. In Josefsthal auf der Asphaltstraße geradeaus weiter, bis man wieder beim Bahnhof zum Parkplatz abbiegen kann.

Alternative Rundtour 2 (ohne Kinderwagen) Eine schöne, teilweise etwas ausgesetzte Rundtour – also wenn die Kids größer sind und genug Trittsicherheit besteht – führt vom Bodenschneidhaus hinter zur Freudenreichalm und dann steil bergauf zur Freudenreichkapelle (St. Leonhard), die ausgesetzt auf dem Grat zwischen Freudenreichalm und Ankelalm sitzt. Hier links weiter und mit kurzer aber leichter Kraxelpassage absteigen zur Ankelalm.

Das Bodenscheidhaus wird eingerahmt von saftigen Wiesen.

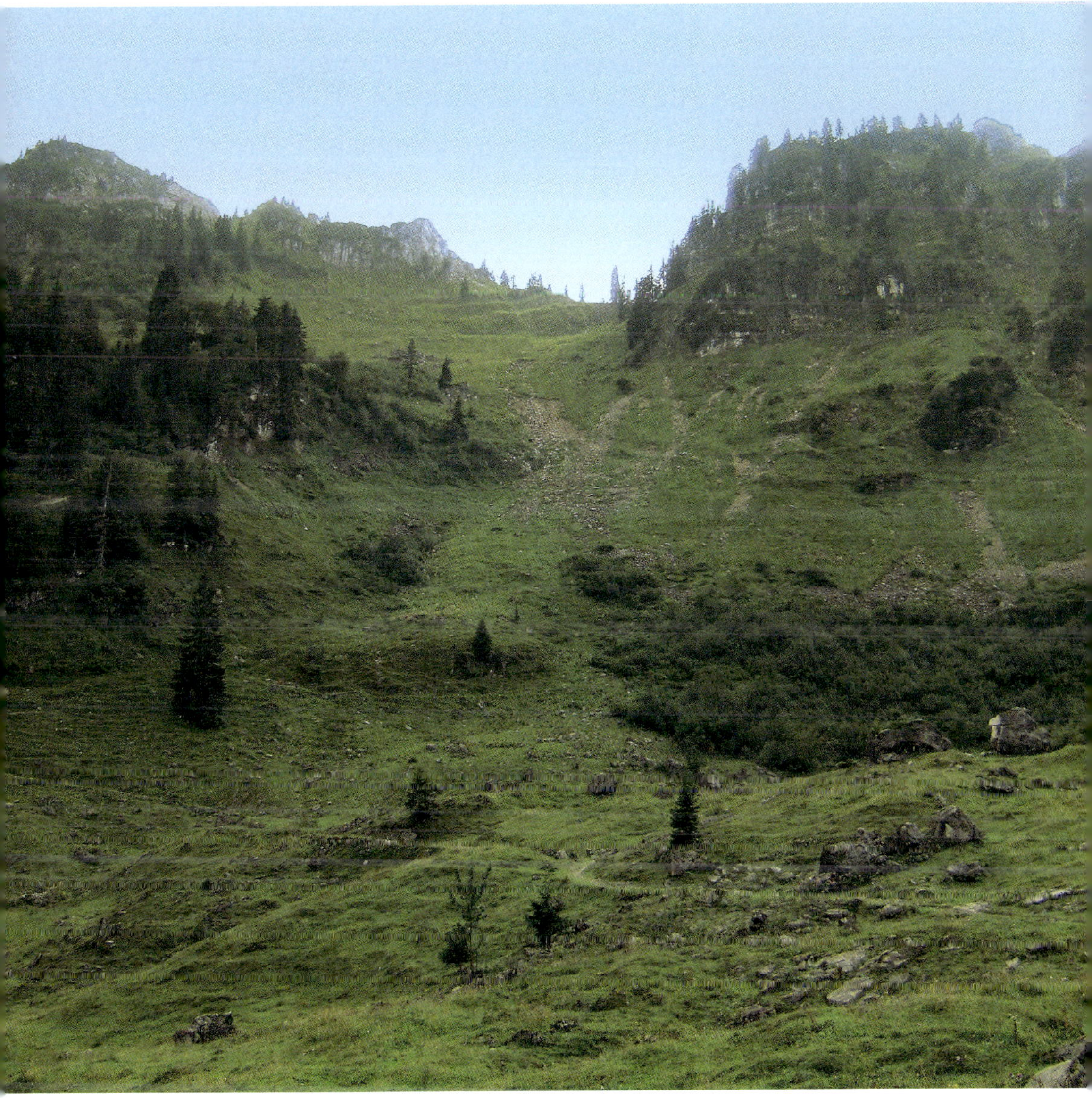

22 Obere Firstalm

Rodel- und Skistation über dem Spitzingsee

mittel	5,2 km	230 Hm	110 Min.

Anfahrt
Autobahn München–Salzburg (A 8) bis Ausfahrt Weyarn. Über Miesbach und Schliersee nach Neuhaus. Bald nach Neuhaus rechts bergauf zum Spitzingsattel. Links ist ein Parkplatz (gebührenpflichtig).

Anforderungen
Schöne und zugleich einfache Familientour auf im Winter geräumter Forststraße

Rolli
Nicht geeignet

Rodel
Schöne Rodelstrecke (Rodel können auch an der Oberen Firstalm ausgeliehen werden)

Einkehr
Untere Firstalm, Sommermonate Do und Fr Ruhetag, während der Ferienzeit nur Do Ruhetag, in den Wintermonaten kein Ruhetag, Tel. 08026/ 7676, www.untere-firstalm.de

Karte
Topografische Karte 1:50 000, Blatt Mangfallgebirge (BLVA)

Informationen
Gäste-Information Schliersee, Bahnhofstr. 11a, 83727 Schliersee, Tel. 08026/606 50, www.schliersee.de

Die meist gut besuchte Obere Firstalm ist eigentlich eine klassische Skihütte, die Sommer wie Winter in den gemütlichen, aber dennoch skischuhresistenten Räumlichkeiten zahlreiche Speisen anbietet. Für Langschläfer und Nachtrodler sogar bis spätnachts.

Gleich gegenüber des Parkplatzes, jenseits der viel befahrenen Straße über den Spitzingsattel, beginnt die für den Autoverkehr gesperrte Forststraße zur Oberen Firstalm. Ein Schild weist unübersehbar den Weg auf die Straße an der Schranke vorbei. Auf den kommenden etwa zweieinhalb Kilometern geht es mit nur wenigen und wenn, dann nur kurzen steileren Passagen gemütlich stets südlich der Brecherspitz bergan. Die Aussicht vom Trautweinweg über den Spitzingsee ist aufgrund der Bäume so gut wie nicht vorhanden, aber in weniger als einer Stunde hat man die Obere Firstalm auf 1369 Meter Höhe auch schon erreicht.

Kindertipp

In Spitzing: Baden, Bergbahnfahren, Bootfahren, Spielplatz, Angeln – nur mit Fischerkarte

In Schliersee: Bootsverleih, Baden, Insel, Minigolf, Sommerrodelbahn

In Bayrischzell: Minigolf, Reiten, Kino, Hallenbad, Hochseilgarten

Auf den Nachwuchs warten hier ein kleiner Spielplatz sowie ein Spielzimmer und im Anschluss leckere Germknödel mit Vanillesauce. Im Sommer findet man auf der großen Aussichtsterrasse neben der Firstalm ausreichend Platz und im Winter wärmt man sich in den beiden großen Teilen der Stube schnell wieder auf. Wer keinen Rodel auf den Berg ziehen will oder eigentlich nur wandern und nicht rodeln wollte, kann beim Hüttenwirt auch einen Rodel ausleihen!

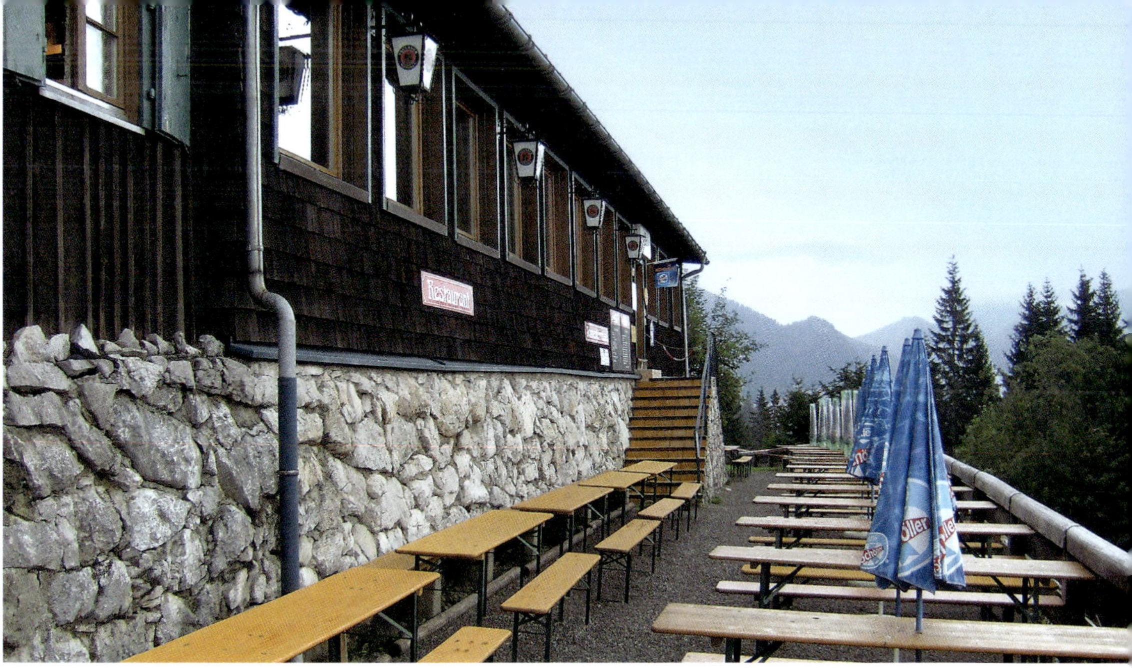

Die Sonnenterrasse vor der großen Stube

Der Abstieg erfolgt später dann entweder wieder auf dem gleichen Aufstiegsweg oder man wählt für eine Rundtour den gepflasterten Weg nach links über die knapp 60 Meter tiefer gelegene Untere Firstalm. Hier sollte man den Faschingssonntag als Termin wählen, wenn hier der Skifasching tobt. Auf der Skipiste nebenan findet dann ein »Rennen« statt, bei dem die Faschingsgesellschaft mit tollen Fantasiegefährten die Piste hinuntersaust. Auf der Forststraße geht es dann stets durch den Firstgraben zurück Richtung Spitzingsee, wo wir über die gesperrte Straße links zurück zum Parkplatz am Sattel gelangen.

Alternative für eine Verlängerung Wer noch ein wenig mehr Zeit mitbringt, kann im Anschluss auch noch den ohnehin nicht großen Spitzingsee umrunden. Gegen den Uhrzeigersinn geht es immer am Ufer entlang auf dem schmalen Weglein bis zu den Häusern am Südende des Sees. Hier folgt man dem nun wieder deutlich breiteren Weg am Ostufer zurück in nördlicher Richtung, bis man nach dem Spielplatz und später dem großen Parkplatz der Taubensteinbahn schließlich wieder das Nordende des Sees erreicht. Dort angekommen, geht man rechts auf dem ansteigenden Weg, der leicht unterhalb des Spitzingsattels wieder auf die Straße beim Parkplatz führt.

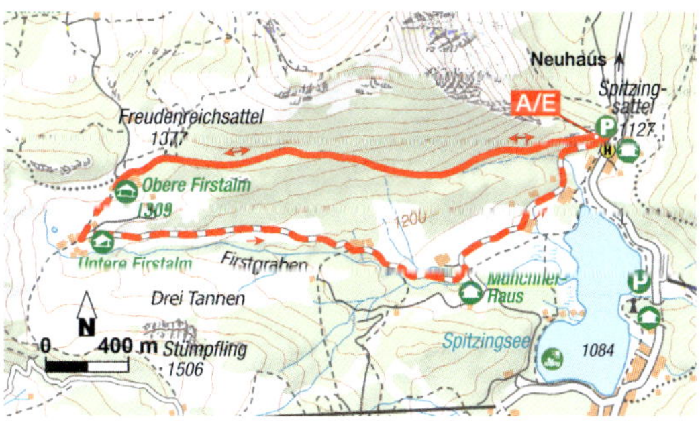

23 Blecksteinhaus

Rundtour im Valepp

leicht | 5,0 km | 90 Hm | 90 Min.

Anfahrt
Autobahn München–Salzburg (A 8) bis Ausfahrt Weyarn. Über Miesbach und Schliersee nach Neuhaus. Bald nach Neuhaus rechts bergauf zum Spitzingsattel und am Spitzingsee stets der Hauptstraße folgen. Am Südende über die Brücke, kurz bergauf und dann auf den Parkplätzen links der Straße parken

Anforderungen
Leichte Tour auf breitem Schotterweg und Teer

Rolli
Geeignet

Rodel
Nicht geeignet

Einkehr
Blecksteinhaus, ganzjährig geöffnet, Di Ruhetag, Betriebsferien im Mai, Tel. 08026/71204, www.blecksteinhaus.com; Albert-Link-Hütte

Karte
Topografische Karte 1:50000, Blatt Mangfallgebirge (BLVA)

Informationen
Gäste-Information Schliersee, Bahnhofstr. 11a, 83727 Schliersee, Tel. 08026/60650, www.schliersee.de

Das 1927 von der Sektion Männer-Turn-Verein München erbaute Blecksteinhaus verfügte im frühen 20. Jahrhundert sogar über eine Bahnstation der Waldbahn, die zum Abtransport der bei einem Föhnsturm umgefegten Bäume errichtet wurde. Heute geht es hier nicht mehr zu »wie am Bahnhof«, auch wenn es an schönen Wochenenden schon mal etwas voller werden kann.

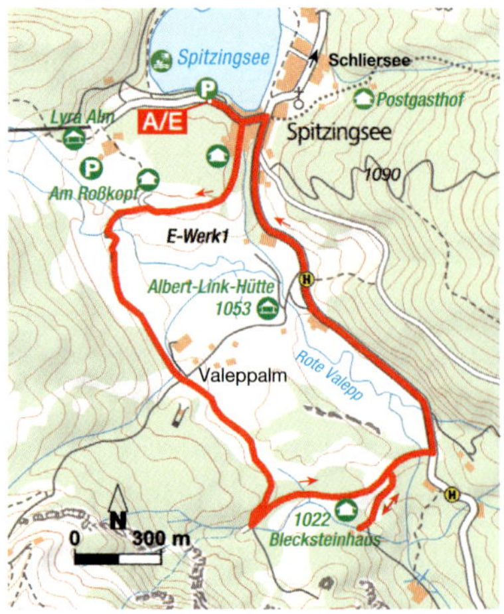

Wir gehen auf der Anfahrtsstraße zurück Richtung Spitzingsee und biegen, noch bevor es bergab zum See geht, rechts in den Rosskopfweg ein und folgen dem Valepper Almweg. Nach wenigen Metern endet die Teerstraße an einem kleinen Parkplatz und auf der breiten Schotterstraße geht es ins Valepp. Die nächste Abzweigung, die rechts steil bergauf zu einer ersten Einkehr weist, beachten wir nicht und folgen leicht links dem flachen breiten Weg. Im Frühjahr kann der Weg stellenweise noch schneebedeckt sein, insbesondere an der Stelle, an der man die Lifttrasse überquert. Bei den Almgebäuden erreichen wir eine Wegkreuzung und könnten nun nach links abzweigen.
Leicht bergab würde man hier die Albert-Link-Hütte passieren und dann die Teerstraße erreichen. Folgt man dieser nach rechts, erreicht man nach etwa zehn Minuten die Abzweigung des Schotterweges zum Blecksteinhaus. Etwas schöner, aber im Herbst und Frühjahr manchmal noch verschneit, geht es geradeaus für etwa einen Kilometer weiter auf der breiten Schotterstraße, die uns ebenfalls zu dem oben erwähnten Schotterweg

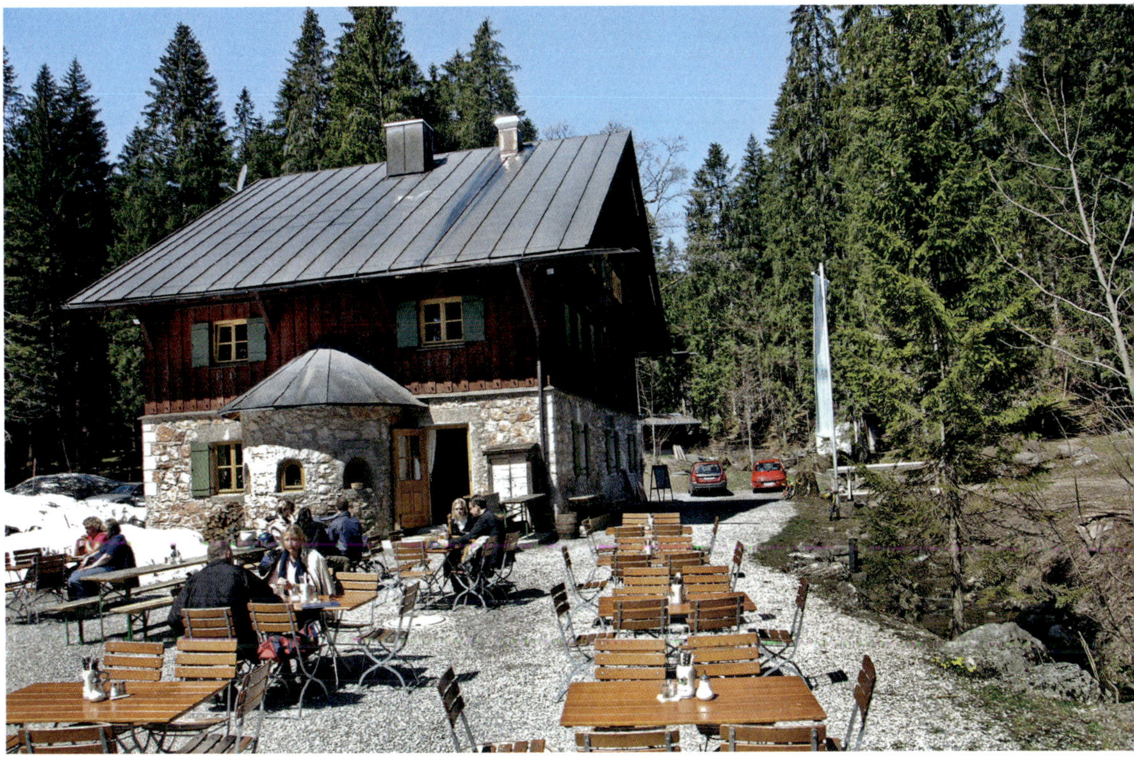

Hier haben die Eltern Ruhe.

zum Blecksteinhaus führt. Noch zwei Kurven und man erreicht das Ziel unmittelbar hinter einer letzten Brücke. Wo eine Brücke ist, da ist auch ein Bach – keine sensationelle Erkenntnis, aber Gewähr für ein entspanntes Eintreffen am schönen Biergarten, da die Kleinen schon längst die Weglein am Bach samt Brücken und Brunnen erkunden. Die Aussicht fehlt am Blecksteins-Biergarten leider völlig, aber der Gemütlichkeit tut dies keinen Abbruch. Die ordentliche Speisekarte wartet bei den Getränken mit Überraschungen à la »Russ Modern« (Weißbier und Rhabarbersaft – statt Weißbier mit weißer Limonade, wie normalerweise üblich) auf, auf die der Hüttenwirt auch gerne mal explizit hinweist. Man muss aber nicht alles im Leben einmal ausprobiert haben. Die Spätzle mit Sauce für die Kleinen bieten uns die Chance, diese zumindest kurz an den Tisch zu locken.

Nach der Einkehr geht man zurück zur Teerstraße und folgt dieser erst rechts, dann links zurück zum Spitzingsee.

Kindertipp

Am Schliersee hat schon die heutige Elterngeneration so manchen Stopp bei der Schliersbergbahn und deren 950 m langen Sommerrodelbahn eingelegt (www.schliersbergalm.de).

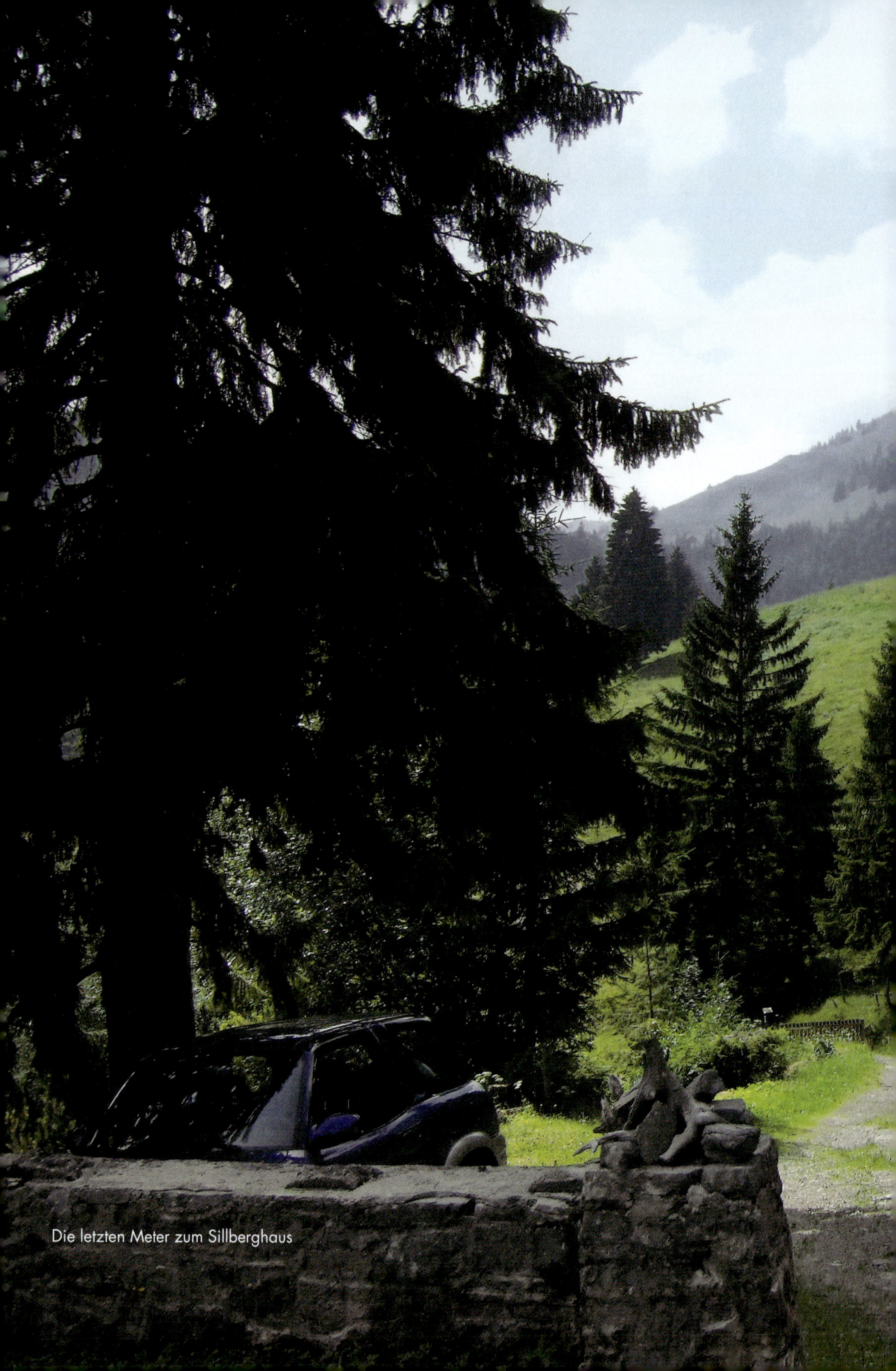

Die letzten Meter zum Sillberghaus

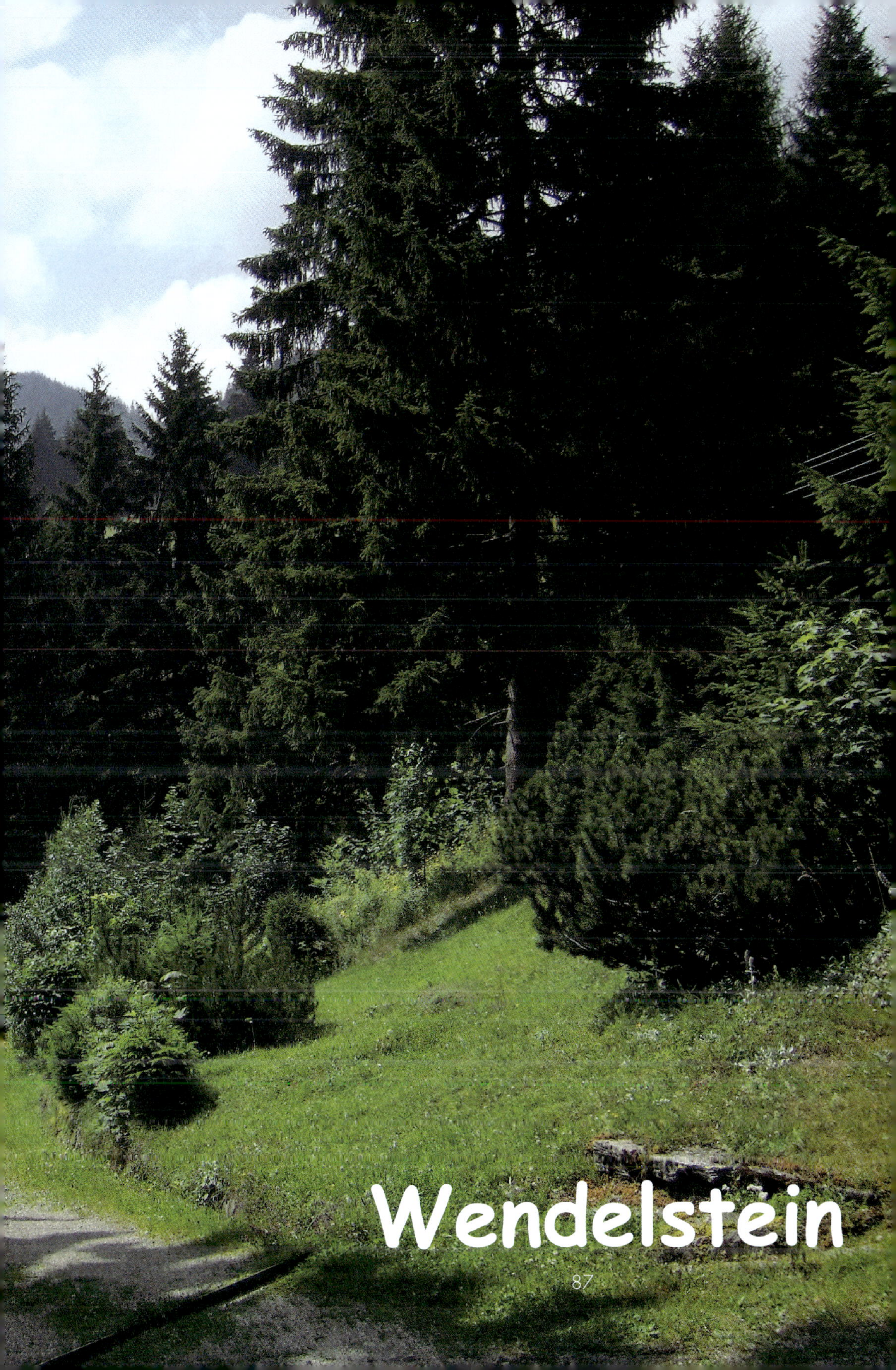

Wendelstein

24 Kesselalm

Schöne Einkehr nahe dem Wendelstein

schwer	6,1 km	430 Hm	140 Min.

Anfahrt
Autobahn München–Salzburg (A 8) bis Ausfahrt Irschenberg. Weiter nach Fischbachau und an der Ampel links in die Birkensteinstraße abbiegen. Am Ende der Straße befindet sich rechts etwas unterhalb ein Wanderparkplatz.

Anforderungen
Etwas längerer Anstieg, wobei im Winter im letzten Abschnitt mit Eis auf dem Weg zu rechnen ist. Mit dem Kinderwagen erreichbar

Rolli
Nicht geeignet

Rodel
Schöne, schnelle Rodelstrecke im Winter

Einkehr
Kesselalm, März und Nov. nur Sa und So geöffnet, Dez. bis Feb. geschlossen, Mo Ruhetag, Tel. 08028/2602, www.kesselalm.de

Karte
Topografische Karte 1:50000, Blatt Mangfallgebirge (BLVA)

Informationen
Tourismusbüro Fischbachau, Kirchplatz 10, 83730 Fischbachau, Tel. 08028/876, www.fischbachau.de

Die Kesselalm ist eine ganzjährig gerne besuchte kleine Hütte mit einer schmalen, aber urigen Sonnenterrasse. Nur die wenigsten der zahlreichen Besucher der Wallfahrtskirche in Birkenstein machen sich auf den Weg zu dieser malerisch unter dem Breitenstein gelegenen Alm, sodass man meist Platz auf den beschränkten Sitzgelegenheiten findet.

Vom Parkplatz in Birkenstein geht man wieder ein paar Meter zurück und dann bergauf zur Anfahrtsstraße. Dieser folgt man dann nach rechts Richtung Wendelstein. Nach wenigen Metern zweigt links eine kleinere Forststraße mit Beschilderung »Kesselalm« ab, die in zunächst sanfter Steigung in den Wald führt. Noch ist der Weg flach und die Tour kann entspannt beginnen. Schon bald darauf lassen wir links die Abzweigung zur Wallfahrtskapelle liegen und folgen der Forststraße weiter Richtung Kesselalm. Man läuft nun stets auf diesem Weg, der im letzten Drittel deutlich an Steigung zunimmt. Im letzten, jetzt wieder sonnigen Teil kann es insbesondere in den Wintermonaten durchaus etwas eisig sein, weshalb Wanderstecken oder Grödel im Gepäck auf dieser Tour durchaus Sinn machen. Nun sind es nur noch wenige Serpentinen unterhalb der Kesselalm, welche man erst spät oberhalb des Weges erspäht.

Kindertipp
In Fischbachau wird für Kinder einiges geboten: »Kinderland-Ort«, Minigolf, Wendelstein-Bergbahn.

Auf der schönen südseitigen, aber leider etwas kleinen Terrasse sind die Strapazen des Kinderwagenschiebens oder Kraxnhochtragens dann schnell vergessen und die Zufriedenheit über das Erreichen des Zieles lässt einen die Rast erst recht genie-

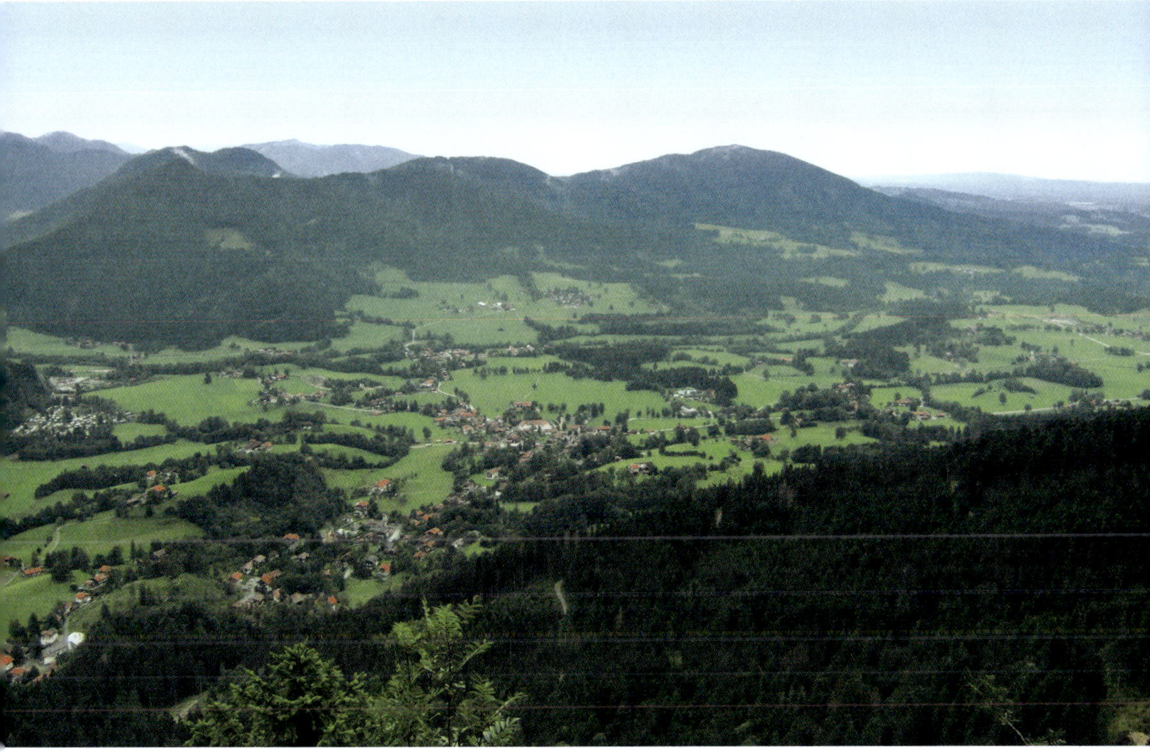

ßen. Lohnenswert ist ein kurzer Abstecher zu der nur wenige Meter hinter der Hütte gelegenen kleinen Kapelle. Ein grandioser Ausblick über Fischbachau und das Tal ist diesen kurzen Abstecher wert. Kinder sollte man hier am steilen Abgrund aber keinesfalls allein oder unbeaufsichtigt lassen! Der Rückweg verläuft auf der bekannten Anstiegsroute. Kurz vor Erreichen des Parkplatzes lohnt ein Abstecher zur Wallfahrtskirche (beschilderte Abzweigung rechts).

Tiefblick von der Kapelle neben der Kesselalm über Fischbachau nach Westen

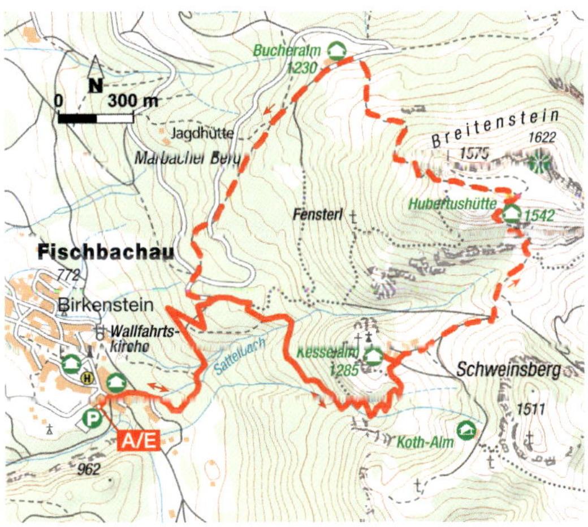

Alternative ohne Kinderwagen Wer mehr Zeit mitgebracht hat, kann den Tag auch mit einer Rundtour über Hubertushütte (1542 m) und die ökologisch bewirtschaftete Bucheralm (1230 m) und zurück zum Parkplatz Birkenstein abschließen, was jedoch insgesamt etwa fünf Stunden dauert. Für die Kinder lohnt ein Besuch der mechanischen Gebirgsmühle unterhalb des Gasthofes Oberwirt.

25 Tregleralm

Der Alpenvorland-Blick der Superlative

mittel | 6,0 km | 180 Hm | 95 Min.

Anfahrt
Autobahn München–Salzburg (A 8) bis Ausfahrt Bad Aibling und rechts weiter Richtung Bad Feilnbach. Nach etwa 4 km rechts Richtung Hundham, geradeaus über den nächsten Kreisverkehr und später einige Höhenmeter bergauf. Nach 5 km geht links der Straße ein Forstweg zur Tregleralm ab; hier kann man rechts der Straße parken.

Anforderungen
Leichte Familientour auf breiter Forststraße

Rolli
Nicht geeignet

Rodel
Eine sehr schöne, leichte Familien-Rodelstrecke

Einkehr
Tregleralm, Nov. bis Weihnachten geschlossen, zwischen Weihnachten und Ostern Mo und Di Ruhetag, sonst Mo Ruhetag, Tel. 08066/1420, www.tregleralm.de

Karte
Topografische Karte 1:50000, Blatt Mangfallgebirge (BLVA)

Informationen
Kur- & Gästeinformation, Bahnhofstr. 5, 83075 Bad Feilnbach, Tel. 08066/1444, www.feilnbach.de

Auf leichter Forststraße erreichbare Hütte mit malerischem, traumhaftem Ausblick über die Hügel des Voralpenlandes. In den Sommermonaten beliebter Treff für Mountainbiker, in den Wintermonaten für Rodel-Familienausflüge. Die gemütliche Wirtsstube ist speziell im Winter schnell komplett belegt. Auf der Karte fällt als Besonderheit der sehr schmackhafte Spargel auf.

Im Gegensatz zu den Mountainbikern, die die Hütte meist als letzten Stopp nach einer schweißtreibenden Tour über die Berge bei der Abfahrt noch kurz vor Bad Feilnbach ansteuern, ist die Tregleralm für uns Ziel und höchster Punkt der Tour. Wir starten etwa 175 Meter tiefer beim kleinen Parkplatz neben der Straße nach Hundham und folgen der Schotterstraße nach links über die großen Wiesen bis zum Waldrand. Nun geht es auf guter Forststraße sanft wellig bergauf durch den Wald, bis man nach etwa 40 Minuten an einer Abzweigung nach rechts geradeaus weitergeht und so nach weiteren etwa fünf Minuten die Tregleralm, etwas unterhalb des Weges gelegen, erreicht. Eine Einkehr ist fast schon ein Muss, um die Aussicht von der gemütlichen Terrasse genießen zu können. Die Kleinen können auf der flachen Wiese unterhalb der Terrasse spielen, die Kühe auf der benachbarten Weide füttern oder die verdiente Limo nach dem Anstieg genießen. Der Rückweg erfolgt auf dem bekannten Weg, im Winter eine der klassischen Familien-Rodelstrecken. Ein Abstieg über den Weg, der vor der Alm über die Weiden bergab führt, bringt uns leider nur nach

Kindertipp
In Bad Feilnbach gibt es ein Freischwimmbad, eine Minigolfanlage und ein Dinosauriermuseum, also jede Menge Spaß für Kinder.

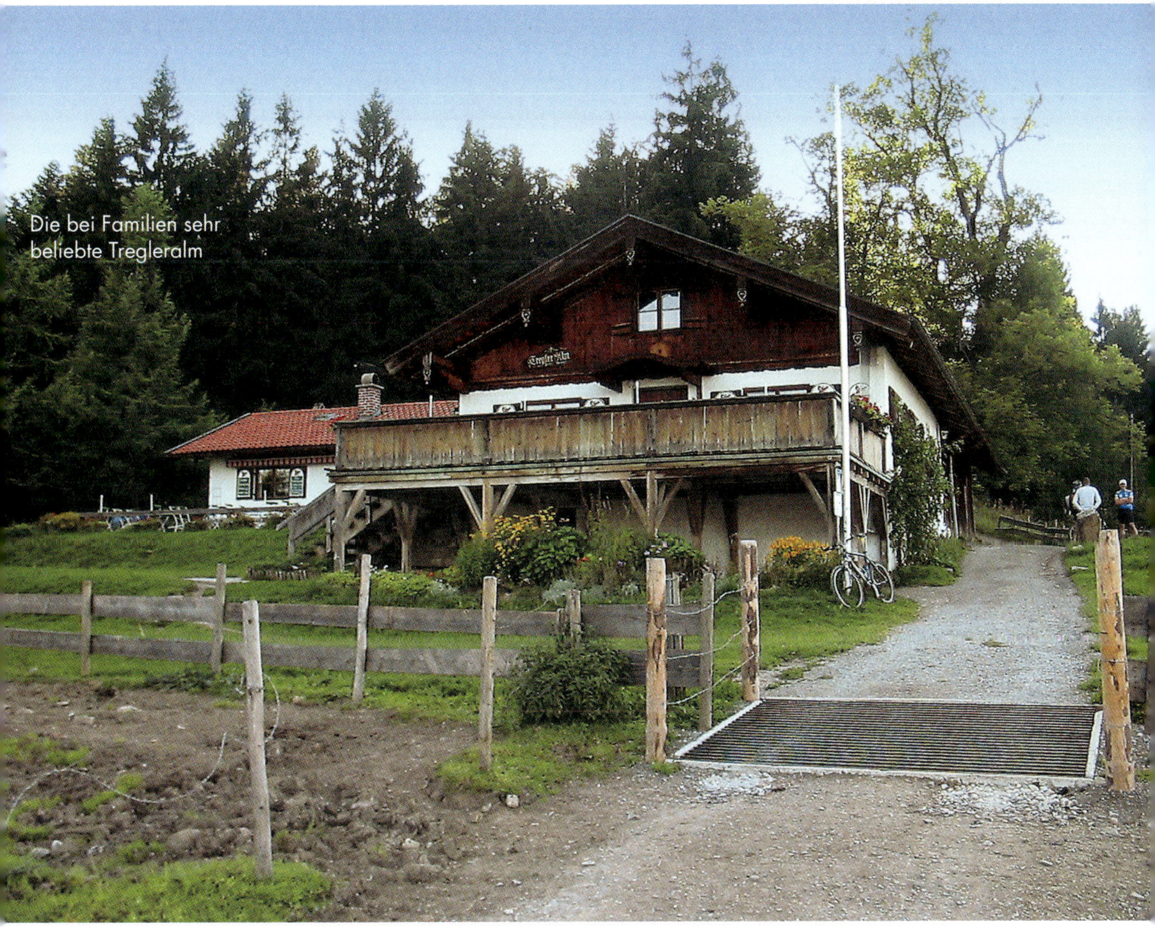
Die bei Familien sehr beliebte Tregleralm

Bad Feilnbach, was die Rückkehr zum Auto unnötig verkompliziert.

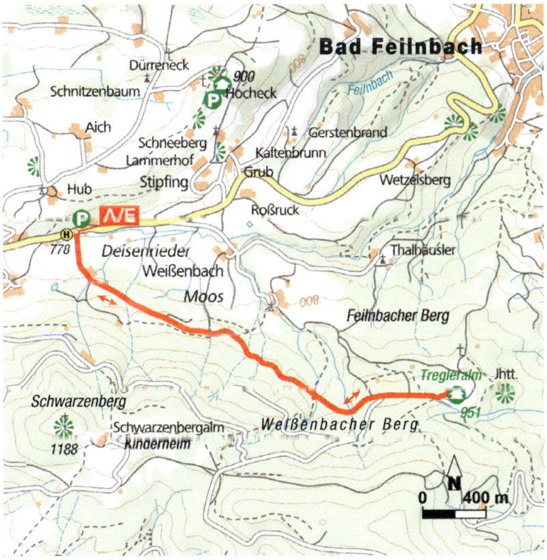

Alternative im Herbst Im Herbst findet in Bad Feilnbach immer wiederkehrend das Apfelfest statt, das für Familien eine ideale Ergänzung zu dieser Kurztour darstellt. Für die Kleinen gibt es Ponyreiten und ein Karussell, für die Großen leckere lokale Gerichte. Die Ausstellungsstücke des Hasenzüchtervereins und die Ziegen und Schweine sind ein weiterer Anziehungspunkt. Kartoffeln, Äpfel und Gemüse können direkt erstanden werden. Leider ist ein Eintritt zu entrichten.

26 Wirtsalm

Idyllische Alm mit Wendelsteinblick

leicht | 1,8 km | 50 Hm | 40 Min.

Anfahrt
Autobahn München–Salzburg (A 8) bis Ausfahrt Bad Aibling und rechts weiter Richtung Bad Feilnbach und Brannenburg. In Bad Feilnbach rechts weiter Richtung Ortsmitte in die Kufsteinerstraße und nach der Jenbach-Brücke (vor dem Edeka) links in die Wendelsteinstraße. Weiter bis zum Wanderparkplatz und durch die Schranke auf die Mautstraße bis zum Jenbachparkplatz am Ende der Straße

Anforderungen
Sehr leichte, flache Tour auf Asphalt- und Schotterstraße

Rolli
Für den Rollstuhl geeignet

Rodel
Nicht geeignet

Einkehr
Wirtsalm, Mitte Mai bis Mitte Okt. geöffnet, Di Ruhetag, Tel. 08066/431

Karte
Topografische Karte 1:50 000, Blatt Mangfallgebirge (BLVA)

Informationen
Kur- & Gästeinformation, Bahnhofstr. 5, 83075 Bad Feilnbach, Tel. 08066/14 44, www.feilnbach.de

Die Wirtsalm zwischen Farrenpoint und Breitenstein ist eine malerisch gelegene, bewirtschaftete Alm mit schönem Blick auf den Wendelsteingipfel, die sehr gut auf der flachen, für den Autoverkehr gesperrten, teilweise geteerten Fahrstraße zu erreichen ist.

Der überaus leichte Anstieg macht diese Tour zu einer idealen Einsteigertour. Zwar ist es fraglich, ob man mit dem Auto bis auf einen Parkplatz in 810 Meter Höhe an Wanderern und Mountainbikern vorbeifahren sollte, aber mit Kindern im Auto ist das Gewissen nicht ganz so belastet.

Vom Jenbachparkplatz folgt man der Anfahrtsstraße noch wenige Meter weiter bergauf um die nächste Kurve und über den Weiderost. Zur Wirtsalm geht es nun auf dem rechten Wegabzweig (für die Tour links zur Hillstoaner Alm siehe Tour 27) auf guter Asphaltstraße in mäßiger Steigung stets auf dieser Straße und unterhalb der Maieralm vorbei. Nach etwa 15 Minuten hat man die Wahl, entweder gleich rechts auf dem schmalen, für Kinderwagen unbefahrbaren Fußweg direkt zur Wirtsalm zu gehen oder noch ein paar Meter weiter auf der Straße zu bleiben und dann erst auf der breiten Schotterstraße nach rechts zur Wirtsalm abzubiegen.

Kindertipp
Bad Feilnbach bietet für Kinder viele Freizeitmöglichkeiten, z. B. Freischwimmbad, Minigolfanlage oder ein Dinosauriermuseum.

An der Alm gibt es eine große Sonnenterrasse, von der man einen schönen Blick über die Hochweiden und zum Wendelsteingipfel hat. Unterhalb der Terrasse an dem Fußweg zur Straße wartet ein kleiner Spielplatz mit Rutsche und Schaukel auf die

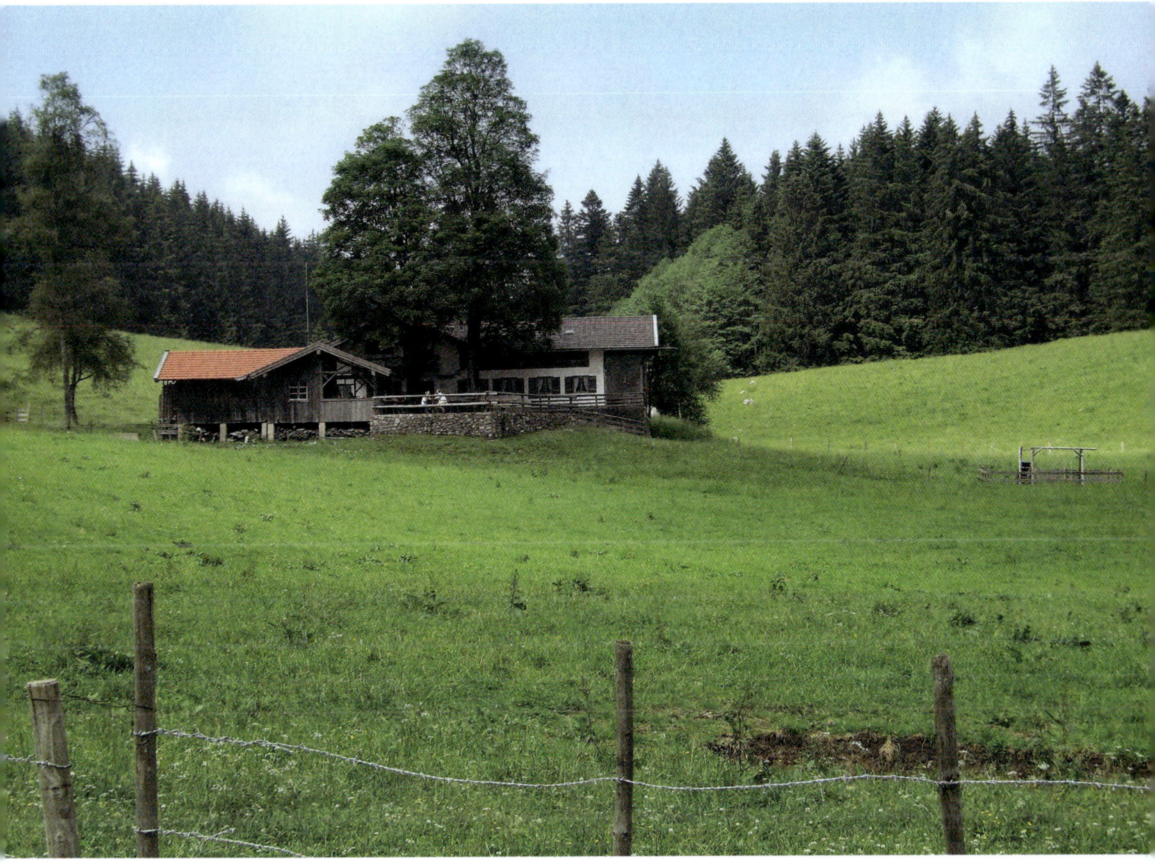

Die Wirtsalm mit dem kleinen Spielplatz

Kleinen. Wohl eine der wenigen Möglichkeiten, mit Wendelsteinpanorama zu schaukeln! Der Rückweg erfolgt auf dem bereits bekannten Weg.

Alternative für einen längeren Anstieg Alternativ zum Start am Jenbachparkplatz kann man die Tour deutlich, genauer gesagt um vier Kilometer, verlängern, wenn man bereits in Bad Feilnbach am Wanderparkplatz vor der in der Anfahrtsbeschreibung erwähnten Mautschranke sein Auto stehen lässt und sich die Höhenmeter komplett selbst erarbeitet. Der etwa ein- bis eineinhalbstündige Anstieg zum Jenbachparkplatz erfolgt auf der stets geteerten Straße und ist ebenfalls für Kinderwagen gut geeignet.

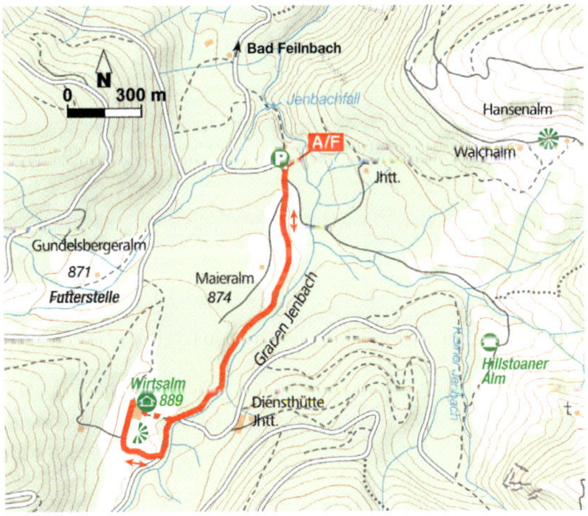

27 Gschwendtner-Alm (Hillstoaner Alm)

Urige Einkehr (Geheimtipp)

leicht | 1,8 km | 70 Hm | 40 Min.

Anfahrt
Autobahn München–Salzburg (A 8) bis Ausfahrt Bad Aibling und rechts weiter Richtung Bad Feilnbach und Brannenburg. In Bad Feilnbach rechts weiter Richtung Ortsmitte in die Kufsteinerstraße und nach der Jenbach-Brücke (vor dem Edeka) links in die Wendelsteinstraße. Weiter bis zum Wanderparkplatz und durch die Schranke auf die Mautstraße bis zum Jenbachparkplatz am Ende der Straße

Rolli
Nicht geeignet

Rodel
Nicht geeignet

Einkehr
Gschwendtner-Alm, Mitte Mai bis Mitte Okt. geöffnet

Karte
Topografische Karte 1:50 000, Blatt Mangfallgebirge (BLVA)

Informationen
Kur- & Gästeinformation, Bahnhofstr. 5, 83075 Bad Feilnbach, Tel. 08066/1444, www.feilnbach.de

Die Gschwendtner-Alm ist eine urige bewirtschaftete Alm, bei der es Kaffee und Kuchen sowie gekühlte Getränke gibt. Wer eine volle oder überhaupt eine gedruckte Speisekarte sucht, ist hier fehl am Platz, aber als echter Geheimtipp braucht diese Alm auch keine. Wem die kleine Terrasse vor dem Haus mit dem Brunnen ab Mittag zu schattig ist, der kann auf die zweite kleine, aber sonnigere Terrasse neben dem Haus ausweichen.

Wie schon bei Tour 26 fahren wir bis zum hochgelegenen Jenbachparkplatz. Vom Jenbachparkplatz folgt man noch wenige Meter der Anfahrtsstraße weiter bergauf um die nächste Kurve und über den Weiderost. Zur Gschwendtner-Alm geht es auf dem linken Wegabzweig (für die Tour rechts zur Wirtsalm siehe Tour 26) auf guter Schotterstraße zunächst flach weiter bis zur Brücke über den Jenbach. An diesem romantischen Bächlein kann man bereits eine erste kleine Spielpause einlegen. Weiter geradeaus und dann dem rechten Abzweig folgend geht es kurz etwas steiler über Ziegelbruch weiter bis zum Gatter der Almweide. Am kleinen Jenbach entlang geht es nun stets auf der Forststraße weiter sanft bergan und schon bald gelangt man zu einer Bachdurchquerung, die jedoch für alle leicht zu meistern ist. Nach der nächsten Rechtskurve hat man es auch fast schon geschafft, es sind nur noch knapp 200 Meter über die Fahrspur durch das Weidegelände, bis man rechts die Alm erreicht hat. Die kinderfreundliche, gemütliche Alm hat zwar keine große Auswahl an Essen und Getränken, ist dafür

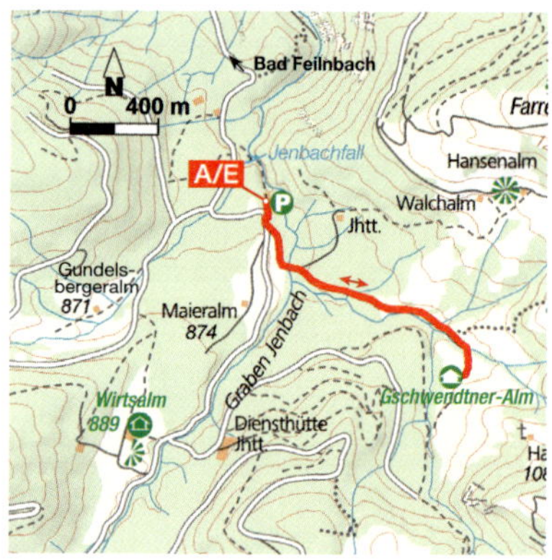

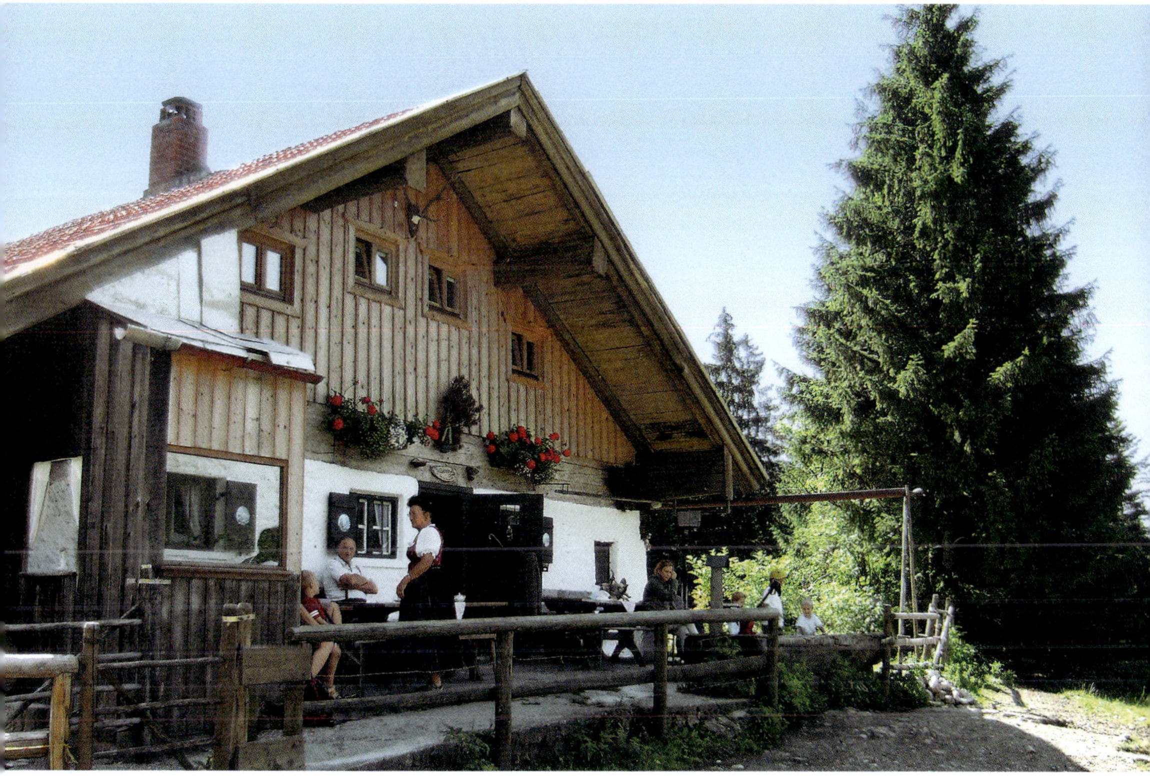

Familiäre Atmosphäre auf der schattigen Terrasse

aber eines der am wenigsten überlaufenen Ziele und strahlt eine Beschaulichkeit aus, die man in dieser viel begangenen Gegend nicht erwarten würde.

Bei Kaffee und natürlich selbst gemachten Kuchen können die Eltern den Kleinen beim ausdauernden Brunnenplanschen zusehen und die Sonne auf der Terrasse so richtig und in Ruhe genießen. Der Absteig erfolgt auf der bekannten Route.

Kindertipp

Bad Feilnbach verfügt über ein Freischwimmbad, eine Minigolfanlage und ein Dinosauriermuseum. Also ein spannendes Programm für Kinder.

Alternative für einen längeren Anstieg Wie schon Tour 26 kann man auch diese Tour deutlich, genauer gesagt um vier Kilometer, verlängern, wenn man bereits in Bad Feilnbach am Wanderparkplatz vor der in der Anfahrtsbeschreibung erwähnten Mautschranke sein Auto stehen lässt und sich die Höhenmeter komplett selbst erarbeitet. Der Anstieg verlängert sich dann um etwa eine bis eineinhalb Stunden auf stets geteerter Straße.

28 Sillberghaus

Almbad und Lodge über Bayrischzell

mittel | 2,5 km | 210 Hm | 70 Min.

Anfahrt
Autobahn München–Salzburg (A 8) bis Ausfahrt Weyarn. Über Miesbach und Schliersee nach Bayrischzell. In langer Linkskurve am Ortsanfang von Bayrischzell rechts nach Thiersee. 3 km hinter Bayrischzell ist rechts ein kleiner Wanderparkplatz, den man leicht übersehen kann.

Anforderungen
Beim Kinderwagenschieben etwas schweißtreibende, aber nicht allzu schwierige Forststraßentour. Aber: 80% Schatten

Rolli
Nicht geeignet

Rodel
Schöne, aber etwas steile Rodelbahn

Einkehr
Sillberghaus, ganzjährig geöffnet, Mo–Do Ruhetag, für Tagesgäste ganzjährig Fr, Sa, So und an Feiertagen geöffnet, Tel. 08023/533, www.sillberghaus.de

Karte
Topografische Karte 1:50 000, Blatt Mangfallgebirge (BLVA)

Information
Kurverwaltung Bayrischzell, Kirchplatz 2, 83735 Bayrischzell, Tel. 08023/648, www.bayrischzell.de

Das Sillberghaus, früher bekannt als »Berghaus mit Schwimmbecken und Brausebad«, verfügt heute zwar nicht mehr über dieses nasse Vergnügen. Das ist aber mit der Übernahme der neuen Pächter wieder geplant.

Das Sillberghaus bietet, obwohl es noch ein Geheimtipp und somit nicht überlaufen ist, ausreichend Sitzplätze in zwei Räumen. Die sonnige Südterrasse ist für eine Rast nach dem Aufstieg, der insbesondere mit Kinderwagen und erst recht im Winter schweißtreibend ist, wie geschaffen. Auf der Karte fallen die leckeren Gerichte – die von den Hüttenwirten ohne Fritteuse und Co. auf den Tisch gezaubert werden – auf. Mit einem kühlen oder warmen Getränk sind wir danach bestens für den Rückweg gewappnet.

Direkt am Parkplatz bei der Sillbachbrücke beginnt die Forststraße W 4 zum Sillberghaus. Wir überqueren einen Bach und folgen dem Weg nach links bergauf. Auf halbem Weg entspringt rechts eine ungefasste Quelle, die im Winter tolle Eiszapfen

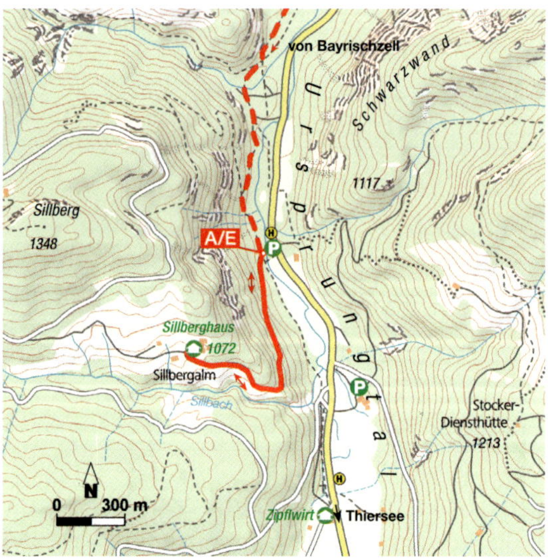

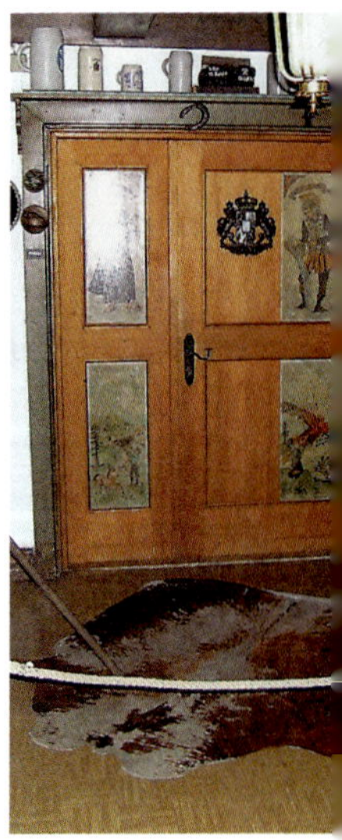

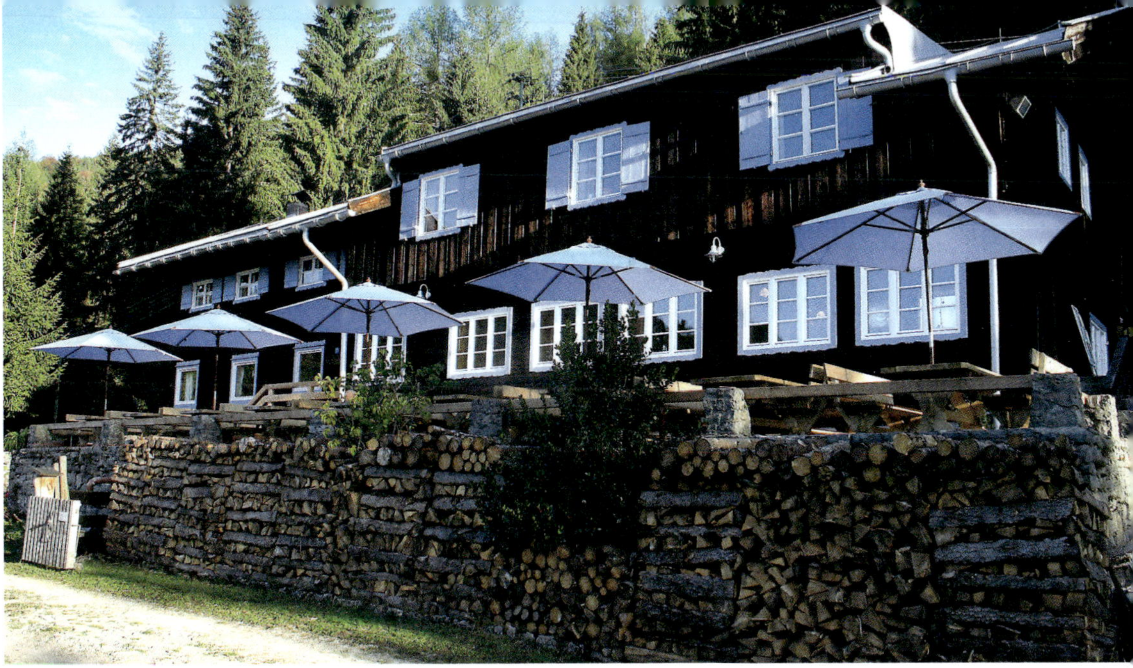

Die letzten Meter zum Sillberghaus

bildet und im Sommer von den Kleinen mit Begeisterung »angezapft« wird (Becher zum Spielen mitnehmen). Der im Sommer schattige, im Winter eventuell etwas eisige, auf jeden Fall jedoch steile Weg führt uns nun im Ursprungstal weiter nach Süden. Es geht stets – beinahe hätte ich gesagt ohne Gnade, aber so schlimm ist es nun auch wieder nicht – bergauf. Nach etwa 25 Minuten schwenkt der Weg nach rechts (Westen) und führt im weiteren Verlauf etwas flacher in ca. 20 Minuten am Südhang des Sillbergs entlang zum Sillberghaus.
Rund um das Haus gibt es viel zu entdecken und in Zukunft vielleicht sogar ein hoch gelegenes Almbad zu genießen. Der Rückweg erfolgt auf der bekannten Route.

Kindertipp

Freizeitmöglichkeiten im Tal: Bayrischzell (Minigolf, Reiten, Kino, Hallenbad, Hochseilgarten), Thiersee (Wildpark, Badesee), Wörgl (Freizeitbad Wasserwelt), Kiefersfelden (Freizeitbad Innsola), Kufstein (Festung).

Alternative für eine längere Tour Alternativ kann man die Tour bereits in Bayrischzell am Sportgelände starten und stets auf dem schönen Wanderweg am Aubach entlang durch das Ursprungstal gemütlich zu Fuß bis zum Parkplatz gehen. Die zusätzlichen vier Kilometer sind ohne nennenswerte Steigung zügig zu schaffen. Außerdem ist es eine gute Ausweichmöglichkeit, falls der kleine Parkplatz im Ursprungstal belegt ist. Zurück kann man sich diesen Abschnitt eventuell auch mithilfe des öffentlichen Busses sparen, sollten die Kinderbeine schon zu müde sein.

Linke Seite: Im Haus gibt es viel zu entdecken.

29 Schlipfgrubalm und Schuhbräualm

Hüttentour mit Verlängerungshütte

mittel | 2,4 km | 180 Hm | 65 Min.

Anfahrt
Inntal-Autobahn (A 93) bis Ausfahrt Brannenburg. Nach Brannenburg und an der Ampel geradeaus weiter. Nach etwa 800 m rechts in die Mühlenstraße und später links in die Schrofenstraße Richtung Berggasthof Kogl. Am Verdi-Haus vorbei erreicht man etwas oberhalb von Brannenburg einen Wanderparkplatz.

Anforderungen
Leichte Tour auf guter, breiter Forststraße

Rolli
Nicht geeignet

Rodel
Schöne, leichte Rodelstrecke

Einkehr
Schlipfgrubalm, ganzjährig geöffnet, Mi Ruhetag, Tel. 08034/983; Schuhbräualm, 1. Mai bis 31. Okt. geöffnet, Mo Ruhetag, Tel. 08034/8279 oder 2391

Karte
Topografische Karte 1:50000, Blatt Mangfallgebirge (BLVA)

Informationen
Verkehrsamt Brannenburg, Rosenheimer Str. 5, 83098 Brannenburg, Tel. 08034/4515, info@brannenburg.de, www.brannenburg.de

Die etwas unscheinbar neben der Forststraße gelegene Schlipfgrubalm über Brannenburg bietet ausreichend Sitzplätze vor und in der Hütte und zählt viele Stammgäste zu ihren Besuchern.

Kindertipp
In Brannenburg sind ein Ponyreithof, die Wendelstein-Zahnradbahn und der Spielplatz für die Kids eine gelungene Abwechslung.

Vom Wanderparkplatz gegenüber des Ziegengeheges geht es, an der Panoramakarte vorbei, weiter auf der Anfahrtsstraße bergauf. Man hält sich geradeaus, leicht links der Beschilderung »Schlipfgrubalm/Schuhbräualm« folgend, und überquert bald eine Brücke. Unmittelbar nach dieser zweigt rechts ein holpriger Weg Richtung Schlipfgrubalm ab, den man jedoch nicht beachtet, da er mit dem Kinderwagen nicht befahrbar ist, und bleibt nun stets auf der breiten, meist asphaltierten Straße. Im weiteren Verlauf geht es nun stets am Kirchbach entlang bergauf. Nach etwa 40 Minuten erreicht man die Schlipfgrubalm, die rechts etwas versteckt oberhalb des Weges liegt.

Auf der Terrasse vor dem Haus gibt es ausreichend Platz zum Ausruhen und rund um die Schranke vor der Hütte auch genug Platz zum Spielen. Der nahe Kirchbach lädt ebenfalls zu einer Erkundung ein. Der Rückweg erfolgt wieder auf der bekannten Strecke.

Alternativ kann man auch zur Schuhbräualm (etwa 60 Min., siehe Alternative 1) oder zum Breitenberghaus (etwa 80 Min., siehe Alternative 2, nicht kinderwagengeeignet) weitergehen.

Alternative 1: Schuhbräualm Wer noch fit ist, folgt zunächst der Straße weiter sanft und ohne größere Anstrengungen stets am

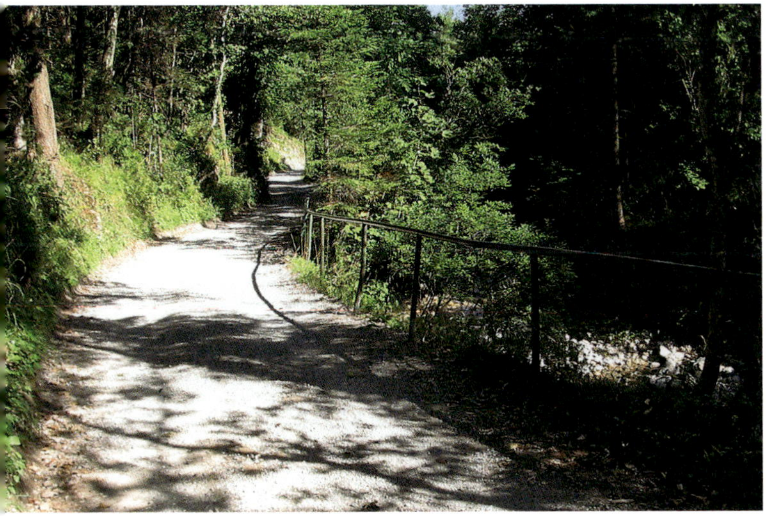

Der schöne Anstieg zur Schlipfgrubalm am Kirchbach entlang

Kirchbach entlang bergauf. Bei einer Verzweigung, die links zum Breitenberghaus führt, geht man rechts über den Hundrücken und direkt zur Schuhbräualm.

Alternative 2: Breitenberghaus Wer sich noch mehr zutraut und keinen Kinderwagen zu schieben hat, folgt der Straße ebenfalls weiter stets am Kirchbach entlang bergauf. Bei einer Verzweigung hält man sich links weiter auf sanft ansteigender Forststraße Richtung Breitenberghaus. Nach weiteren etwa zehn Minuten zweigt links ein schmaler Steig ab, der nun über zahlreiche Wurzeln zügig ansteigend über den Sattel zwischen Schrofen und Breitenberg führt. Auf der anderen Seite mündet unser Weg wieder in eine breite Forststraße und man folgt dieser noch etwa zehn Minuten bergab (nach links). Das Breitenberghaus liegt rechts unterhalb der Straße. Für den Abstieg und einen kinderwagengeeigneten Anstieg siehe Tour 30.

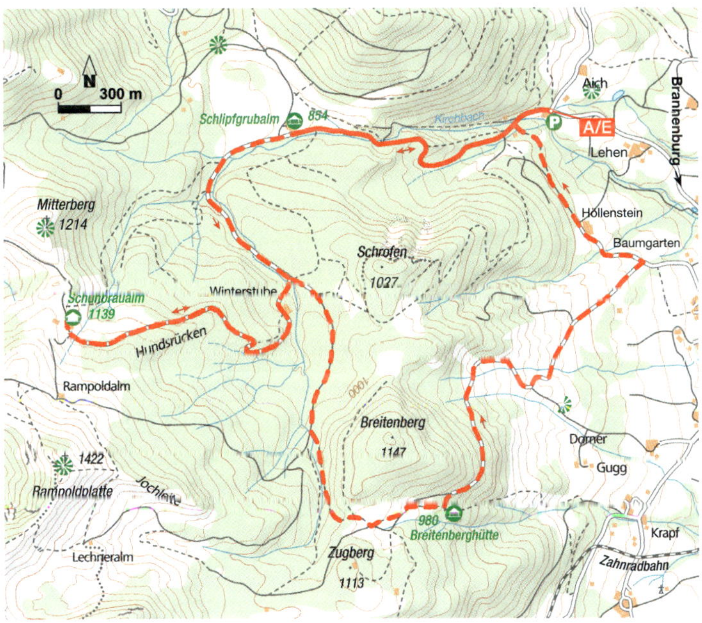

30 Breitenberghaus

Steiler Anstieg zum Haus mit Schaukel

mittel | 6,6 km | 380 Hm | 120 Min.

Anfahrt
Inntal-Autobahn (A 93) bis Ausfahrt Brannenburg. Nach Brannenburg und an der Ampel geradeaus weiter. Nach etwa 800 m rechts in die Mühlenstraße und später links in die Schrofenstraße Richtung Berggasthof Kogl. Am Verdi-Haus vorbei erreicht man etwas oberhalb von Brannenburg einen Wanderparkplatz.

Anforderungen
Im ersten Abschnitt leichter Weg auf Forst- und Asphaltstraße, später steile Forststraße

Rolli
Nicht geeignet

Rodel
Nicht geeignet

Einkehr
Breitenberghaus, ganzjährig geöffnet, Mo und Di Ruhetag, Tel. 08034/8663, www.breitenberghuette.de

Karte
Topografische Karte 1:50 000, Blatt Mangfallgebirge (BLVA)

Informationen
Verkehrsamt Brannenburg, Rosenheimer Str. 5, 83098 Brannenburg, Tel. 08034/4515, info@brannenburg.de, www.brannenburg.de

Das Breitenberghaus mit seinem neuen Anbau liegt auf den ersten Blick gut versteckt unterhalb der Forststraße. Südseitig zwischen Haus und Wald befindet sich die Terrasse mit schöner Aussicht über Brannenburg. Einige Meter oberhalb der Terrasse gibt es eine Schaukel für die Kinder.

Vom Wanderparkplatz gegenüber des Ziegengeheges geht es, an der Panoramakarte vorbei, weiter auf der Anfahrtsstraße bergauf. Man hält sich geradeaus, leicht links der Beschilderung »Schlipfgrubalm/ Schuhbräualm« folgend. Nach der Brücke wandert man links auf dem Höhenweg Nr. 6 und folgt diesem nun stets geradeaus. Bald passiert man den Höllensteinhof, dann mündet der Weg in eine Asphaltstraße, die einen zunächst etwas bergab führt. Schon bald zweigt rechts beim Schild des Breitenberghauses eine Schotterstraße ab, welcher man von nun an bergauf folgt. Hat man den großen, einsamen Baum mit der Bank passiert, die zu einer schönen Rast einlädt, wird es im letzten Abschnitt nochmals etwas steiler. Nach etwa zehn Minuten zweigt nach links die Einfahrt zum Breitenberghaus ab, welches man zunächst noch gar nicht erspäht hat, da es etwas unterhalb des Forstweges versteckt zwischen Bäumen liegt. Der Rückweg erfolgt auf demselben Weg; alternativ kann man auch eine Rundtour über die Schlipfgrubalm (siehe Tour 29) zum Parkplatz zurückgehen.

Kindertipp
Freizeitmöglichkeiten in Brannenburg: Ponyreithof, Wendelstein-Zahnradbahn, Spielplatz.

Alternative für eine längere Rundtour Um nicht wieder über den bereits bekannten Aufstiegsweg absteigen zu müssen, ist eine,

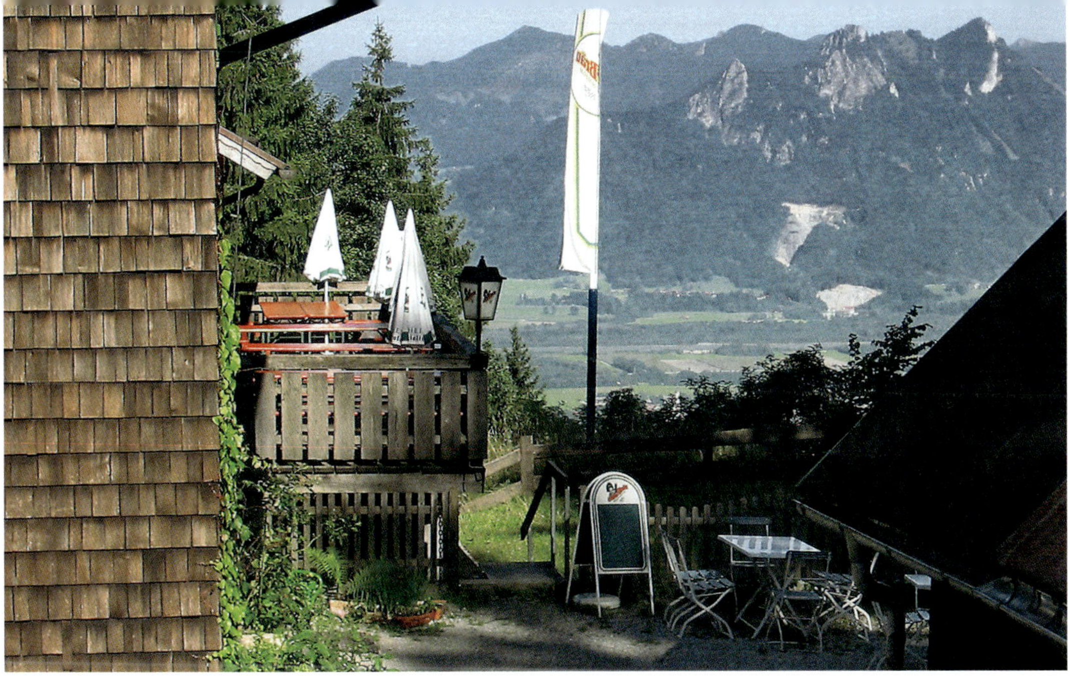

Die Sonnenterrasse neben dem Breitenberghaus

nicht für Kinderwagen geeignete, Rundtour über die Schlipfgrubalm ein schöner Ausklang oder eine schöne Erweiterung um eine zweite Einkehrmöglichkeit auf der Tour. Man folgt hierfür der Forststraße weiter bergauf, bis man rechts auf einen etwas unscheinbaren Wiesenweg (Schlipfgrubalm) zum Sattel zwischen Schrofen und Breitenberg stößt. Hier zweigt man von der Forststraße ab und steigt wenige Meter zum Sattel auf. Anschließend geht es in den Wald und über den schmalen Steig am Hang nördlich des Schrofen wieder zügig bergab, bis man wieder an eine breite Forststraße gelangt. Dieser folgt man nun nach rechts und dann stets geradeaus, bald immer am Kirchbach entlang und leicht bergab, bis wir links der Straße hinter einer Schranke die Schlipfgrubalm erreicht haben. Zum Parkplatz gelangen wir, indem wir der Forststraße weiter bergab am Kirchbach entlang folgen.

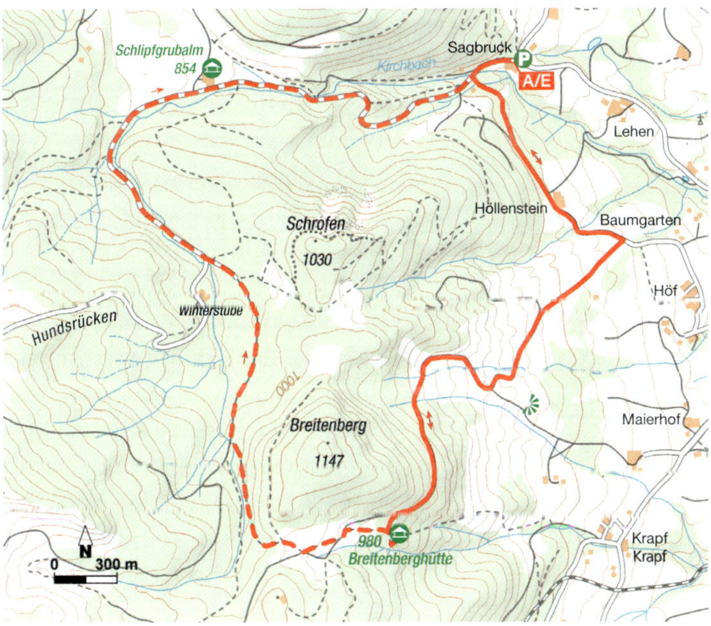

31 Berggasthaus Petersberg

Exponiertes Kirchlein hoch über dem Inntal

mittel	5,2 km	340 Hm	110 Min.

Anfahrt
Inntal-Autobahn (A 93) bis Ausfahrt Brannenburg. Über Brannenburg weiter nach Flintsbach. In Flintsbach kurz nach der Ortsmitte rechts in den Astenweg. Am Ende der Straße befindet sich ein Wanderparkplatz.

Anforderungen
Leichte Kurztour, lediglich im letzten Abschnitt über die Serpentinen etwas anstrengender

Rolli
Nicht geeignet

Rodel
Schöne Rodelstrecke, die lediglich im letzten Abschnitt etwas steiler und kurviger ist

Einkehr
Berggasthaus Petersberg, ganzjährig geöffnet, Mo und Di Ruhetag, www.berggasthaus-petersberg.de
Tel. 08034/18 20

Karte
Topografische Karte 1:50 000, Blatt Mangfallgebirge (BLVA)

Informationen
Verkehrsamt Flintsbach a. Inn, Kirchstr. 9, 83126 Flintsbach, Tel. 08034/30 66 20, www.flintsbach.de

Das Berggasthaus Petersberg befindet sich auf historischem Boden, schließlich stand auf diesem hoch über dem Inntal gelegenen Fleckchen Erde schon um 1100 ein Benediktinerkloster.

Heute findet man neben dem Kirchlein das Berggasthaus mit einem kleinen Vorraum und dem etwas größeren Hauptraum, das man insbesondere nach den letzten etwas steileren Metern als ersehntes Ziel erreicht.

Auf dem lang gezogenen Wanderparkplatz, der an schönen Sommer- und Herbsttagen schon mal überfüllt sein kann, geht man zurück bis zum Anfang, wo nach rechts die Forststraße zum Petersberg abzweigt. Nach etwa fünf Minuten hat man bereits – für kleine Mittelalterfans durchaus spannend – die nicht öffentlich zugängliche Burg Falkenstein erreicht. Ein kleiner Abstecher für ein paar Meter auf dem hier nach links abzweigenden Weg lohnt sich für kleine Ritter und Burgfräulein auf jeden Fall, allein um die Burgmauern und den Burggraben etwas genauer erforschen und von längst vergangenen Zeiten träumen zu können. Auf dem Hauptweg weiter bergauf geht es bald an der Antoniuskapelle vorbei und weiter zügig bergauf.

Kindertipp

In Brannenburg gibt es einen Ponyreithof, die Wendelstein-Zahnradbahn und einen Spielplatz für Kinder.

Nach etwa 50 Minuten zweigt links der durchaus etwas steilere Apostelweg mit der Beschilderung »Petersberg« zum Berggasthaus Petersberg ab. In kurzen, schnell aufeinanderfolgenden Serpentinen zieht man nun an den zwölf Apostel-Tafeln vorbei und gelangt bald auf den kleinen Gipfel mit der Wallfahrtskirche. Der Rückweg erfolgt auf der bekannten Strecke.

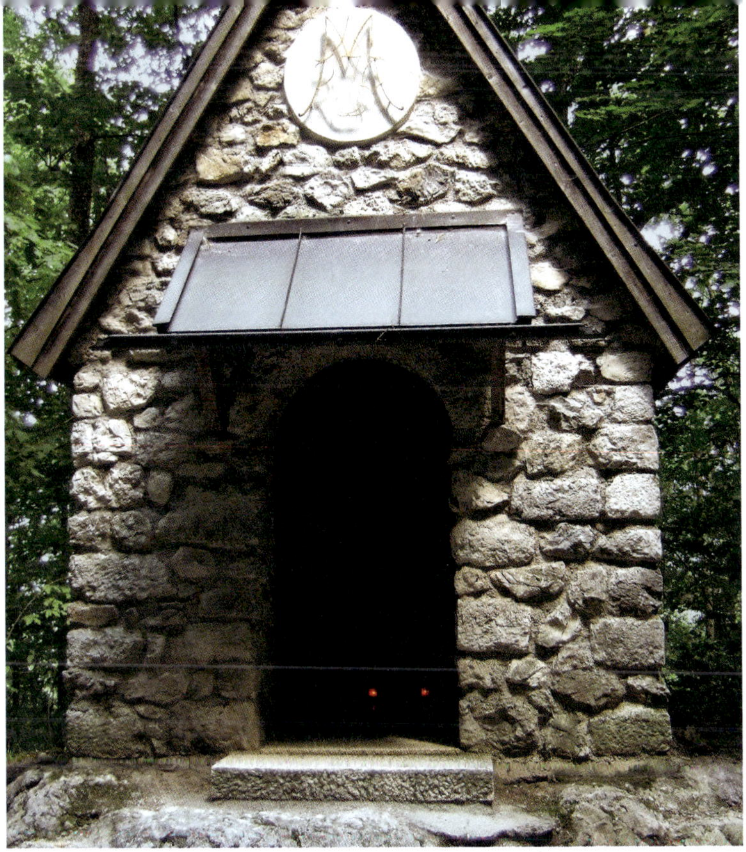

Die Antoniuskapelle auf dem Anstieg zum Berggasthaus Petersberg

Alternative für eine kleine Verlängerung Beim Abstieg kann man die Tour bei der Burg Falkenstein noch ein wenig verlängern, indem man rechts nach dem Burgeingang den kleinen Weg an der Burgmauer entlang und durch diese hindurch wählt. Der Weg führt nun ebenfalls ins Inntal hinunter, wo man auf eine breite Schotterstraße stößt. Dieser folgt man nun nach links, bis man wieder in Flintsbach den Wanderparkplatz erreicht hat. Dieser kleine kinderwagentaugliche, nette Umweg kostet lediglich knapp 15 Minuten Extrazeit.

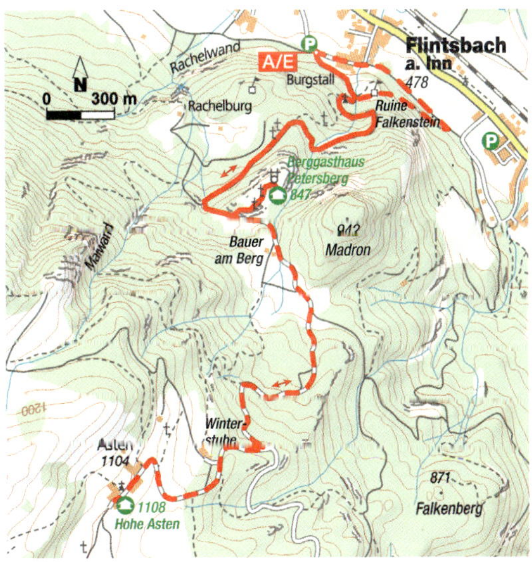

Alternative für mehr Höhenmeter Ebenfalls denkbar ist ein Abstecher zu den Hohe-Asten-Höfen. Hierfür geht man den Apostelweg wieder zur Forststraße hinunter und folgt dieser dann nach links. Nach etwa 60 Minuten hat man sein Ziel erreicht und hat so eine noch längere Rodelstrecke vor sich bzw. eine zweite Einkehr auf 1108 Metern erreicht.

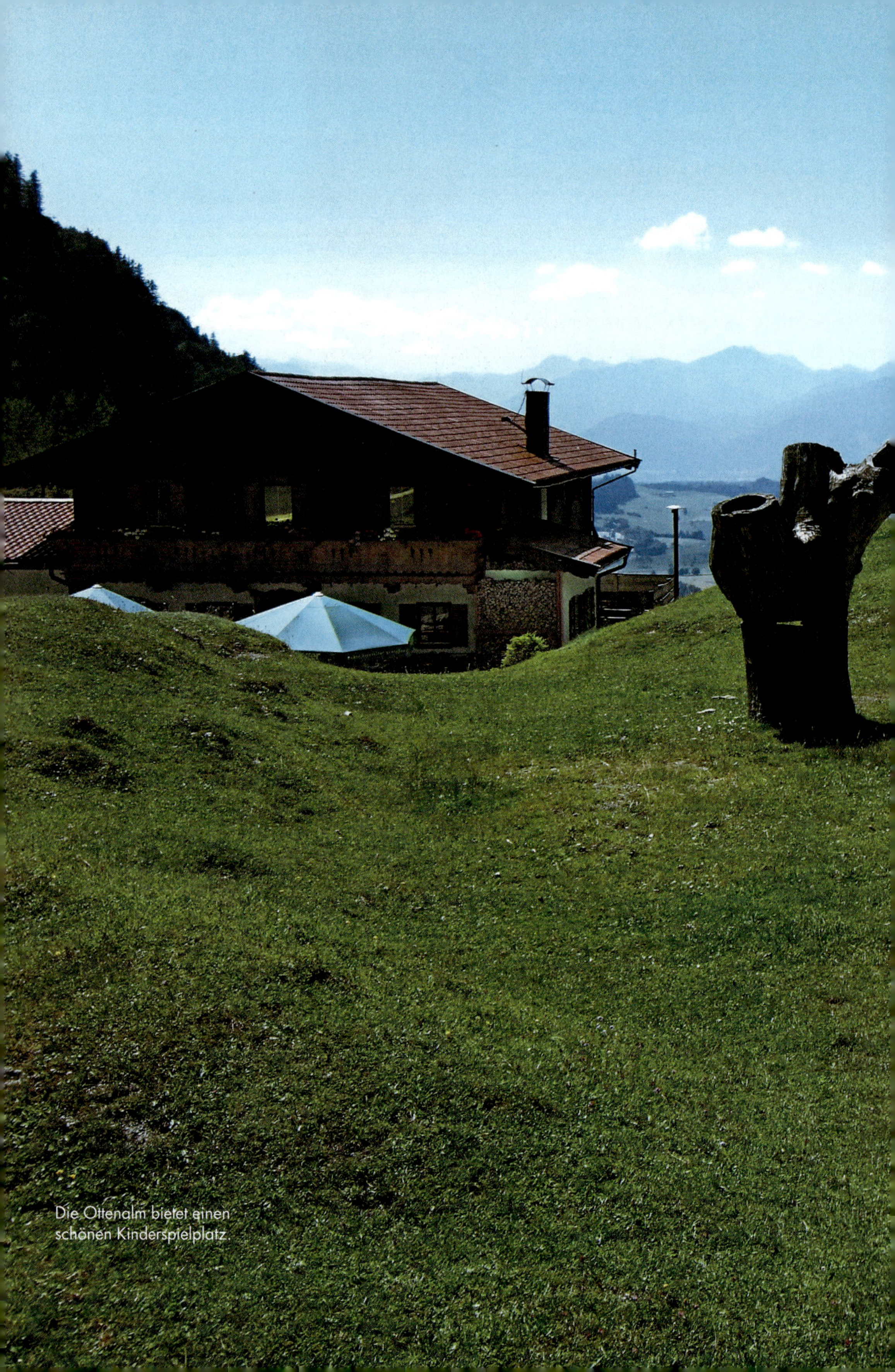

Die Ottenalm bietet einen schönen Kinderspielplatz.

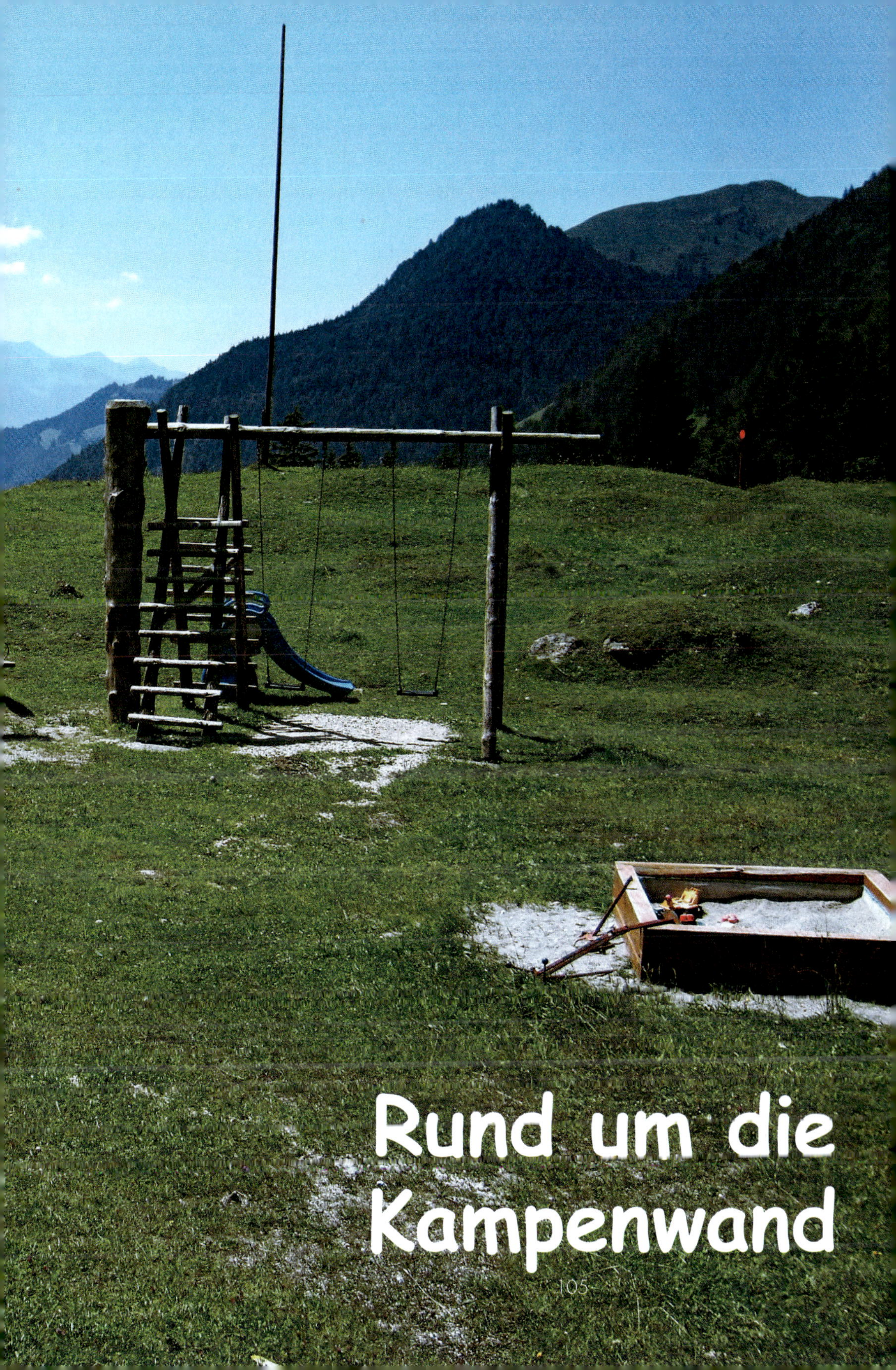

Rund um die Kampenwand

32 Dandlbergalm

Sonniges Hüttenvergnügen mit Ausblick

leicht | 2,6 km | 100 Hm | 60 Min.

Anfahrt
Inntal-Autobahn München–Innsbruck (A 93) bis Ausfahrt Nußdorf und in Nußdorf links Richtung Neubeuern abbiegen. Bald rechts Richtung Roßholzen, Törwang abbiegen und der Straße bergauf folgen. Nach Roßholzen in einer Rechtskehre links Richtung Hundham abbiegen und gleich beim Parkplatz hier parken.

Anforderungen
Kurze Tour auf breiter (Forst-) Straße

Rolli
Bedingt geeignet

Rodel
Nicht geeignet

Einkehr
Dandlbergalm, ganzjährig geöffnet, Mo und Di Ruhetag, Tel. 08032/70 60, www.dandlbergalm.de

Karte
Topografische Karte 1:50 000, Blatt Blatt Chiemsee/Chiemgauer Alpen (BLVA)

Informationen
Verkehrsverein Samerberg, Dorfplatz 3, 83122 Samerberg, Tel. 08032/86 06, www.samerberg.de

Die Dandlbergalm gehen wir direkt vom Parkplatz neben der Straße im Samerberg-Hochtal an – eine kurze Tour, die man auch mal am späteren Nachmittag nach einem Mittagsschlaf noch einschieben kann.

Wir gehen auf der Teerstraße weg von der Hauptstraße und biegen gleich links nach Schilding ab. Wir durchqueren das kleine Dorf und zweigen etwas nach der Ortsmitte rechts auf den beschilderten (Dandlbergalm) Wirtschaftsweg ab, der uns leicht bergauf über die Wiesen zum Waldrand unterhalb des Dandlberggipfels führt. Stets dieser für den Verkehr gesperrten Straße folgend, erreichen wir nach etwa 20 Minuten die Dandlbergalm. Auf die Kleinen warten neben den spannenden Entdeckungen rund um die Alm ein Sandkasten sowie eine Schaukel und Wippe. Nach der Einkehr geht es auf dem gleichen Weg zurück zum Auto.

Alternative mit Gipfelabstecher Vor der Einkehr können wir noch einen Abstecher zum Gipfel des Dandlberges machen, den wir in 15 Minuten erreichen. Hierfür gehen wir am Eingang der Dandlbergalm vorbei und dann hinter dem Haus nach links. Hier nun geradeaus bergauf weiter zum Sendemasten und rechts auf den kleinen Weg, der uns auf dem Bergrücken zum leider bewaldeten Gipfel (910 m) führt. Im Anschluss geht es dann auf demselben Weg zurück zur nun wirklich verdienten Einkehr.

Kindertipp
Einen eineinhalbstündigen Spaziergang durch die Geschichte bietet die Mühlenwegführung in Nußdorf (www.nussdorf.de).

Alternative für eine große Runde Wer eine etwa 80-minütige Tour als Tagespensum plant, fährt auf der Anfahrtsstraße direkt am

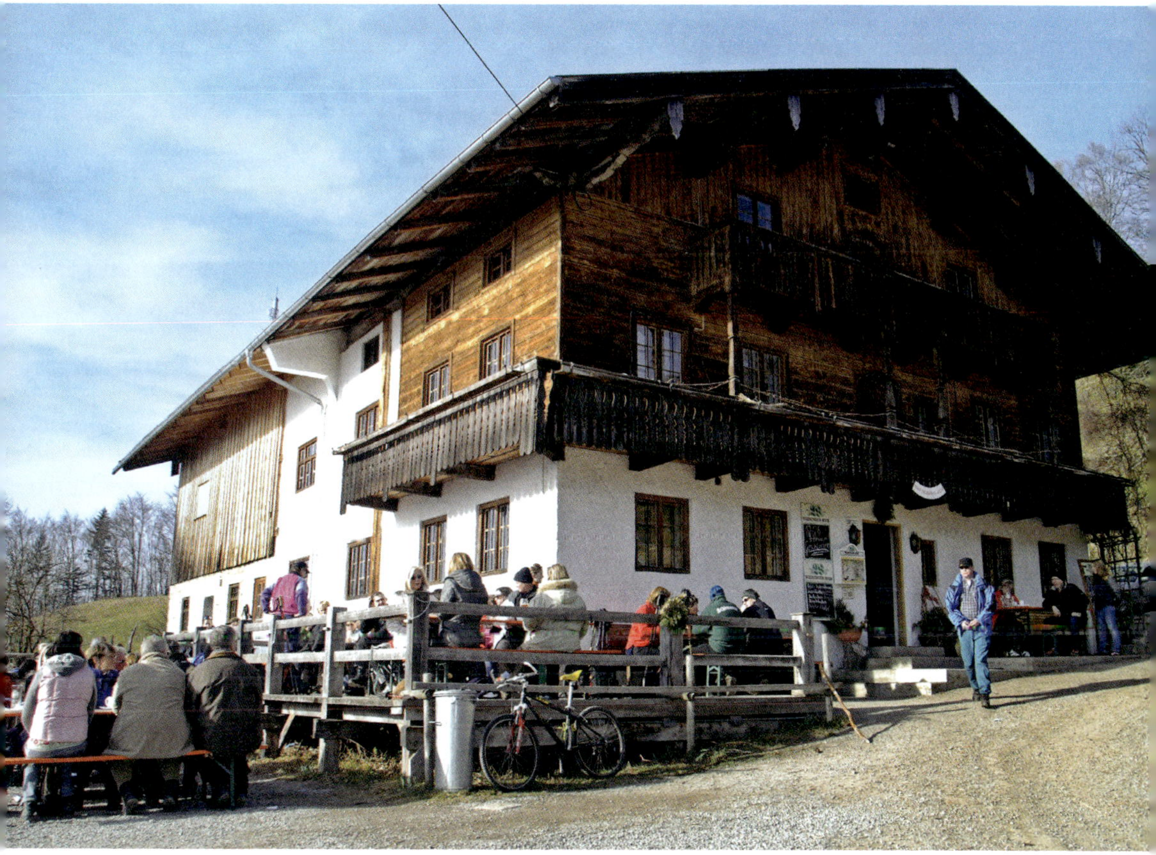

Parkplatz vorbei und weiter durch Hundham bis zum Ortsschild Dorfen, wo man rechts auf dem Wanderparkplatz parkt. Mit Kind und Kegel geht es nun nach rechts bergauf. In Dorfen geht es links in den Dandlbergweg, der Beschilderung Dandlberg folgend. Am Ortsrand von Dorfen gehen wir geradeaus auf der Schotterstraße an der großen Linde vorbei über saftige Wiesen weiter. Im Wald erreichen wir eine Weggabelung, wo wir geradeaus auf dem Schotterweg der Beschilderung Dandlbergalm folgend weiterlaufen. Ohne Steigung geht es nun angenehm schattig durch den Wald südseitig unterhalb des Dandlberggipfels dahin, bis man nach etwa 80 Minuten die Dandlbergalm erreicht. Zurück geht es auf demselben Weg.

An schönen Tagen kann es eng werden.

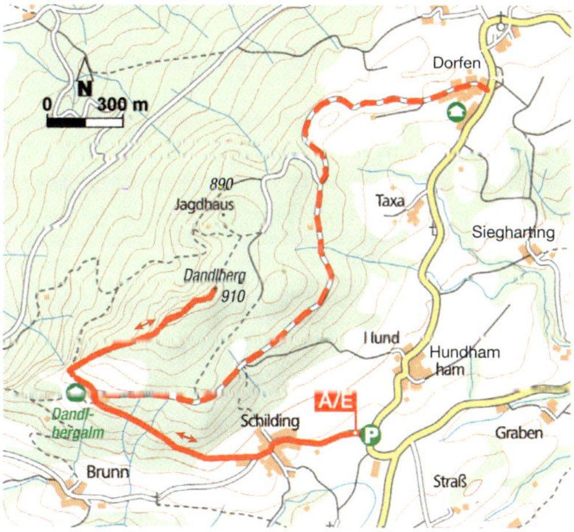

33 Spitzsteinhaus mit Goglalm

Kaum einen Meter gelaufen und schon am Gipfel

leicht | 1,3 km | 90 Hm | 30 Min.

Anfahrt
Inntal-Autobahn (A 93) bis Ausfahrt Brannenburg, weiter nach Nußdorf. Rechts südlich nach Erl (Österreich). Nach der Kirche links Richtung Erlerberg. In einer scharfen Linkskurve rechts halten Richtung Spitzstein (nicht links Kranzhorn). Nach der Brücke links und bei den nächsten Häusern ebenfalls links. Kurz vor dem Wirtshaus Moosbauer bei einem Parkplatz links der Straße links auf eine schmalere Straße. Nun wieder links (Richtung Spitzstein) und weiter bis zum Parkplatz an der Goglalm.

Anforderungen
Zur Goglalm sind keine Höhenmeter und nur 60 m zu Fuß zu bewältigen. Zum Spitzsteinhaus geht es auf befestigter breiter Straße bergauf.

Rolli
Nur bis zur Goglalm neben dem Parkplatz, der Weg zum Spitzsteinhaus ist zu steil.

Rodel
Nicht geeignet

Karte
Topografische Karte 1:50 000, Blatt Chiemsee/Chiemgauer Alpen (BLVA)

Informationen
info@erl.at, www.erl.at

Die nicht allzu große Alpenvereinshütte Spitzsteinhaus mit der schönen Sonnenterrasse mit grandiosem Ausblick ist eine echte Berghütte auf immerhin 1335 Meter, aber dennoch in nur knapp 15 Minuten zu Fuß zu erreichen.

Vom Parkplatz aus folgt man der asphaltierten Anfahrtsstraße und der Beschilderung Spitzsteinhaus durch die Kurve vor der Parkplatzschranke leicht bergauf. Schon ändert sich der Untergrund zu Schotter und kurz darauf erreicht man eine Schotterabzweigung nach links, die man jedoch liegen lässt. Auf nun betonierter, etwas steiler Straße erreicht man nach einer weiteren Serpentine das Spitzsteinhaus.
Die Aussicht von der Terrasse nach Süden ist aufgrund der exponierten Lage grandios, und wer seinen Alpenvereinsausweis nicht vergessen hat, lässt sich sein Bergsteigeressen hier so richtig schmecken und kann den Kleinen nach dem einfachen und kurzen Anstieg eine spannende Lagerübernachtung bieten. Zurück geht es auf dem Anstiegsweg.

Alternative für eine zweite Einkehr Alternativ oder auch zusätzlich kann man noch der Goglalm, die etwa 60 Meter hinter dem Parkplatz liegt, einen Besuch abstatten.

Alternative für noch mehr Spaß Um den Wanderausflug mit zwei weiteren Highlights zu verknüpfen, fährt man auf der Anfahrtsstraße zurück bis Erl und dann nach links stets Richtung Niederndorf und Walchsee. In der scharfen Linkskehre im Ortsteil Durchholzen befindet sich rechts der Park-

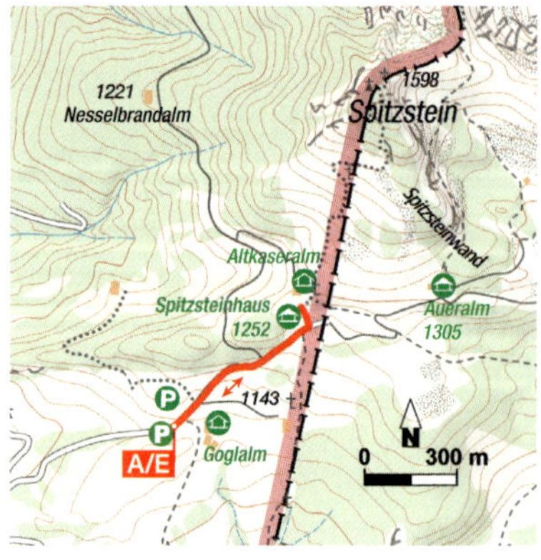

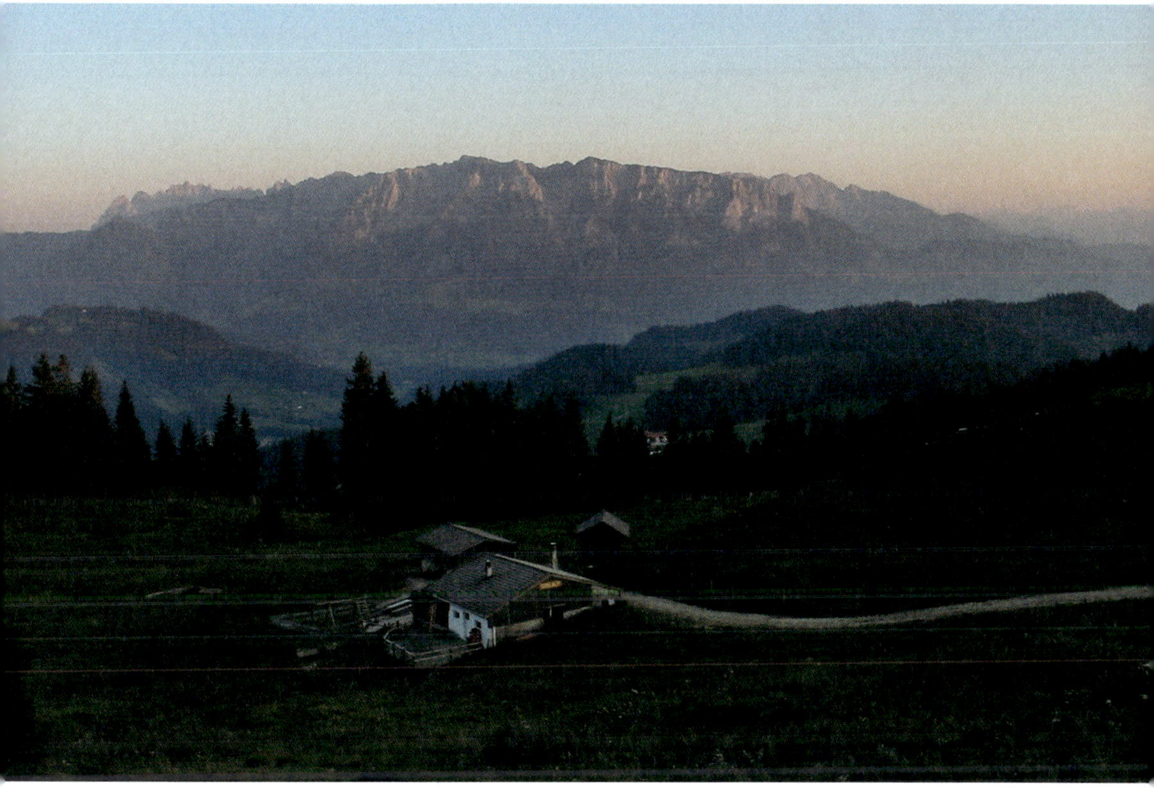

Sonnenuntergang am Zahmen Kaiser. Im Vordergrund liegt die Goglalm.

platz der Sommerrodelbahn. Mit dem Sessellift geht es nach Süden auf die imposanten Wände des Zahmen Kaisers zu und anschließend mit dem Rodel in der Blechrinne wieder rasant ins Tal. Kleine Kinder kann man auf dem Zweisitzer gut mitnehmen, während sich die größeren schon allein in die Bahn stürzen. Anschließend bietet sich noch eine Abkühlung im nahen Walchsee an. An mehreren Stellen rund um den See findet man Zugang und Liegewiesen. Besonders schön ist es am östlichen Ufer auf den Wiesen rund um den vom Walchsee gespeisten Weißenbach.

Alternative für größere Kinder Mit größeren Kindern bietet sich ein Abstecher zum Wasserski-Lift auf dem Hödenauer See an. Man fährt zurück nach Erl und dann nach links bis zur B 172. Dort rechts nach Oberaudorf und dann links Richtung Kiefersfelden. Auf halbem Weg nach Kiefersfelden leitet ein Schild mit der Beschriftung »Wasserski« nach links.

Einkehr
Spitzsteinhaus, durchgehend geöffnet bis Mitte Nov., bis Weihnachten nur am Wochenende geöffnet, kein Ruhetag, Tel. 0043/(0)5373/83 30, www.spitzsteinhaus.info; Goglalm, www.goglalm.com

34 Wildbichleralm

Gemütliche Familientour in Österreich

leicht | 5,6 km | 290 Hm | 110 Min.

Anfahrt
Inntal-Autobahn (A 93) bis Oberaudorf. Über Niederndorf Richtung Walchsee. In Sebi nach dem Gasthaus Sebi links Richtung Wildbichl/Sachrang. Vor dem Feuerwehrhaus Niederndorferberg nach rechts Richtung Wildbichleralm. Die Straße führt durch die Flusssenke und auf der anderen Seite steil bergauf. Stets gerade fährt man dann entweder gerade auf den Schotterparkplatz oder rechts über den Ritzgraben zu den Parkmöglichkeiten am Straßenrand

Anforderungen
Leichter Anstieg auf guter, sonniger Schotterstraße

Rolli
Nicht geeignet

Rodel
Schöne Serpentinen-Rodelstrecke für die ganze Familie

Einkehr
Wildbichleralm, ganzjährig geöffnet, Ende Nov. bis 26.12. geschlossen, Mo Ruhetag, Tel. 0043/(0)5372/71536

Karte
Topografische Karte 1:50000, Blatt Chiemsee/Chiemgauer Alpen (BLVA)

Informationen
www.walchsee.at

Die Wildbichleralm ist eine kleine, schöne Alm mit südseitiger Terrasse und traumhaftem Ausblick und verzaubert mit österreichischer Gemütlichkeit und leckeren Gerichten.

Hat man die Parkplätze erst einmal gefunden und dann auch noch einen Platz ergattert, ist der schwierigste Teil bereits geschafft. Den Weg zur Alm kann man kaum verfehlen. Vom Parkplatz an der Asphaltstraße geht man ein paar Meter zurück wieder über den Ritzgraben und dann rechts auf die Schotterstraße mit dem alternativen Parkplatz. Man folgt der Schotterstraße durch die nächsten drei Kehren, bis man den Parkplatz hinter sich gelassen hat, und geht nach der Schranke auf nichtöffentlicher Straße stets bergauf. Auf der breiten, sonnigen und insbesondere im Hochsommer sehr heißen Straße geht es nun in mehreren Serpentinen nicht allzu steil bergauf, bis man links direkt neben der Schotterstraße die Wildbichleralm erreicht hat. Die leichte Tour ist auch für Kinder gut zu schaffen, auch wenn sie mal einen »Hänger« haben. Denn nach dem Beobachten von Pferden und Kühen auf den Weiden lassen sie sich leicht zum Weiterwandern überreden. Eine Rast, um den Ausblick zu genießen, ist zu empfehlen. Zurück auf dem Anstiegsweg.

Kindertipp
Freizeitmöglichkeiten im Tal: Walchsee (Baden, Sommerrodelbahn Durchholzen), Kössen (Erlebniswaldschwimmbad, Bergbahn), Kufstein (Festung).

Nach der Tour zu den Tieren Nach der Wanderung bietet sich ganzjährig noch ein Besuch im Wildpark Wildbichl an. Direkt an der Anfahrtsstraße (B 175) befindet sich neben dem Gasthof

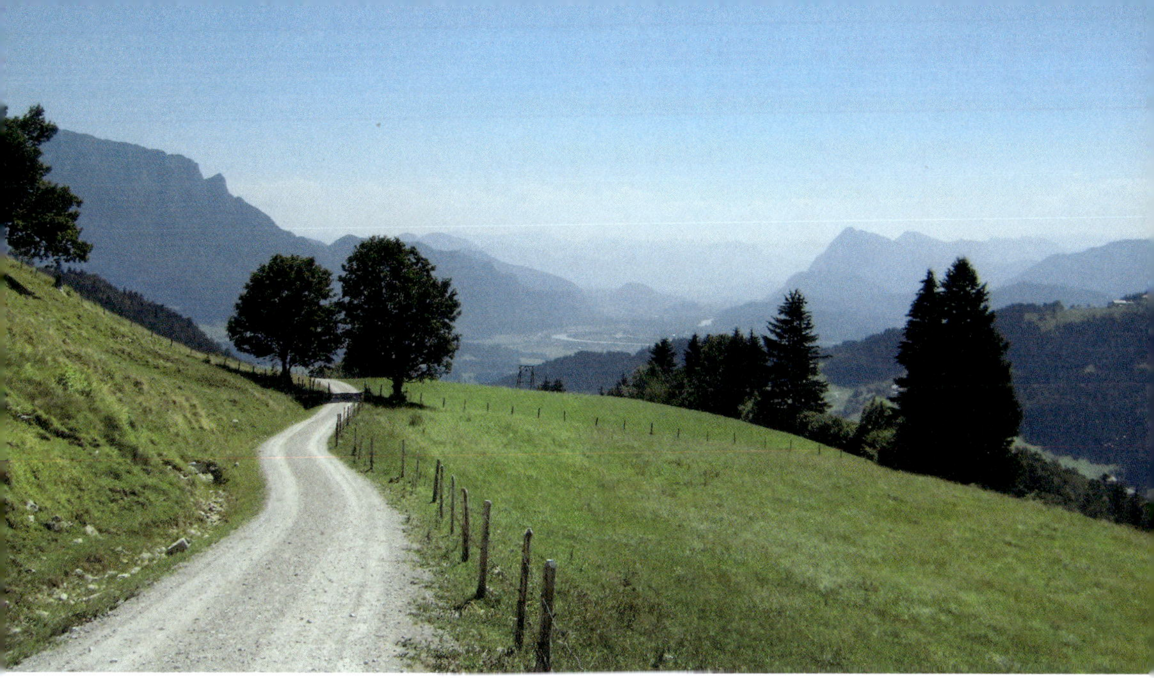

Blick von der Wildbichleralm nach Süden ins Inntal

Wildbichl der gleichnamige Wildpark. Hat man den Spielplatz »überwunden«, geht es in den 80 000 Quadratmeter großen Park. Viele Wildtiere gibt es links und rechts des nicht allzu langen Rundweges durch den Park zu bestaunen, die viele Kinder – wenn nicht sogar Erwachsene – nur aus Büchern oder vom Hörensagen kennen. Oder wann haben Sie zuletzt ein Mufflon gesehen? Auch Gämsen sieht man sonst sicher nur bei eher kinderwagenuntauglichen Bergwanderungen.

An heißen Tagen Auch wenn der Rundweg im Wildpark Wildbichl angenehmerweise durch den Wald führt, kann man den Kindern an heißen Tagen noch ein wenig mehr Abkühlung im nahe gelegenen Walchsee verschaffen. Der im Privatbesitz befindliche See verbietet zwar Schlauchbootfahrten, aber neben der Liegewiese am Nordufer kann man Ruder- und Elektroboote mieten. Ins Wasser hüpft es sich vortrefflich sowohl vom Steg an der Liegewiese als auch vom aufblasbaren Eisberg aus, der jeden Sommer wenige Meter weiter im See zwischen zwei schwimmenden Wassertrampolins verankert wird.

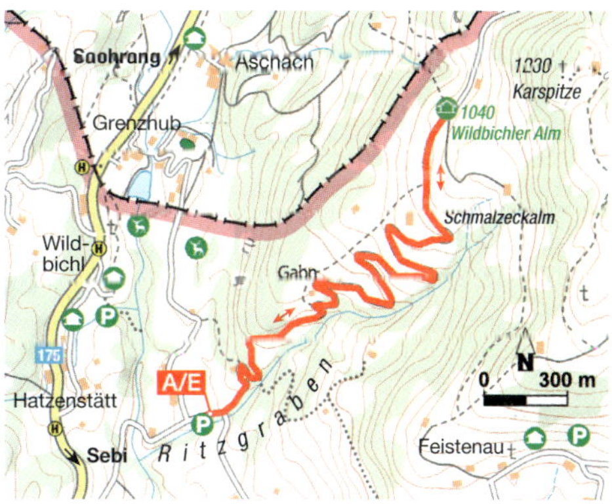

Alternative für größere Kinder Mit etwas älteren Kindern bietet sich ein Abstecher zum Wasserski-Lift auf dem Hödenauer See an, siehe Tour 33.

35 Ottenalm mit Riederalm

Die Tour mit der Sommerrodelbahn

mittel	4,9 km	250 Hm	100 Min.

Anfahrt
Inntal-Autobahn (A 93) bis Ausfahrt Oberaudorf. Über Niederndorf und Durchholzen nach Walchsee am Walchsee. In der Ortsmitte vor dem Hotel Schick links in die Hausbergstraße abbiegen. Nach etwa 800 m befindet sich rechts gegenüber dem Sportgelände ein Wanderparkplatz (gebührenpflichtig).

Anforderungen
Leichte Tour mit zwei Almen auf guter Schotterstraße

Rolli
Nicht geeignet

Rodel
Die Strecke ist eine schöne, sanfte Rodelstrecke.

Einkehr
Ottenalm, Mitte Mai bis Mitte Okt. und Mitte Dez. bis Mitte März geöffnet, kein Ruhetag, Tel. 043/(0)5374/58 12, www.ottenalm.at; Riederalm, ganzjährig geöffnet, Tel. 0043/(0)5374/59 33

Karte
Topografische Karte 1:50 000, Blatt Chiemsee/ Chiemgauer Alpen (BLVA)

Informationen
Infobüro Walchsee, Dorfplatz 10, A-6344 Walchsee, Tel. 0043/(0)5374/52 23, www.walchsee.at

Die Ottenalm mit dem im Winter angenehm wärmenden, offenen Kamin und der lustigen Musikantenecke zählt Sommer wie Winter zu den sehr gut erreichbaren Almen. Von der Terrasse neben dem Haus aus hat man einen eindrucksvollen Blick auf die steilen Felswände der Horauer Spitze.

Die Tour lässt sich im Sommer gut mit einem Bad im Walchsee oder dem Besuch der Sommerrodelbahn in Durchholzen verbinden. Wählt man die Riederalm, welche man unterwegs passiert, als Ziel der Tour, hat man den Anstieg auf etwa 30 Minuten verkürzt.

Vom großen, leider gebührenpflichtigen Parkplatz geht es noch etwa 40 Meter weiter Richtung Talende und dann rechts auf die ausgeschilderte Schotterstraße zur Ottenalm und zur Riederalm. Die breite Forststraße führt sanft bergan und an zahlreichen Quellen vorbei, sodass man bereits hier mehrere Spielpausen einplanen sollte. Nach etwa der Hälfte des Weges erreicht man schon die rechts der Straße gelegene Riederalm, die kleiner als das eigentliche Ziel der Tour ist. Eine kurze Pause zum Streicheln der Ziegen und ausgiebigen Testen der Schaukel und der Rutsche sollte man mit Kindern hier jedoch einplanen.

Kindertipp

Folgende Orte im Tal bieten Freizeitspaß für Kinder: Walchsee (Baden, Sommerrodelbahn Durchholzen), Kössen (Erlebniswaldschwimmbad, Bergbahn), Kufstein (Festung).

Den linken Abzweig zum Geigelstein und der ganzjährig geöffneten Priener Hütte lassen wir liegen und folgen der Forststraße geradeaus weiter. Nach etwa fünf Minuten zweigt links ein et-

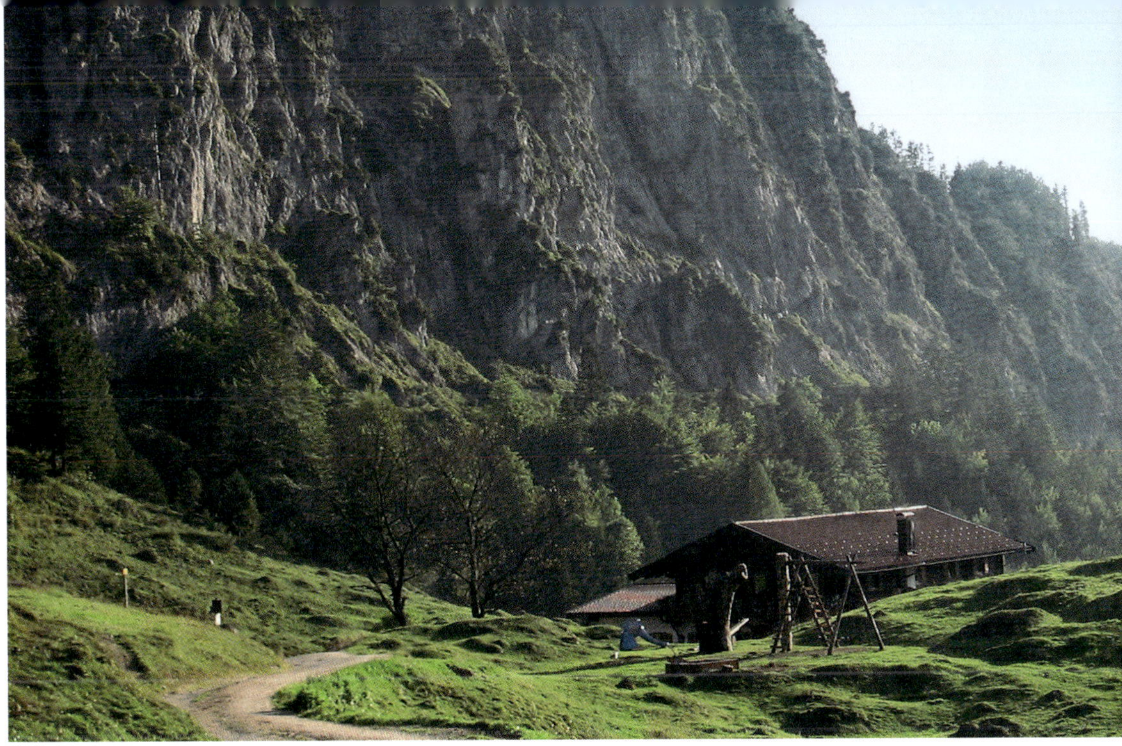

was kleinerer und schönerer Weg, der ebenfalls zur Ottenalm führt, ab; mit Kinderwagen gehen wir jedoch weiter geradeaus, stets der Forststraße folgend, auf die auch der kleine Weg schon bald wieder trifft. Lässt man die unbeschilderte große Abzweigung nach links etwas unterhalb der Ottenalm liegen, hat man diese nach ein paar weiteren Kurven auch schon erreicht. Der Weg ist aufgrund der geringen Steigung auch für Kinder leicht zu gehen und bietet immer wieder Entdeckungen, die von den Strapazen ablenken. Der Abstieg erfolgt auf dem Anstiegsweg.

Die Ottenalm mit Spielplatz vor der Horauer Spitze

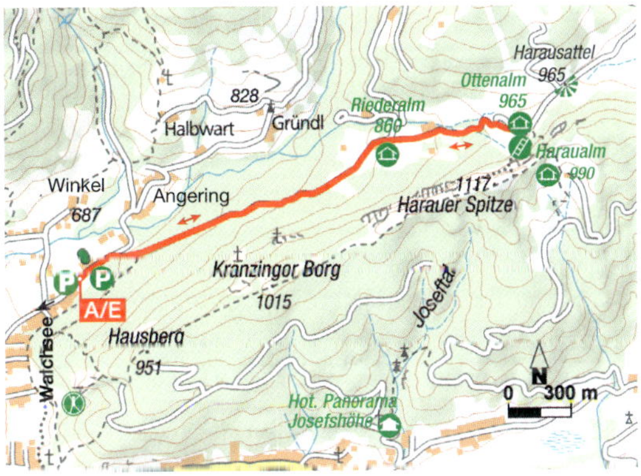

Nach der Wanderung kann man den Tag im Sommer mit einem schönen Bad im Walchsee ausklingen lassen. Eine schöne, allerdings kostenpflichtige Badestelle befindet sich am nordöstlichen Ufer, das man erreicht, indem man durch den Ort Walchsee hindurch weiter nach Osten fährt und nach dem See rechts in die kleine Straße einbiegt. Ebenfalls einen Stopp wert ist die Sommerrodelbahn, die man bei der Anfahrt bereits rechts der Straße in Durchholzen sehen konnte. Mit dem Sessellift gemütlich hinauf und im Einer- oder Zweierrodel wieder rasant ins Tal – da kann doch kein Kind widerstehen!

36 Daffnerwaldalmen

Almhopping auf der Hochebene

mittel	4,3 km	220 Hm	80 Min.

Anfahrt
Autobahn München–Salzburg (A 8) bis Ausfahrt Achenmühle. Im Ort Achenmühle rechts in Richtung Törwang abbiegen und weiter bis Grainbach. In Grainbach nicht links zur Hochriesbergbahn, sondern auf der Straße bleiben (leicht rechts) und der Beschilderung Duftbräu folgen. Am Gasthof Duftbräu vorbei und 800 m darauf bei Schweibern nach links (Pöppl) zum Heuberg-Parkplatz am Waldrand

Anforderungen
Leichte Tour auf Forststraße

Rolli
Für den Rollstuhl geeignet

Rodel
Schöne Familien-Rodelstrecke

Einkehr
Daffnerwaldalmen, ganzjährig geöffnet, im Winter nur Do bis So sowie an Feiertagen, Tel. 08032/8737 bzw. 08034/2217

Karte
Topografische Karte 1:50 000, Blatt Chiemsee/ Chiemgauer Alpen (BLVA)

Informationen
Verkehrsverein Samerberg e. V., Dorfplatz 3, 83122 Samerberg, Tel. 08032/8606, www.samerberg.de

Daffnerwaldalm bezeichnet die Almfläche östlich des Heuberges mit mehreren Hütten, von denen zwei, nämlich die Laglerhütte (auch Löwenbräuhaus genannt) und die letzte Alm, die Deindlalm, Gäste bewirten.

Vom Wanderparkplatz führt ein breiter Weg, der Weg Nr. 8, durch den Wald nach Westen. Zunächst geht es sanft dahin. Nachdem man später einige Höhenmeter überwunden hat, trifft man nach etwa der Hälfte der Strecke auf eine breite aus Nußdorf kommende Forststraße (siehe Alternative unten). Hier biegt man nach links auf diese ab und gelangt so nach drei weiteren Kehren zur Hochebene mit den Daffnerwaldalmen.
Da beide Almhütten Gäste bewirten, hat man nun die Qual der Wahl oder man kommt ganz einfach öfter hier hoch, was sich allein schon aufgrund der schönen Aussicht ins Chiemgau lohnt. Der Rückweg erfolgt auf dem Anstiegsweg.

Alternative: Start in Nußdorf Wer etwas mehr Zeit, so ungefähr 90 Minuten, mitbringt, kann die Daffnerwaldalmen auch von Nußdorf aus angehen. Mit dem Auto geht es in der Ortsmitte von Nußdorf zunächst Richtung Erl und nach etwa 100 Metern beim Schneiderwirt links. Man fährt an der Dorflinde vorbei, beim Holzlagerplatz rechts und parkt dann direkt gegenüber von Waldwiesenweg 25.
Auf dem Feldweg geht es nun zunächst über die Nußdorfer Wiesen und später durch die Kehre und im Wald weiter. Hat man später das kleine Kirchlein Mariä Heimsuchung passiert, mündet bald von links der oben beschriebene Weg in die Forststraße. Stets auf der Forststraße weiter geht es nun in kurzen zehn Minuten zum

Kindertipp
In Samerberg gibt es die Möglichkeit, mit der Hochriesbergbahn zu fahren.

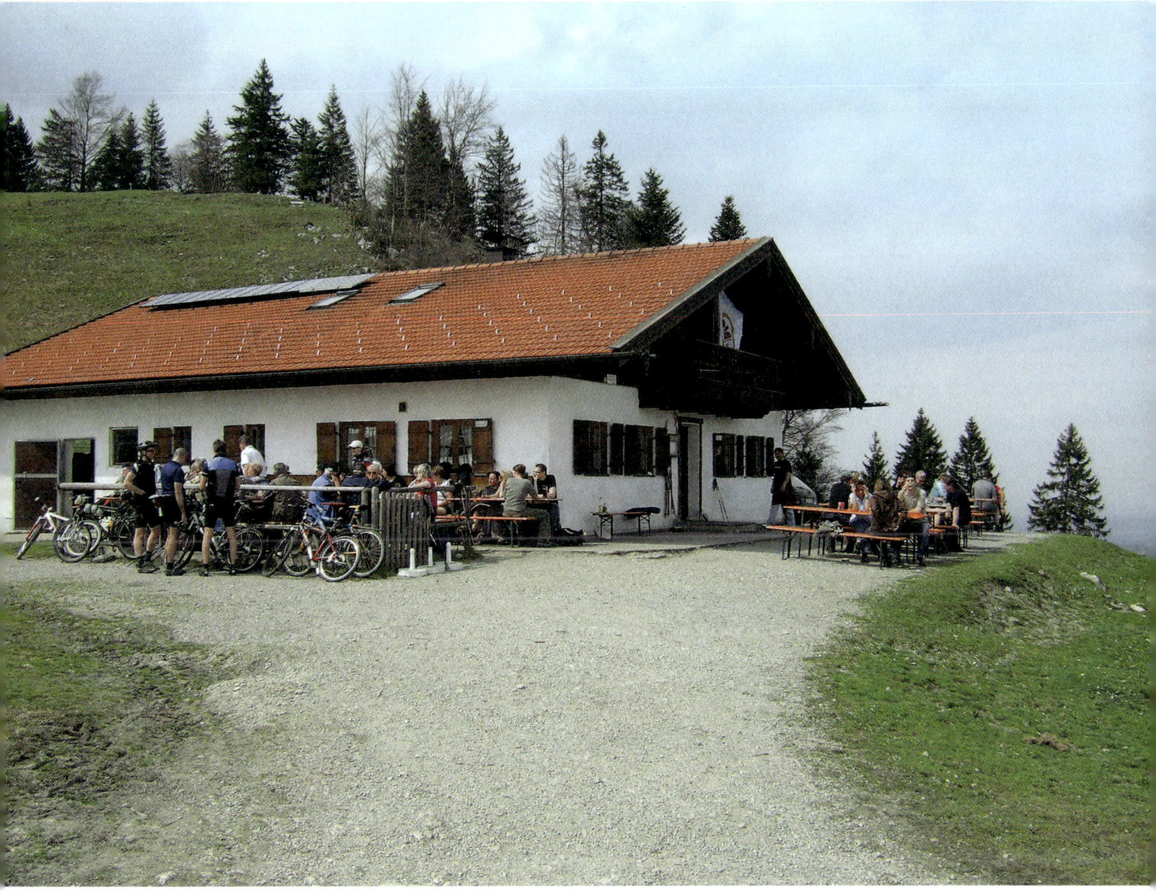

Hochplateau. Der Rückweg erfolgt auch hier wieder auf dem Anstiegsweg.

Beliebtes Ziel: die Daffnerwaldalmen (im Bild die Deindlalm)

Alternative: wer hoch hinauswill Um noch etwas mehr das Bergfeeling auszukosten, kann man auch mit der Hochriesbergbahn noch etwas höher hinaus. Die Aussicht auf Chiemsee, Rosenheimer Land und Zentralalpen ist ebenso eindrucksvoll wie das Beobachten der Paraglider, die an schönen Tagen nahe der Bergstation der Hochriesbergbahn ihre mutigen Gleitschirmflüge starten. Der Blick auf den Chiemsee verführt eventuell zu einem Besuch desselben, den man mit einer Schifffahrt verknüpfen kann.

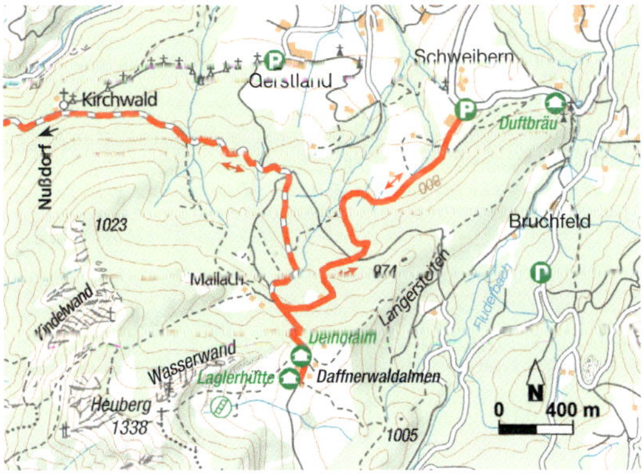

37 Doaglalm (Spatenau-Alm)

Wärmende Rodlerstube

leicht | 5,0 km | 200 Hm | 85 Min.

Anfahrt
Autobahn München–Salzburg (A 8) bis Ausfahrt Achenmühle. Weiter nach Achenmühle und rechts nach Grainbach, indem man stets der Beschilderung Hochriesbahn folgt. Im Ort Grainbach nicht links bergauf zum Parkplatz der Hochriesbahn, von dem aus ebenfalls ein Weg zur Doaglalm führt, sondern auf der Straße weiter nun der Beschilderung »Duftbräu« folgend. Nach etwa 3 km ist auf der rechten Straßenseite im Wald der Wanderparkplatz.

Anforderungen
Leichte Tour, sanfte Steigung

Rolli
Nicht geeignet

Rodel
Schöne, leichte Rodelstrecke

Einkehr
Doaglalm, ganzjährig geöffnet, Mai bis Okt. täglich ab 10 Uhr (Mo Ruhetag), von Nov. bis April nur an Wochenenden, Tel. 08032/82 19, www.doaglalm.de

Karte
Topografische Karte 1:50 000, Blatt Chiemsee/ Chiemgauer Alpen (BLVA)

Informationen
www.samerberg.de

Die Doaglalm bietet sowohl im Winter mit der neuen großen Gaststube ausreichend Platz in der wärmenden Stube als auch im Sommer rund ums Haus auf den Biertischgarnituren.

Beim Parkplatz neben und unterhalb der Anfahrtsstraße überquert man diese und folgt der Beschilderung Doaglalm auf der breiten Forststraße. Kurz darauf geht es auch schon durch die erste Kehre und immer weiter auf der Forststraße. Die Abkürzungen lassen wir aufgrund der Nichteignung für Kinderwagen links liegen. Nach der zweiten und letzten Kehre (hier mündet der Weg von der Hochriesbergbahn in die Forststraße, siehe Alternative) geht es zunächst flacher weiter, um nochmals Kraft für die unmittelbar anschließende letzte Steigung sammeln zu können. Sobald diese geschafft ist, hat man die Doaglalm nach wenigen Metern erreicht.

Kindertipp
Abwechslung für Kinder in Samerberg: Hochriesbergbahn.

Vor der Einkehr sollte man noch kurz den kleinen Hügel neben der Alm erklimmen, um die Aussicht gen Norden zu genießen. Ideale Einstiegstour auch mit kleinen Kindern, kaum Steigung und kurze Gehzeit.

Alternative: Aufstieg von der Hochriesbergbahn Wer dem Hüttenvergnügen eine knappe Stunde Gehzeit vorzieht, der kann das Auto auch bei der Talstation der Hochriesbergbahn parken und zunächst auf der breiten Forststraße links unterhalb der Trasse der Hochriesbergbahn den beschilderten Weg zur Doaglalm wählen. Bald zweigt ein kleinerer Weg nach rechts zur Doaglalm unter der Bahn hindurch ab. Später kommt man an eine Wegkreuzung. Dort geht man nach links und gelangt so

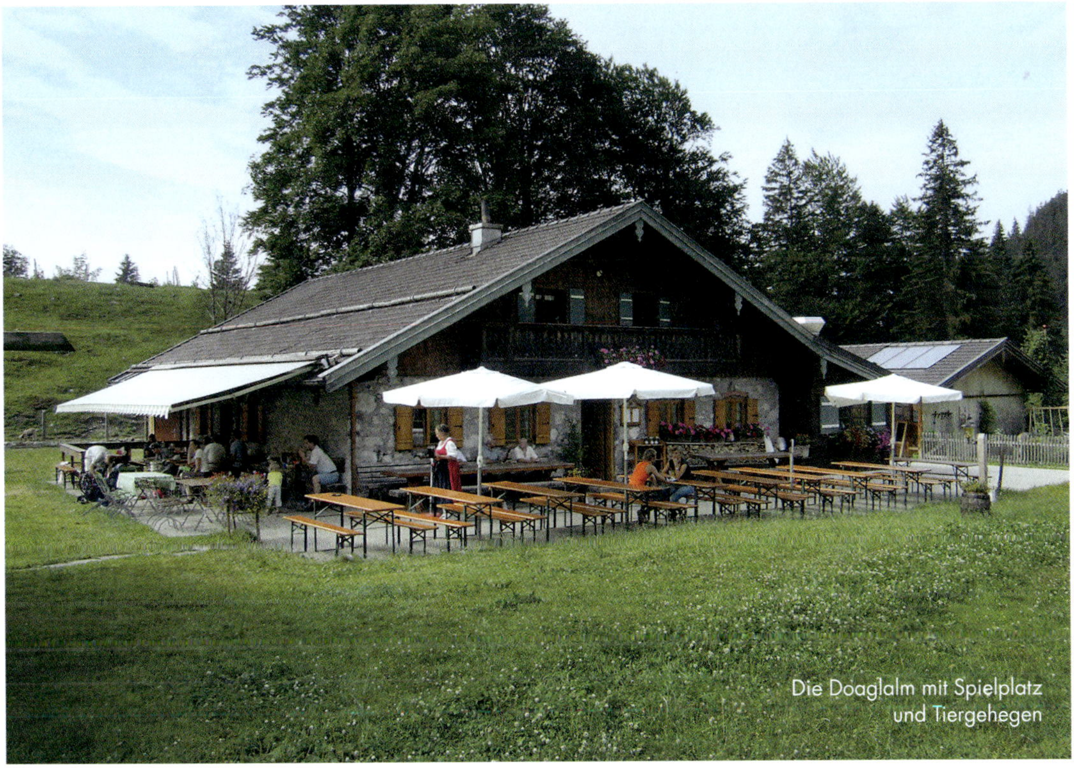

Die Doaglalm mit Spielplatz und Tiergehegen

in einer Kehre an die Forststraße der oben beschriebenen Tour. Der Rückweg erfolgt jeweils auf dem Aufstiegsweg.

Alternative: wer hoch hinaus will Um noch etwas mehr das Bergfeeling auszukosten, kann man auch mit der Hochriesbergbahn noch etwas höher hinaus. Die Aussicht auf Chiemsee, Rosenheimer Land und Zentralalpen ist ebenso eindrucksvoll wie die Paraglider, die an schönen Tagen nahe der Bergstation der Hochriesbergbahn ihre mutigen Gleitschirmflüge starten. Der Blick auf den Chiemsee verführt eventuell zu einem Besuch desselben, den man mit einer Schifffahrt verknüpfen kann. Das Übersetzen zu Fraueninsel und Herreninsel und der Besuch von Schloss Herrenchiemsee hat bei unseren Kindern Eindruck hinterlassen.

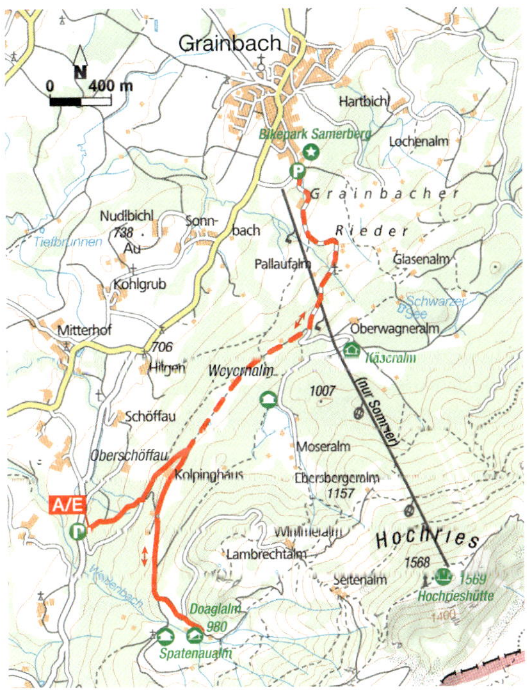

38 Frasdorfer Hütte

Ganz neu jetzt „Die STUBN"

mittel | 8,5 km | 350 Hm | 180 Min.

Anfahrt
Autobahn München–Salzburg (A 8) bis Ausfahrt Frasdorf. In Frasdorf schräg gegenüber der Kirche Richtung Sagberg abbiegen. Nach etwa 400 m rechts Richtung Lederstube und zum Wanderparkplatz Lederstube am Ende der Straße

Anforderungen
Leichte Tour auf sanft ansteigender, breiter Forststraße

Rolli
Nicht geeignet

Rodel
Schöne leichte und vor allem breite Rodelstrecke

Einkehr
Frasdorfer Hütte, ganzjährig geöffnet, Mo und Di Ruhetag, Tel. 08052/51 40, www.frasdorfer-huette.de; STUBN in der Frasdorfer Hütte, www.stubn.co; Riesenhütte bis auf weiteres geschlossen!

Karte
Topografische Karte 1:50 000, Blatt Chiemsee/ Chiemgauer Alpen (BLVA)

Informationen
Tourist-Info Frasdorf, Schulstr. 7, 83112 Frasdorf, Tel. 08052/179625, www.frasdorf.com

Die Frasdorfer Hütte steht schon lange auf der Hochebene unter dem Riesenberg und lädt schon immer zu einer Rast ein. In den vergangenen Jahren wurde die Hütte renoviert und soll als „STUBN in der Frasdorfer Hütte" ab 2022 wiedereröffnen.

Am Ende des ausreichend groß bemessenen Parkplatzes beginnt der breite Forstweg zur Frasdorfer Hütte. Nach etwa 100 Metern hält man sich links, der Beschilderung zur Frasdorfer Hütte folgend, und überschreitet bald die Brücke über die Ebnater Ache. Nun geht es stets aufwärts, immer an diesem Bach entlang, bis man bald an eine Abzweigung auf den Sommerweg stößt, die man jedoch nicht beachtet und rechts über die Brücke weitergeht. Bei der Weggabelung wenig später hält man sich nun links. Nochmals geht es über eine Brücke und auf die Rauchalm zu, vor der man jedoch der Forststraße nach rechts folgt, um über eine lang gestreckte Serpentine nach etwa einer Stunde Gesamtzeit auf die Hochebene der Frasdorfer Hütte zu gelangen. Eine letzte Abzweigung nach links und man hat die Hütte erreicht.
Auf der Wiese mit den Bänken vor der Hütte können die Kleinen stets im Blickfeld der Eltern etwas herumtoben.
Der Rückweg verläuft zunächst auf derselben Strecke wie der Anstieg. Hat man dann die Rauchalm und die Ebnater Ache wieder erreicht, geht man noch fünf Minuten weiter bergab, bis man an eine Abzweigung nach rechts trifft und diesem Weg mit der Beschilderung »Sagberg« folgt. Durch den Wald geht es nun wellig dahin, bis man bei Sagberg aus diesem heraustritt und über die Asphaltstraße durch Haslau sowie Ebnat wieder zurück zur Abzweigung zum Parkplatz gelangt.

Alternative mit Rodel Mit dem Rodel wählt man dieselbe Strecke wie beim Aufstieg und kann so eine lange, relativ ungefährliche Abfahrt genießen. Ein kleines Glöcklein warnt entgegenkommende Wanderer.

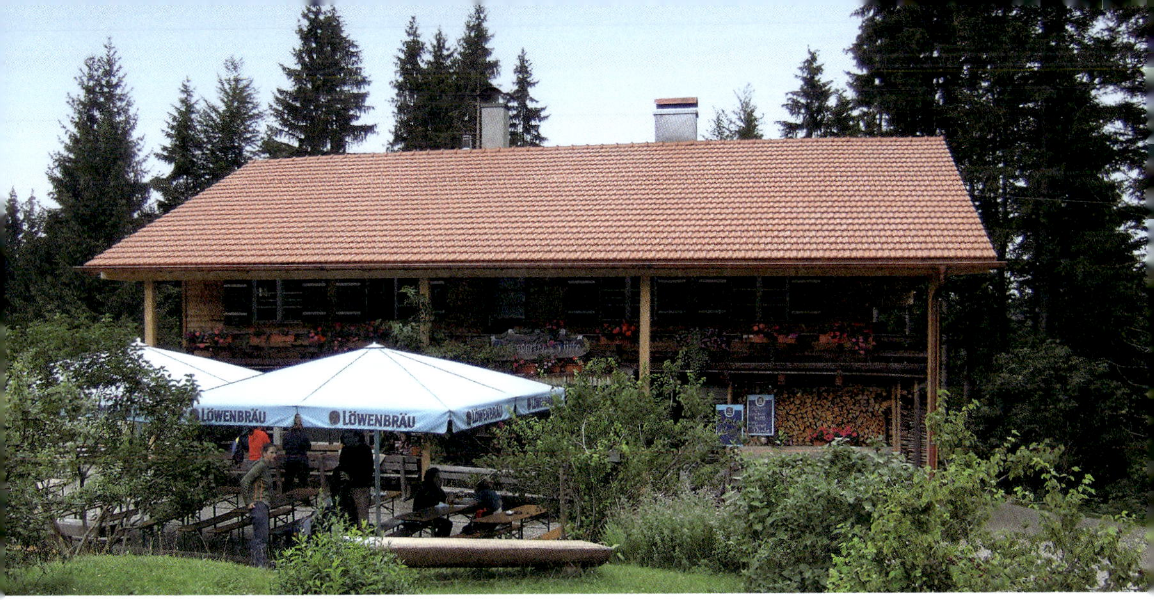

Immer schon gemütliche Einkehr

Alternative für eine Erweiterung Wer noch etwas weiter gehen will, kann die Tour noch auf dem beschilderten Weg bis zur Riesenhütte verlängern, wofür man etwa 40 Minuten einplanen sollte. Hierfür folgt man der Beschilderung »Riesenhütte«, die man bereits auf dem Weg zur Frasdorfer Hütte gesehen hat, und geht noch etwas nach Süden, dem Weg folgend nach Westen, bis man auf 1345 Meter Höhe die Riesenhütte erreicht.

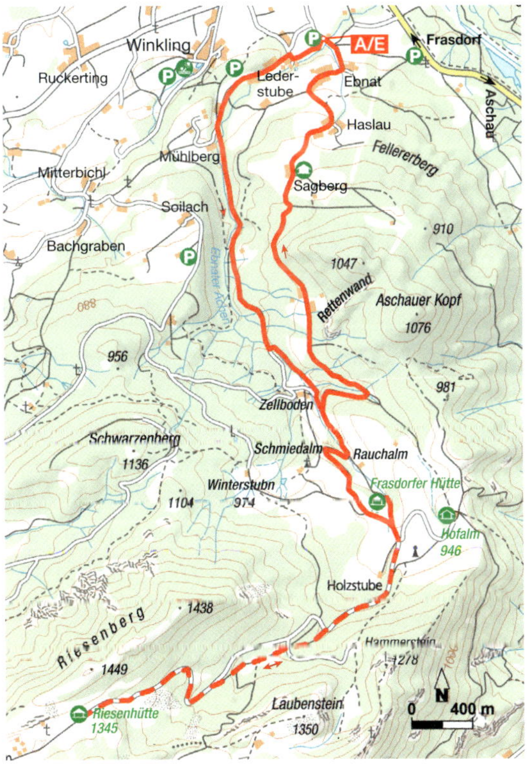

Kindertipp

In Frasdorf warten auf die Kinder einige Attraktionen: Reiten, Höhlenmuseum, Schwimmbad, Spielplatz. Im Chiemsee baden oder eine Schifffahrt auf dem See macht Kindern immer Freude.

Alternative für Flachlandtiroler Ein Abstecher zum nahe gelegenen Chiemsee, eventuell verbunden mit einer Schifffahrt zu den Inseln Herren- oder Frauenchiemsee, ist ebenfalls ein spannender Ausflugstipp für die ganze Familie.

39 Feldlahnalm

Traumhafte Almidylle über Oberwössen

mittel | 5,4 km | 280 Hm | 100 Min.

Anfahrt
Autobahn München–Salzburg (A 8) bis Ausfahrt Bernau am Chiemsee. Über Rottau und Marquartstein weiter links haltend nach Unterwössen. Im Ortsteil Brem in Oberwössen nach links in den Hammergraben abbiegen und an dessen Ende parken

Anforderungen
Schöne, teilweise etwas steilere Tour im schönen schattigen Bachgraben

Rolli
Nicht geeignet

Rodel
Gut geeignet

Einkehr
Feldlahnalm, im Winter nur am Wochenende, zwischen den Feiertagen auch wochentags bewirtschaftet, Tel. 08641/8093

Karte
Topografische Karte 1:50 000, Blatt Chiemsee/Chiemgauer Alpen (BLVA)

Informationen
Tourist-Info Unterwössen, Rathausplatz 1, 83246 Unterwössen, Tel. 08641/8205, www.unterwoessen.de

Die Feldlahnalm ist eines der schönsten Almziele – auch ohne spektakuläre Aussicht gefällt der Aufstieg durch den Hammergraben Groß und Klein.

Prinzipiell ist der Weg zur Feldlahnalm leicht zu finden, da man ganz einfach immer geradeaus durch den Hammergraben am Bach entlang bergauf wandert. Dieser Weg startet am hinteren Ende des Wanderparkplatzes und führt zunächst an dem kleinen See, der bei der neuen Hochwasserverbauung entstand, vorbei. Von nun an geht es, was besonders an heißen Sommertagen sehr angenehm ist, stets auf dem breiten Weg dem Bachlauf bergauf folgend nicht anstrengend, aber doch ordentlich bergauf. Nach etwa 30 Minuten wird der Weg zu einem schmalen Pfad und wir müssen zweimal etwas mühsam eine Stufe mit dem Kinderwagen überwinden. Noch bevor wir uns fragen, ob es nun die restlichen 30 Minuten so mühsam weitergeht, erreichen wir die breite Forststraße zur Feldlahnalm, welche wir jedoch einfach nur überqueren, um auf der gegenüberliegenden Seite der Straße wieder auf dem Bachgrabenweg weiterzugehen. Der Weg fällt nun stets wieder in die breitere Kategorie, sodass wir ohne Mühe – auch wenn es nun ein paar Prozente mehr an Steigung zu überwinden gilt – die Feldlahnalm erreichen. Die Feldlahnalm ist auf den ersten Blick zwar nur eine gewöhnliche oberbayerische Alm, aber auf den zweiten Blick verliebt sich sicherlich die ganze Familie in sie: Neben leckeren Gerichten und angenehm gekühlten Getränken bietet die Alm nämlich auf der schönen großen Wiese vor der Terrasse einen kleinen Sandspielplatz in Sichtweite, was für die Eltern schon mindestens 30 Minuten Ruhe bedeutet. Der Brun-

Kindertipp

Grassau (Baden), Marquartstein (Märchenpark), Chiemsee (Schifffahrt).

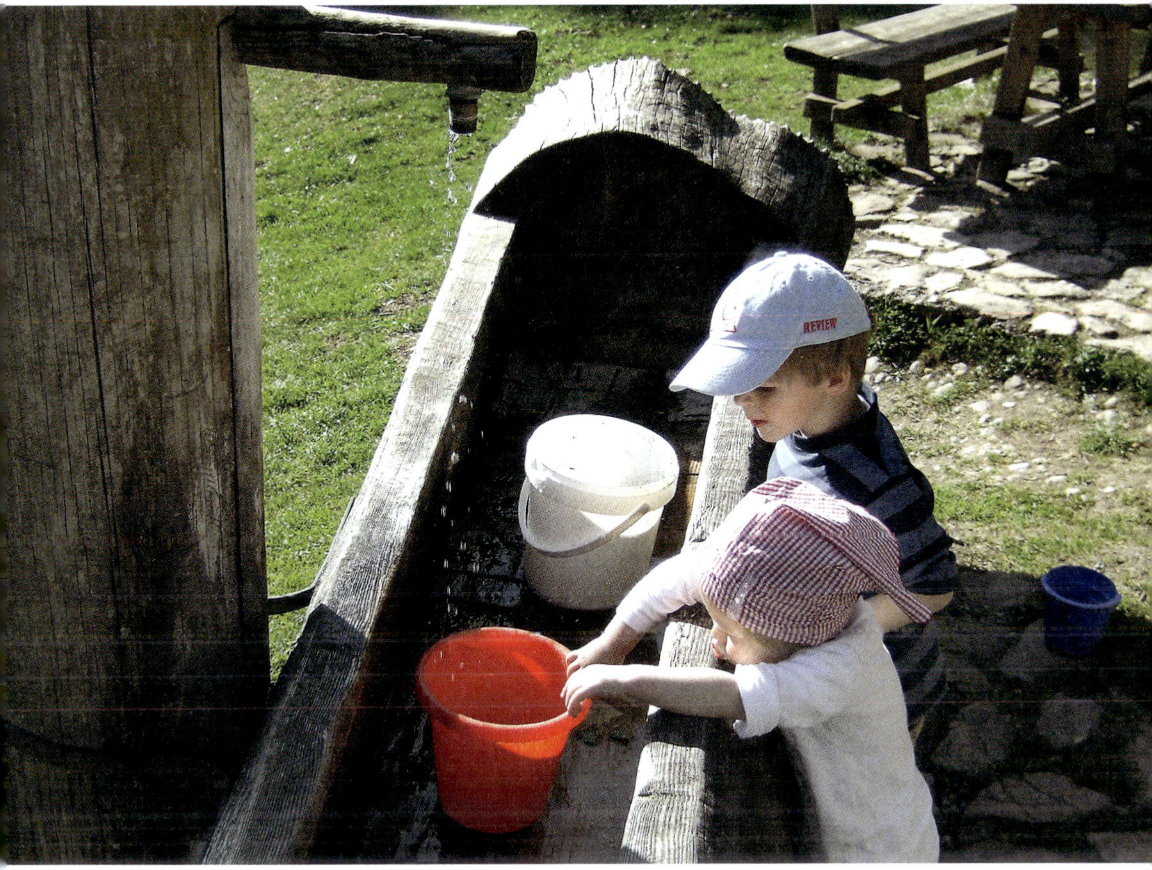

nen mit Viehtränke direkt neben der Terrasse garantiert eine weitere halbe Stunde Spielvergnügen und somit einen perfekten Wandertag für die ganze Familie.

... auch ein Brunnen beschäftigt die Kleinen.

Nach der Einkehr geht es auf dem Anstiegsweg wieder zurück. Zwar ist dieser nun schon bekannt, aber im Bachgraben kommt auch ohne Rundtour keine Langeweile auf.

Alternative: bei sommerlicher Hitze Wenn es im Sommer zu heiß ist, bietet sich nach der Tour (die ohnehin durch einen schattigen Bachgraben führt) noch ein Badestopp in Unterwössen, im Wössener See an. Man fährt zurück Richtung Unterwössen am Campingplatz vorbei und bald durch die Serpentine, nach dem Holzwerk rechts abbiegen (Rexau oder Hacklau).

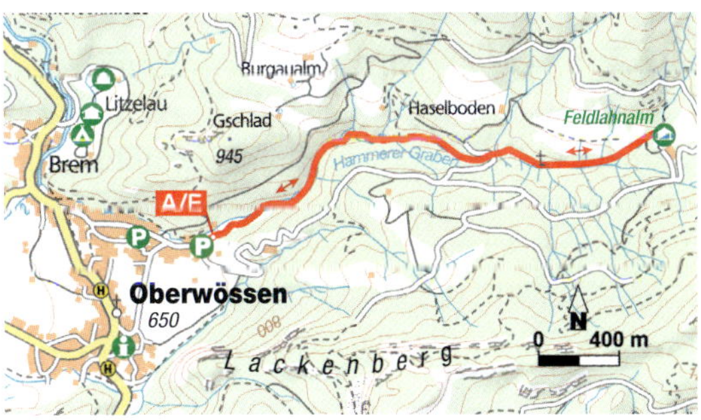

40 Branderalm

Romantische Alm mit Viehtränke

mittel | 6,8 km | 390 Hm | 130 Min.

Anfahrt
Autobahn München–Salzburg (A 8) bis Ausfahrt Traunstein/Siegsdorf, weiter Richtung Ruhpolding/Reit im Winkl. Beim Kreisverkehr an der zweiten Abzweigung nach der Autobahnausfahrt nach rechts Richtung Ruhpolding/Reit im Winkl. Durch Ruhpolding hindurch und 7,5 km weiter bis zum Wanderparkplatz Seehaus

Anforderungen
Schöne Forststraßentour mit einem lohnenden Ziel

Rolli
Nicht geeignet

Rodel
Nicht geeignet

Einkehr
Branderalm, Mitte Juni bis Ende Sept. bewirtschaftet, kein Ruhetag, Tel. (Tal) 08663/625, www.beim-brandler.de

Karte
Topografische Karte 1:50 000, Blatt Chiemsee/Chiemgauer Alpen (BLVA)

Informationen
Tourist-Info Ruhpolding, Hauptstr. 60, 83324 Ruhpolding, Tel. 08663/880 60, www.ruhpolding.de

Eine echte Alm mit Produkten aus eigener Herstellung und eigenen Rohstoffen! Ein Besuch auf der idyllischen Branderalm fernab der kommerziellen Hütten und Regionen hinterlässt bei Klein und Groß einen bleibenden, positiven Eindruck.

Vom Parkplatz marschiert man zunächst etwa 20 Meter bis zum Wegweiser am Kreuzungspunkt zweier Forststraßen. Da wir mit Kinderwagen unterwegs sind, wählen wir die linke ausgeschilderte Route zur Branderalm (siehe Alternative für die rechte Variante). Wir folgen nun stets der breiten Schotterstraße bergauf und lassen kleinere Wegabzweige unbeachtet. Die 400 Höhenmeter dieser Tour sind zwar nicht ganz ohne, speziell in den heißen Sommermonaten, aber der Bergwald spendet angenehm Schatten und der Kinderwagen rollt gut auf der fein geschotterten Straße. Nach etwa einer Stunde erreichen wir inmitten einer größeren Almfläche schließlich die Branderalm, direkt nach einer letzten Bachdurchquerung. Die Viehtränke und der Bach beschäftigen die Kleinen für die kommende Stunde und einer gemütlichen, idyllischen Rast steht nichts im Wege. Auch die Wiesen um die Alm laden zum Herumtoben ein – lediglich den Sonnenschutz für die Kleinen sollte man nicht vergessen. Der Rückweg erfolgt auf dem Anstiegsweg.

Kindertipp

Nach der Tour zur Branderalm lockt ein Bad im Mitter- oder Weitsee, die man rasch auf der B 305 weiter Richtung Reit im Winkl erreicht.

Alternative ohne Kinderwagen Sind die Kinder bereits dem Kinderwagen entwachsen und gehen die Tour selbst oder sitzen in

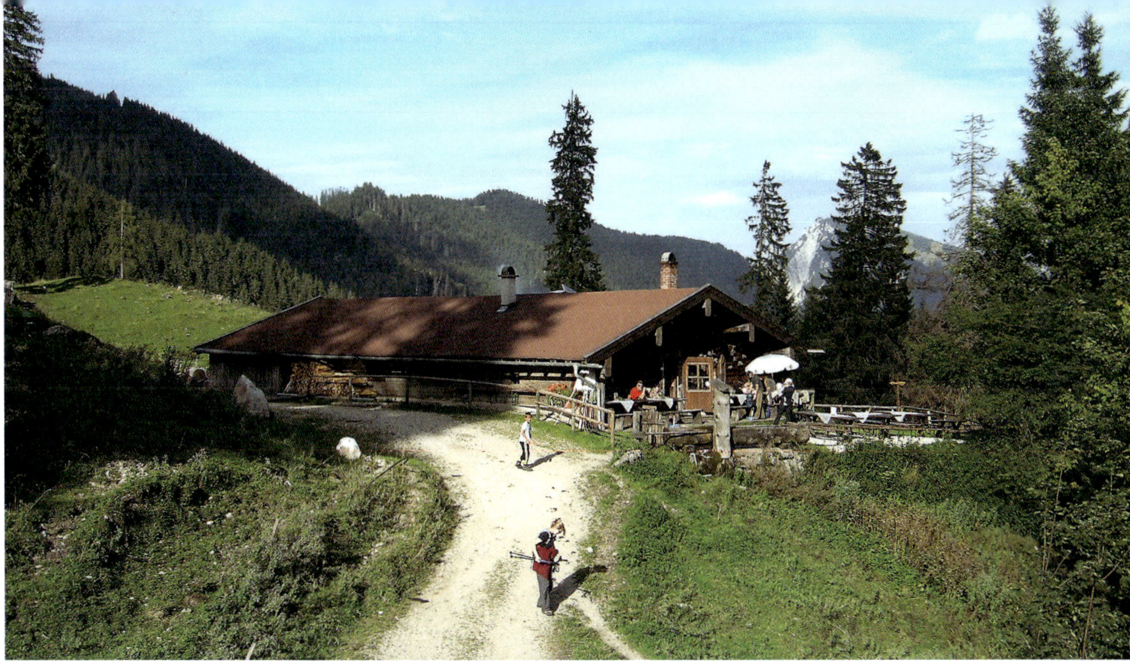

der Kraxe, so ist für den Aufstieg eine spannendere Wegvariante möglich. Am Wegweiser beim Parkplatz wählt man nicht den linken, sondern den rechten Weg ins Rammelsbachtal (Nr. 46) und erreicht bald ein weiteres Schild »Branderalm«, das uns nach links auf einen kleineren Pfad weist. Diesem folgen wir nun stets bergauf (nach Regenfällen meist nass, aber ungefährlich), bis wir nach einer Brücke eine Lichtung und die oben beschriebene Forststraße erreichen. Dieser folgen wir nun nach rechts und erreichen so nach wenigen Minuten die Branderalm.

Einfach idyllisch und ursprünglich mitten in den Bergen

Alternative mit größeren Kindern Mit älteren Kindern ist in zusätzlichen 90 Minuten auch eine Besteigung der Hörndlwand möglich. Kurz vor der Alm weist ein Schild nach links Richtung »Ostertal/Hörndlwand«. Über die Almwiese geht es nun bergauf und wieder in den Wald zu einer Weggabelung. Nun wandern wir nach links Richtung »Hörndlwand/Ostertal« auf einen kleineren, aber ungefährlichen Steig. Bald hat man das Kar erreicht und geht in Serpentinen weiter bis zu einem Hochplateau, wo man von der tollen Aussicht überrascht wird. Nun kommt auch schon das Gipfelkreuz in Sicht und wir gehen rechts über den Latschenkamm zum Gipfel.

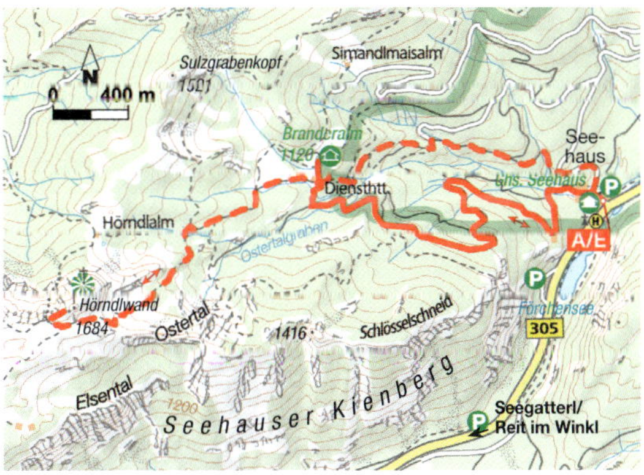

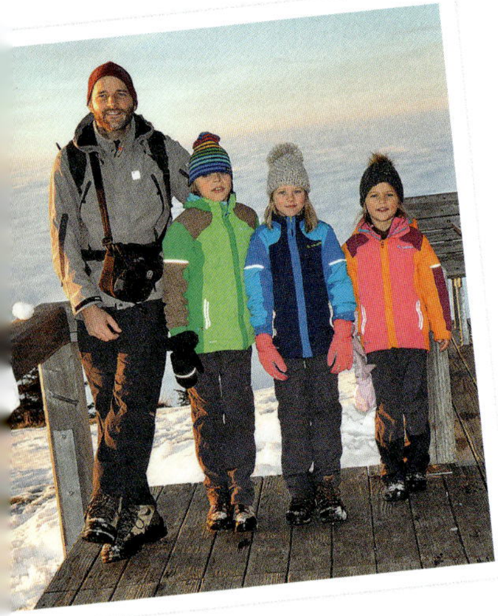

Abspann

Wanderungen mit Kinderwagen

In den ersten Monaten, in denen die Kleinen noch nicht selbst laufen und auch noch nicht in einem Tragetuch oder einer Kraxe mitgenommen werden konnten, »mussten« wir den Kinderwagen in den Bergen verwenden. Kaum war ein Kind dann dem Kinderwagen-Alter entwachsen, kam schon ein neuer Anwärter auf dieses komfortable Transportmittel. Auf diese Weise haben meine Frau und ich in den vergangenen Jahren mittlerweile drei Kinder auf Hunderten Touren in den Voralpen im Kinderwagen zu vielen idyllischen und manchmal auch überlaufenen Hütten und Almen geschoben. Ein Best-Of finden Sie in diesem Buch.

Verrückt muss man schon sein

Ein gewisser positiver Hang zur Schinderei ist bei der einen oder anderen Tour allerdings unerlässlich. Da Wanderungen nun mal mehr sind als Spaziergänge und Naturwege dem Vergleich mit städtischen Gehsteigen in Bezug auf Unebenheiten nicht standhalten, muss man eine gewisse Freude an Schweiß und Plackerei haben.

Kinderwagen-Variationen

Über die Jahre haben uns verschiedene Modelle gute Dienste geleistet. Neben dem klassischen Kinderwagen waren wir auch mit Geschwisterwagen, Buggies und Schlitten unterwegs. Alle Gefährte haben uns schöne Tage in der Natur ermöglicht und fast vermissen wir die Wagen heute schon.

Nein, das war gelogen

Wir vermissen die Kinderwagen heute nicht auf unseren Wanderungen. Wir denken aber gerne an die schönen Stunden zurück. Allen Lesern sei an dieser Stelle der Ausblick auf viele zukünftige Touren mit den Kindern in Aussicht gestellt, wo auch kleine Steige bis hin zu Klettersteigen (wieder) möglich sind. Ist der Nachwuchs erst einmal angesteckt – also im Kinderwagen bereits »infiziert« – stehen die Chancen auf großartige Touren auch mit Teens gut!

Robert Theml

Register

Ebenfalls erhältlich ...

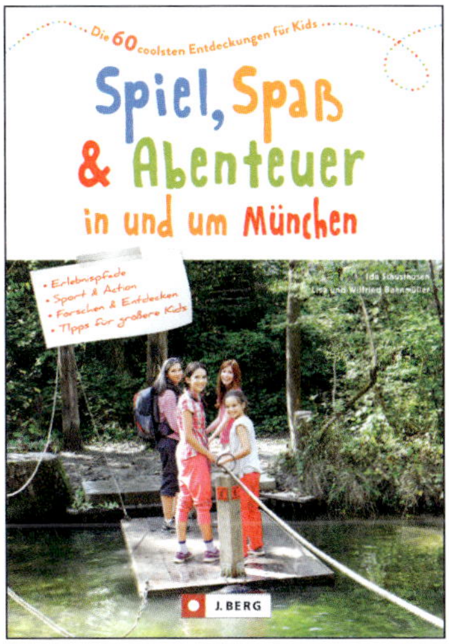

ISBN 978-3-86246-840-9

Langeweile war gestern: spannende Ideen für den perfekten Ausflug mit Kindern im Großraum München – mit vielen Tipps für kleine und große Entdecker.

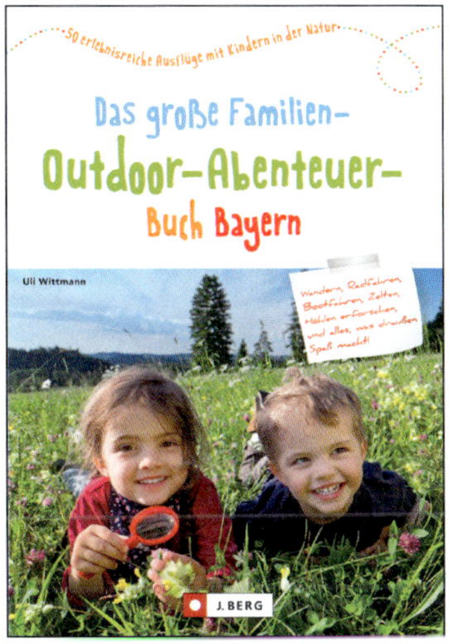

ISBN 978-3-86246-521-7

Wilde Flüsse, tiefe Wälder, gruselige Höhlen – der Stoff für Familienabenteuer und Erlebnisse. Ein Freizeitführer für Kinder in Bayern mit Profitipps.

J. BERG

www.j-berg-verlag.de

Impressum

Verantwortlich: Sabine Klingan
Lektorat: Christian Schneider
Layout und Illustrationen: Eva-Maria Klaffenböck
Repro: Cromika / LUDWIG:media
Kartografie: Bruckmann Verlag GmbH, Heidi Schmalfuß
Herstellung: Bettina Schippel
Printed in Slovenia by Florjancic

★★★★★

Sind Sie mit diesem Titel zufrieden? Dann würden wir uns über Ihre Weiterempfehlung freuen. Erzählen Sie es im Freundeskreis, berichten Sie Ihrem Buchhändler, oder bewerten Sie bei Onlinekauf. Und wenn Sie Kritik, Korrekturen, Aktualisierungen haben, freuen wir uns über Ihre Nachricht an J. Berg Verlag, Postfach 40 02 09, D-80702 München oder per E-Mail an lektorat@verlagshaus.de.

Unser komplettes Programm finden Sie unter www.j-berg-verlag.de

Autorenempfehlung
Sie sind auf der Suche nach weiterführender Literatur? Dann empfehle ich Ihnen den Titel »Spiel, Spaß & Abenteuer in und um München« von Ida Schusthusen und Lisa und Wilfried Bahnmüller. Oder Sie werfen einen Blick in die Zeitschrift »Bergsteiger«. Hier werden Sie bestimmt fündig.
Ihr Robert Theml

Bildnachweis: Alle Bilder im Innenteil sowie auf der Umschlagvorder- und rückseite stammen vom Autor außer S. 26 o. huber-images.de/Reinhard Schmid, S. 55 Tourist-Information Tegernsee, S. 96 Sillberghaus.

Umschlagvorderseite: Auf dem Weg zur Siebenhüttenalm, Wildbad Kreuth, Tour 13
Umschlagrückseite: Ob auf den Schultern, im Kinderwagen oder zu Fuß: ab in die Berge!

Die Deutsche Nationalbibliothek verzeichnet diese Publikation in der Deutschen Nationalbibliografie; detaillierte bibliografische Daten sind im Internet über http://dnb.d-nb.de abrufbar.

Aktualisierte Neuauflage des Titels »Die schönsten Wanderungen mit Kinderwagen in den Bayerischen Hausbergen«

ISBN 978-3-86246-619-1